普通高等学校
早期教育专业
系列教材

0～3岁儿童教养

总主编　陈雅芳
主　编　刘丽云
副主编　公燕萍　郑诚燕
编　者　刘丽云　连　翔　公燕萍　郑诚燕

复旦大学出版社

内容提要

本书既注重早教理论知识的全面性和系统性，又注意提供多样化的亲子游戏活动和教养指导，语言表述上紧密结合相关实践案例进行浅显易懂地阐述，同时增加更多可操作性的内容。全书共7章，第一章概述早期教养的相关知识，帮助读者从整体上把握0~3岁儿童教养的现状、理念和价值等内容；第二章至第五章，依照年龄增长纬度，专门介绍新生儿期、1岁内婴儿、1~2岁儿童和2~3岁儿童的生理、心理发展特点以及育儿理念、教养要点和潜能开发，以成长为序，多方面综合阐述相关内容，将理论知识和实践操作结合起来；鉴于0~3岁儿童教养活动的实施主要是在家庭和机构中进行，故第六章和第七章专门针对提升家长的教养指导能力和培养合格的0~3岁早教师资进行详细阐述。

本书可作为早期教育的专业教材，也可适用于早教中心、亲子园、亲子俱乐部、儿童活动中心等机构，还可为广大家长科学育儿提供参考。

本书配有教学课件，可登录复旦学前云平台免费下载（www.fudanxueqian.com）。

编 审 委 员 会

总主编

陈雅芳

副总主编

颜晓燕

编委会成员

王颖蕙　徐华莉　陈春梅　曹桂莲　严碧芳

许环环　刘丽云　刘婉萍　裴殿玲　洪美芬

序

重视早期教育，促进0~3岁儿童身心健康发展是当前学前教育发展的世界潮流，也是广大家长的迫切需求。0~3岁儿童教育发展，关系到千家万户的幸福，关系到未来民族的整体素质。我国《中长期教育改革和发展规划纲要（2010~2020年）》明确提出：重视0~3岁儿童教育。在这种政策导向下，我国儿童早期教育市场整体步入快速发展轨道，一部分由幼儿园、妇幼医院、儿童活动中心以及社区等机构主办的早教中心、亲子园、亲子俱乐部等，如雨后春笋般出现在早教市场。为提高家庭的育婴水平，各地纷纷兴办家长学校、父母学校、家政学校等，以各种教育文化传播形式向年轻父母传授儿童教育的知识和方法。然而不容忽视的是，在早期教育快速发展的背景下，存在着过度的智力开发、过早的优势智能定向、过量的单一兴趣培养、过重的学科知识学习等不良现象，早期教育在市场的规范和质量的提升上还存在诸多问题，特别是在质量上急需专业的引领。

近年来，福建省高度重视早期教育事业的发展，把0~3岁的儿童教育列入重要的议事日程，颁布《福建省0~3岁儿童早期教育指南（试行）》，成立福建省南、北两个片区的早期教育实验研究基地。南片区0~3岁早期教育实验研究基地由泉州幼儿师范高等专科学校牵头，对当前0~3岁儿童发展教育亟待解决的问题进行专门的实验研究。6年来，工作小组成员相继深入泉州、厦门、漳州、龙岩的公、民办幼儿园和早教机构，针对当前早期教育的热点、难点问题，开展各种早教指导研究活动。主要内容包括儿童身心发展理论、育儿方法、营养指导、护理技能、教育顾问、家庭益智游戏、体育游戏、感知能力发展、语言与动作发展、情绪与行为、社会性发展等，并为社区早期教育、家庭教育和托幼机构教育提供专业咨询服务，有效推进福建省早期教育事业的发展。在6年实验研究的基础上，我们组织专家、幼儿园老师编写0~3岁早期教育系列丛书。

本丛书共9本，是福建省南片区0~3岁儿童早期教育实验研究的成果。总主编陈雅芳，副总主编颜晓燕。具体分册内容及编写人员是：《优生咨询与指导》，严碧芳、蒋梅珠编著；《0~3岁儿童心理发展与潜能开发》，主编陈雅芳，编者刘婉萍、孙蓓、姚瑶；《0~3岁儿童教养》，主编刘丽云，编者刘丽云、连翔、公燕萍、郑诚燕；《0~3岁儿童保健与营养》，主编许环环，编者许环环、林洁怡、孙巧锋；《0~3岁儿童动作发展与训练》，主编陈春梅，编者陈春梅、杨清美、吴聿霖、许环环、杜珍珍、林阿虹、何立航；《0~3岁儿童语言与交往》，主编颜晓燕，编者颜晓燕 、方少萌、黄丽娟、何立航、丁翎、郑晓云等；《0~3岁儿童艺术启蒙与指导》，主编徐华莉，编者徐华莉、任建龙、欧阳毅红、郑青梅；《0~3岁儿童玩具与游戏》，主编王颖蕙，编者王颖蕙、王英会、陈恒娥；《0~3岁儿童亲子活动设计与指导》，主编曹桂莲，编者曹桂莲、王清得、林琳、王雅霜等。

本丛书在构思和章节安排上，尽量做到结构统一体例合理，资料翔实，便于使用。一是以需求为依据，以实用为旨归，在编写中充分依据家长育儿的现实需求，遵循"0~3岁早期教育的第一任老师是家长，教育指导的对象是家长"的客观事实，从实用出发，设置"案例导入、内容阐释、育儿宝典、家长沙龙、反思与实践"等内容板块，使丛书具有可读性强、可操作性强等特点。二是以实证为基础，以科学为引领。丛书编写以泉州、厦门、漳州和龙岩近10所亲子教育机构的实证研究为素材，并广泛收集、整理、吸收当前0~3岁早期教育的权威研究资料，在编写中以各种有关的教育理论为指导，如：蒙台梭利敏感期理论、加德纳多元智能理论、皮亚杰的认知发展阶段理论、弗朗西斯·高尔顿的优生理论、弗洛伊德人格发展理论、华生和布里奇斯的婴儿情绪发展理论等。三是以专业为支撑，以品质为特色。丛书由0~3岁早期教育研究的专业团队共同打造，各位主编均为相关领域的专业骨干，具有良好的学前教育专业背景，本着传播科学的早期教育理念，为0~3岁早教专业师资的培养培训和家长的科学育儿提供专业指导的宗旨，在编写中追求品质，努力做到观点鲜明精确、阐述清晰透彻、表达生动精炼、实例典型具体。本丛书既适用于高、中等师范院校培养、培训早教师资，也适用于早教机构人员和广大家长的阅读，具有较高的参考价值与实用价值。

由于编者水平有限，丛书中不妥之处，恳请读者批评指正，也热切希望得到更多的幼教同行们的指教。

教育部高职高专教育专业类教学指导委员会委员
福建省民办教育协会学前教育专业委员会会长　**陈雅芳教授**
福建省幼教研究会副理事长

2014年7月

前言

儿童是祖国的花朵，民族的希望。近年来，随着脑科学、心理学研究的新进展，社会文化事业和基础教育的普及，人们对教育关注的视角延伸到0~3岁儿童。

在欧美、日本、东南亚等国家和地区，0~3岁儿童教育已经呈现蓬勃发展之势，部分国家已经将早教研究课题列入国家级的学术研究课题。在中国早期教育也受到政府、社会和家庭的高度重视。社会上，从事早期教育人员的数量不断增加，正在逐步形成一个专门的领域。政策层面，国务院颁发的《中国儿童发展纲要（2010~2020年）》明确提出："未来10年要积极发展学前教育，到2020年，普及学前一年教育，基本普及学前两年教育，有条件的地区普及学前三年教育，重视0至3岁儿童教育。"这一规定，既回应了社会和家长的需求，也展示了0~3岁儿童早期教育的广阔发展前景。

基于这种形势，社会上专门针对0~3岁儿童的早教机构和幼儿园附设的"0~3岁亲子班或托班"相继涌现。0~3岁儿童教育事业已经形成一定规模，但国内还没有出台一套专门针对0~3岁儿童发展的规范标准，同时欠缺对0~3岁早教专业明确的评定标准、科学的培训教材，尤其缺乏能够承担0~3岁儿童教养任务的专业人才。为改变这一局面，泉州幼儿师范高等专科学校与复旦大学出版社合作，集合学校早教研究所的众多专家老师，邀请福建省数所示范幼儿园园长和老师的参与，进行多次研讨和反复修订，编著了这本《0~3岁儿童教养》教材。本书具有以下特点。

（1）借鉴了目前0~3岁儿童研究领域的相关理论作为支撑，如大脑潜能开发理论、蒙台梭利敏感期理论以及加德纳的多元智能发展评价理论等，为本教材的出版提供了科学的理论依据。

（2）引用了大量0~3岁儿童实践层面的相关研究资料和成果，并依照年龄成长纬度，分四章专门介绍新生儿期、1岁内婴儿、1~2岁儿童和2~3岁儿童的身心发展特点、教养重点和教养策略。以成长为序，多方面综合阐述相关内容，将理论知识和实践操作结合起来。

（3）结合了0~3岁儿童教养活动的组织与实施主体，主要在早期教养机构和家庭中进行，故专门对0~3岁早教师资培养和提升家长指导能力两方面给予详细阐述。同时将0~3岁儿童阶段的教养主体科学定位于家长本身，尤为注重全面提升家长的早期教养能力，并详细阐述了对0~3岁儿童家长指导的内容和指导形式。

基于以上特点，本书既可以作为高校0~3岁早期教育专业人才培养的参考教材，也可以作为早期教养机构教师的理论和实践指导用书，尤其可以帮助广大家长科学掌握0~3岁儿童的身心发展特点、教养重点和教养策略等相关知识。考虑到本书作为教材使用，所以比较注重知识内容的全面性和系统性；考虑到本书又是为早教教师和家长提供活动设计和育儿指导，所以在表述上注意结合相关实例进行浅显易懂的表达，并注意增加更多可操作性的内容。

本书共七章，由刘丽云担任主编并负责统稿，由总编写组审稿和定稿，公燕萍和郑诚燕担任副主编。具体编写分工如下：刘丽云和连翔编写第一章；刘丽云编写第二章、第三章和第六章；公燕萍编写第四章和第七章；郑诚燕编写第五章。本书在写作过程中参阅了大量国内外文献，虽努力注明出处，但因资料零散庞杂，难免有所遗漏。在此向所有参阅文献的作者致以真挚的感谢。同时，感谢总编写组和系部对教材编著提供的人力物力支持，感谢复旦大学出版社对早期教养领域研究给予的大力支持。

刘丽云

2014年7月

目录

第一章 0~3岁儿童教养的认识

0~3岁儿童早期教养不仅是学前教育的基础，而且是终生教育体系的开端。脑科学的相关研究成果揭示了0~3岁儿童早期教养的重要性。起始于20世纪70、80年代的美国“脑的十年”研究计划等大量的研究成果表明，人类大脑的发展特点决定了儿童一出生就是非常出色的学习者，而这种先天的大脑机制同时也需要与后天养育环境发生相互作用，才能最终决定一个人的发展程度。①

第一节 0~3岁儿童教养的现状

案例导入

提及0~3岁儿童，大人是那么熟悉而又那么陌生，儿童从呱呱坠地的哭声到咿呀学语、独立行走、表达情绪情感等，这期间是一段令人激动又令人费解的过程。初为父母的家长面对儿童红彤彤的脸蛋、忽闪忽闪的眼睛，总是爱意满满。面对小生命的诞生，除了喜悦和幸福之外，很多家长会逐渐遇到教养儿童过程中的各种困难。如新生儿的哭声代表什么不同的需要呢？母乳喂养和人工喂养的要点是什么？怎样通过儿童的面部表情猜测其内心的需求？如何将儿童培养为身心健康的孩子呢？诸如此类的问题接踵而来。的确，了解儿童的世界仅凭成人的经验是不够的，必须掌握科学的育儿理念，采取适宜的教养对策，才能为儿童的健康快乐成长保驾护航。

一、0~3岁儿童教养实施的科学依据

（一）大脑潜能开发的启示

儿童时期，脑的发育是最快的。婴儿出生时脑重量为370克，第一年内脑重量增长速度最快，6个月时

① 刘闯．父母教养方式对3~6岁儿童责任心发展的影响［J］．学前教育研究，2007（1）．

为刚出生时的2倍，是成人脑重量的50%。相比之下，儿童体重则要到10岁才能达到成人的50%。可见，婴儿大脑发育速度大大超过了身体发育的速度。第一年末，婴儿脑重量接近成人脑重的60%；到第二年末，脑重量约为出生时的3倍，约占成人脑重量的75%；到3岁时，婴儿脑重量已经接近成人的脑重范围，以后的发育速度则变慢。心理学家平特纳（R. Pintnes）研究认为：从婴儿“出生到3岁是智力发展的最快时期”，也是教育的最佳期。教育学家马卡连柯也指出：“教育的基础主要是在3岁前奠定的，它占整个教育过程的80%。”[①] 对生命早期的这种能力的发现，是人类对自身认识的重大突破，更为从零岁开始教育的可能性找到了科学依据。

相关研究表明，人脑的细胞只有10%被利用了，还有90%未被利用，因此应该加强早期教育和学习。但是，目前也有人持相反的观点，认为这种观点不符合生物进化的规律，人的大脑是按整体结构的特点发展，并非局部或个别细胞的发展。不论何种观点，结合以往研究成果，我们认为0~3岁儿童教养具有良好的脑科学基础，此时的教育和学习活动获取的效果最佳。早期良好的环境和教育刺激可以一定程度上改变大脑的微观结构和大脑的性能。对出生正常的儿童而言，每个人都有发展的潜在能力，只要抓准时机，实施科学的早期教养，其潜能就会得以展现。

总之，儿童时期其大脑发育十分迅速，是人一生中大脑发育的最快时期，0~3岁是大脑发育的黄金时期。大脑是智慧的物质基础，要想让儿童更聪明健康，就必须给儿童的大脑发育创造良好的条件。也就是说，在0~3岁的婴幼儿时期，父母一定要保证儿童的脑重量以正常的速度增长。保证脑重量增长的因素主要包括两个方面：一是营养；二是环境。营养方面的要求，大部分家长比较容易做到。关键在于为儿童创设一个丰富适宜的身心发展环境。

（二）捕捉3岁前的敏感期

所谓敏感期是指特定能力和行为发展的最佳时期，在这一时期，个体对形成这些能力和行为的环境影响特别敏感。“敏感期”这一概念最早是由19世纪荷兰生物学家德佛里斯（Hugo Do Vries，1848~1935年）首先提出，德佛里斯是在研究动物成长过程中发现这种敏感期。1937年奥地利生态学家劳伦茨提出了相似的概念“印刻”，将动物出生后最初的日子里能学会“认母”的这种现象称为“母亲印刻期”，错过这个时期就再也不能印刻，也不可弥补。劳伦茨也因此而获得了诺贝尔奖。劳伦茨的研究引起了心理学界和教育学界对敏感期的关注，并进行了大量研究，其中比较主要的是探索并提出儿童各方面发展的敏感期。在此领域，意大利著名的儿童教育家蒙台梭利做出了伟大的贡献。

蒙台梭利指出，幼儿在成长过程中，会对环境中的某一特定事物产生特别的兴趣和主动探索的狂热，直到内在需求被满足才会消逝。当敏感力产生时，孩子的内心会有一股无法遏制的动力，驱使他们对感兴趣的特定事物产生尝试或学习热情，并不厌其烦地重复，直到另一个敏感期到来。他们就是这样经历了一个又一个敏感期，取得一次次胜利，从而形成自己的个性。她认为：“正是这种敏感性，使儿童以一种特有的强烈程度接触着活力和激情。”[②]

敏感期是自然赋予幼儿的生命助力，如何运用这股动力，帮助孩子更完美成长，正是父母和教师的职责。蒙台梭利通过长期的研究实践，提出了儿童心理发展的多个敏感期，诸如语言敏感期（6岁以前）、秩序敏感期（2~4岁）、感观敏感期（6岁以前）、细节敏感期（1.5~4岁）、动作敏感期（6岁以前）等。她谈到：就发展而言，在人的一生当中，幼儿期的智能发展最快。这一时期也被称作智力发展的“敏感期”。敏感期内，在适宜的环境影响下，行为习得特别容易，发展特别迅速。但这时如缺乏适宜的环境影响，也可引起病态反应，甚至阻碍日后的正常发展。因为在敏感期内，机体对环境影响极为敏感，对细微刺激即能发生反应。

研究者还发现，对儿童心理发展的某一方面来说，在非敏感期内，同种同量的刺激不能产生同等的效果，因此，敏感期一定程度上又是儿童教育的最佳时期。抓住敏感期施教就是利用了孩子自身的本能性力量，抓住了自然取胜的机会，可能就会产生多、好、省的教育效果。但是，父母和老师一定也要记住，敏感期所产生的效果并不是绝对不可逆的，在非敏感期中的补救性教育措施在一定程度上仍然有效，只是很难达到潜力赋予的最大程度。所以，如果您不小心错过了儿童发展的某个时期，也不要丧失信心，因为人类儿童具有极强

① ［日］七田真．学龄前儿童智力开发的秘密［M］．北京：科学技术文献出版社，2006.
② 袁爱玲、张三花．0~3岁敏感期家庭教育方案［M］．广州：广东音像教材出版社，2012.

的可塑性，可以通过后天的努力加以弥补。

（三）源于多元智能的发展评价

20世纪80年代，美国著名发展心理学家、哈佛大学教授霍华德·加德纳博士提出了多元智能理论，二十多年来该理论被广泛应用于欧美国家和亚洲许多国家的早期教育实践。他指出，人类的智能是多元化而非单一的，主要是由语言智能、数学逻辑智能、空间智能、身体运动智能、音乐智能、人际关系智能、自我认知智能和自然认知智能八项组成，每个儿童都拥有不同的优势智能组合。传统的智力理论认为人类的认知是一元的，个体的智能是单一的、可量化的。而多元智能理论强调人的智力不是一种能力而是一组能力，其基本结构也是多元的，各种能力不是以整合的形式存在而是以相对独立的形式存在。

语言智能是指有效的运用口头语言或/及文字表达自己的思想并理解他人，灵活掌握语音、语义、语法，具备用言语思维、用言语表达和欣赏语言深层内涵的能力结合在一起并运用自如的能力。它们适合的职业是：政治活动家、主持人、律师、演说家、编辑、作家、记者、教师等。

数学逻辑智能是指有效地计算、测量、推理、归纳、分类，并进行复杂数学运算的能力。这项智能包括对逻辑的方式和关系、陈述和主张、功能及其他相关的抽象概念的敏感性。它们适合的职业是：科学家、会计师、统计学家、工程师、电脑软件研发人员等。

空间智能指准确感知视觉空间及周周一切事物，并且能把所感觉到的形象以图画的形式表现出来的能力。这项智能包括对色彩、线条、形状、形式、空间关系很敏感。它们适合的职业是：室内设计师、建筑师、摄影师、画家、飞行员等。

身体运动智能是指善于运用整个身体来表达思想和情感、灵巧地运用双手制作或操作物体的能力。这项智能包括特殊的身体技巧，如平衡、协调、敏捷、力量、弹性和速度以及由触觉所引起的能力。它们适合的职业是：运动员、演员、舞蹈家、外科医生、宝石匠、机械师等。

音乐智能是指人能够敏锐地感知音调、旋律、节奏、音色等能力。这项智能对节奏、音调、旋律或音色的敏感性强，与生俱来就拥有音乐的天赋，具有较高的表演、创作及思考音乐的能力。它们适合的职业是：歌唱家、作曲家、指挥家、音乐评论家、调琴师等。

人际关系智能是指能很好地理解别人和与人交往的能力。这项智能善于察觉他人的情绪、情感，体会他人的感觉感受，辨别不同人际关系的暗示以及对这些暗示作出适当反应的能力。它们适合的职业是：政治家、外交家、领导者、心理咨询师、公关人员、推销等。

自我认知智能是指自我认识和有自知之明并据此作出适当行为的能力。这项智能能够认识自己的长处和短处，意识到自己的内在爱好、情绪、意向、脾气和自尊，喜欢独立思考的能力。它们适合的职业是：哲学家、政治家、思想家、心理学家等。

自然认知智能是指善于观察自然界中的各种事物，对物体进行辨认和分类的能力。这项智能有强烈的好奇心和求知欲，有敏锐的观察能力，能了解各种事物的细微差别。它们适合的职业是：天文学家、生物学家、地质学家、考古学家、环境设计师等。

“多元智能”概念的提出，让过去偏重于语言和数学逻辑的“二元智能”的家长和教师开始重新考量智能的涵义，并开始注重开发儿童多方面的智能。同时也给了我们一个重要警示，多元智能不是要平均发展每个儿童的八大智能，而是要关注每个儿童智能类型的形成和差异，在全面发展基础上注重个性化教育，发展每个儿童的优势智能领域。

二、与0~3岁儿童教养相关的实践项目

（一）国外有关0~3岁儿童教养的实践项目

1. 美国“头脑启动计划”

1997年，美国总统克林顿为“保证每个美国公民拥有世界上最好的教育”，“在二十一世纪的知识经济竞争中获得成功”，在关于“知识经济”的《国情咨文》中提出了“头脑启动计划”——从生命诞生的第一天就开始的婴儿教育计划。“头脑启动计划”是一个综合的儿童发展项目，服务的对象包括从新生儿到5岁的儿童，孕妇和他们所在家庭。该项目以儿童为中心，总的目标是加强来自低收入家庭的儿童的入学准备。美国

的头脑启动计划一直扮演着一个重要的角色——使国民意识到儿童早期发展，尤其是5岁前的发展的重要性。自始至终，头脑启动计划通过提供教育、医疗和社会服务、父母参与和养育方面的教育、为残障者服务，给低收入家庭带来希望和支持。

2. 英国“确保开端”计划

英国政府发起的“确保开端”计划，面向4岁以下儿童，并主要针对低收入就业者。计划旨在改善包括出生前在内的儿童及其家庭的健康和福利状况，使他们做好入学准备。主要措施如下：（1）创造地方开端计划，以改善为当地四岁以下的儿童的家庭提供的服务；（2）向所有为儿童服务的人员宣传地方计划中的实践经验。“确保开端”计划是政府解决儿童贫困和社会问题的一项基础性工作，成效显著。

3. 新西兰的“普鲁凯特”计划

“普鲁凯特”计划始于1907年，是新西兰唯一的致力于提供优秀的儿童保育服务的非营利性国家机构。它由受过专业训练的员工和全国的志愿者携手合作提供独一无二的服务。“普鲁凯特”项目旨在通过提供合适的医疗或支持计划、教育活动等来为儿童的家庭提供支持。至今，超过90%的新生儿的父母都在某些方面得到了“普鲁凯特”优秀的儿童健康服务的帮助。作为全国范围的健康服务提供者，“普鲁凯特”计划支持关键的儿童和家庭健康目标，这些目标由新西兰卫生部确立。

（二）国内0~3岁儿童教养的实践项目

我国在“0~3岁儿童早期关心与发展”的理念指导下，出台了相关政策文件，开展了一系列的实践项目。在《中国儿童发展纲要（2001~2010年）》中提出了相应的目标和措施：发展0~3岁儿童早期教育，建立和完善0~3岁儿童教育管理机制，争取到2010年，儿童带养人的科学喂养知识普及率达到85%以上。①

1. 北京六婴跟踪计划

在1995年元旦期间，北京妇产医院先后迎来了6个刚出生的婴儿，他们幸运地成为北京市东方剑桥儿童发展中心的首批“早期儿童发展个别指导行动计划”的成员。该机构由一批致力于儿童发展工作的人员、儿科医生、心理学教授组成。他们应北京市妇联、北京市家教研究会之邀，对6个婴儿进行为期一年的义务上门跟踪指导。这些孩子中有早产儿，有患脐疝、腹泻等疾病的病儿；他们的家庭环境也很一般，父母中只有一对接受过高等教育，其他都是普通工人。专家们每月对6个婴儿进行两次上门指导，除教给家长们有关生活护理、保健、安全等知识外，还帮助家长进行婴儿感知刺激的培养。例如，让孩子看图谱、听音乐、学儿歌、读婴儿画报等；以及教给家长让婴儿学抬头、学爬行、学走路、做按摩健身操等运动训练。按照专家的指导，这6个婴儿每个月都比普通婴儿有较大的进步。家长对婴儿的教育也比普通家长更细致、更科学。

2. 上海早期教养实践

作为国际大都市的上海率先于2003年制订了《上海市0~3岁儿童教养方案（试行）》（以下简称《方案》），实行托幼一体化的教育，将0~3岁儿童早期教养正式纳入教育事业的范畴，提出不仅要让每一位3~6岁儿童入园率为100%，而且教育要向下延伸，普及0~3岁儿童早期科学教养工作。②《方案》建立在多年对0~3岁婴幼儿教养实践研究的基础上，并结合脑科学的研究成果，从0~3岁婴幼儿的发展特点和规律出发制定的，以指导不断发展的0~3岁儿童和家长的早期保育和教育服务。各区县教育行政部门与各有关部门和社区携手，积极利用多种宣传媒介，采取多种形式，广泛、深入地宣传《方案》，使广大的学前教育工作者、家长以及社会人士了解《方案》的教养理念和基本要求。

3. 福建省早教的发展现状

福建省深入开展促进早期教育工作。于2005年福州市鼓楼区和泉州市鲤城区在计生部门领导下开始创建“全国早期教育与独生子女培养示范区”工作，0~3岁早期教育指导工作首次被列入了政府部门的工作计划中。此外，福建省也于2008年推出《福建省0~3岁儿童早期教育实验工作方案》（闽教基［2008］48号）、《福建省0~3岁儿童早期教育指南（试行）》，旨在通过专家指导、广泛交流、实践带动等方式推进福建省早期教育实践（以下简称《指南》）。《指南》既为我省学前教育机构实施0~3岁早期教育工作提供依据，也是家庭教养的重要参考文本。

---

① 国务院妇女儿童工作委员会．中国儿童发展纲要（2001~2010年）［M］．北京：中国妇女出版社，2002.

② 上海市教育委员会．上海市0~3岁婴儿童教养方案（试行）．2003（8）．

为提高省实验区实施《指南》的能力，福建省教育厅后续组织开展了相关的培训活动，各实验区和基地园结合本地、本园实际开展0~3岁儿童早期教育师资培训，通过学习和研讨，提高早期教育师资队伍的专业素养，提升福建省早期教育与指导工作水平。此外，福建省也出台了“0~3岁儿童早期教育实验工作方案”，确定了福建省南、北两个早教实验区和若干个基地幼儿园，在全省范围内全面推行早期教育试点工作。为配合福建省早教试点工作的有效推行，促进福建省早期教育工作根据儿童发展特点和家庭教养现状有针对性地开展，各个地市也在积极通过多种形式促进儿童早期教育实验工作的落实，逐步扩大实验范围。

育儿宝典

轩轩的“执着”

快乐的周末，2岁半的轩轩和邻家2岁的小妹妹童童一起开心地玩花片。在妈妈的帮助下，两个人手里各自拿着一朵漂亮的小花，胖嘟嘟的小手摆弄着花片，甚是可爱。玩了一会，到了吃午饭时间，轩轩自觉地将小花一片片拆掉，放到盒子里。拆完后，又非常热情地去夺童童手里的小花，要帮忙她拆掉。可是，妹妹正玩得开心，不想将这朵完整的小花拆开。抢夺过程中，妹妹哇哇大哭起来，妈妈劝说轩轩：“妹妹不想将花拆掉，你拆完自己的放回去就可以了。”但轩轩不依不饶，执着地要去拆童童的花片。趁大家不备，一把夺过妹妹的小花，迅速拆掉，放入盒中，然后满意地点点头，只留下童童在一旁伤心地大哭。妈妈也难以理解轩轩最近这种“执着”的行为了。

这个情景让人忍俊不禁，这就是儿童处于“秩序敏感期”阶段的正常表现。教养者如何面对这个阶段的儿童呢？首先，教养者要理解这种“执着”行为，知道秩序是生命的一种需要，当它得到满足时，就会产生真正的快乐；其次，教养者要善于创设一种具有良好秩序感的环境，这个环境要整洁和舒适，最后，教养者面对儿童这种近乎执拗的“执着”一定不要粗暴训斥，要掌握一些变通的方式方法，如在保证安全的前提下，尽量满足儿童内心对秩序感的强烈需求。总之，秩序敏感期到来时，我们应保护儿童、理解儿童、尊重儿童、协助儿童，尽可能为其提供一个有秩序的成长环境。

家长沙龙

生理满足和心理满足宜齐头并进

现实生活中，有个别家长忙于工作而无暇顾及儿童，认为多多赚钱，一味满足儿童的生理需要，就足够了。殊不知，儿童除了有生理需要，更多还需要满足其心理需要。对此，很多家长迷惑了，这么小的孩子还有精神需要吗？

研究指出，儿童的生理和心理需要都需要家长的关注和重视。生理发展需要家长的呵护，需要家长给予积极的关注和重视，但是心理发展，家长的参与也不可或缺。家长必须对儿童的每个心理发展的敏感时期给予关注和重视，引导儿童并且积极地辅助儿童完成人生每个心理阶段的发展。

【反思实践】

1. 开展0~3岁儿童早期教养的科学依据有哪些，试举例说明。
2. 国内外关于0~3岁儿童教养实践项目有哪些？各自有何异同？
3. 查阅资料，梳理国内外其他0~3岁儿童教养的理论方案和实践项目。
4. 自主学习《福建省0~3岁儿童早期教育指南（试行）》和《上海市 0~3岁儿童教养方案（试行）》两份文件。

第二节 0~3岁儿童教养的科学理念

案例导入

“宝宝满月了，我终于能下床亲自照料他了。宝宝一哭，我就很自然地把他抱起来，哄哄他。可是爷爷奶奶说别抱，说抱惯了要一直抱着。真是这样吗？宝宝哭闹抱还是不抱呢？”相信很多新手妈妈会遇到这样的教养问题。对此，专家给出的建议是在婴儿六七个月之前多抱抱他，经常用手抚触他身体的各个部位，这样能增强他的大脑功能，提高自我控制和协调能力。须知，婴儿刚刚满月，他哭闹一定是有原因的，或许是饿了，或许是身体不适，或许是因寂寞、恐惧本能地需要爸爸妈妈的亲近与保护。婴儿哭了，妈妈抱抱他，哄哄他，这样做并不会带来任何负面影响，比如惯坏婴儿；相反，这样做好处多多，不仅能满足婴儿心理发展的需要，而且有助于增强婴儿大脑的功能，提高婴儿未来学习活动时的注意力。但是，等婴儿六七个月大了以后就要少抱抱，因为此时婴儿大多开始练习爬行了，父母应该尽量创造机会让婴儿自主活动、自由爬行，不该再把婴儿整天抱在怀里。

一、“教”与“养”的内涵辨析

家长和早教教师对教养的关系都存在不同程度的认识误区。有人认为：教养统一，即教也是养，养也是教；也有人认为：教养是不同的两个概念。但是究竟教与养之间有何区别呢？

教与养之间既有区别也有联系，其区别表现为心理和生理两个层面。从心理层面而言，教致力于引导儿童的心理健康发展；为儿童树立正确的人生观。通过家长和教师的教，儿童逐渐认识和了解周围环境，个人的心理也逐渐趋于成熟。而从生理层面而言，养着重儿童的生理发展，满足其生理需要。当儿童出现饥饿、冷、热、不舒服等问题，家长则给予积极关注，满足其生理需要，减少儿童身体的不适；当儿童骨骼处于发育的关键时期，营养状况决定儿童未来的生理发展，因此家长的养就至关重要。

教与养也有密切的联系。一方面，教与养相并而行。只有教而没有养的教养举步维艰。儿童基本生理需要无法满足，就不可能有较高的积极性参与学习活动。因此，只有教而没有养的教养必定导致教的艰难，只有养而没有教的教养徒劳无功。生理健康、体格强壮，但是心理发展迟缓，这样的儿童无法适应社会发展的需要，更不适合从事高精密的认知活动。家长花费在儿童身上的养育精力并不能得到预期的结果，只能是徒劳无功。另一方面，教应建立在养的基础上，养必须为教服务。如何养得好，保证身体健康，是决定儿童参与活动的基本条件。如果家长对儿童的养缺少关注，生理发展出现迟缓，也必定会影响儿童的智力水平，导致儿童无法参与正常学习活动；养如同儿童生理发展的资源库，源源不断地满足儿童生理发展需求，为儿童参与正常学习活动服务。

总而言之，教离不开养，而养也依赖教，两者相辅相成。过分强调教而忽视养，必定导致儿童生理发展出现畸形，影响教的质量；过度强调养而忽视教，必定影响儿童的心理发展，出现有“能”无“力”的现象。因此，家长或教师要将教养同等对待，科学地对待儿童的教养问题。

二、身心相依决定了教养融合

0~3岁儿童所有成长发育的实现都要以最基本的生活事件来保证，比如饮食、睡眠、大小便、游戏等。所以，教养者会花很多的时间和精力去关注他们的睡觉如何，胃口怎样，每日是否均衡膳食，是否知道大小便，对常见疾病的抵抗力如何，等等。关心0~3岁儿童首先要关注他们的日常生活琐事，这一点是早教工作者必须铭记的。诚然，生活事件几乎占据了0~3岁儿童生活的全部，但并不意味着这一时期只是身体成长发育的敏感期。相反，0~3岁儿童的心理各个领域也在悄然进行着量变的积累和质变的飞跃。

0~3岁儿童的身心相依决定了教养融合，这种融合是发展的必需。随着0~3岁儿童早期教育研究的深入，国内相关早教文件和方案也相继出台，这些研究和方案无不在倡导一种教养理念，即以养为主，教养融合，强调儿童的身心健康是发展的基础。在开展保教工作时，把儿童的健康、安全及养育工作放在首位。坚持保育与教育紧密结合的原则，保中有教，教中有保，自然渗透，教养合一，促进儿童生理与心理的和谐发展。

对0~3岁儿童实施教养时，要清楚其生活事件蕴含着巨大的发展价值。这个年龄段的儿童身心发展特点决定了他们只能通过直接感知的生活事件获得发展，即教与养有机联系，相互渗透，早教内容的实施要注重综合性和渗透性。比如在给儿童换尿布时，将音乐盒放在旁边，一边给他换尿布一边让他听一听音乐，同时让他看到音乐盒。教养者同时对他说话，如“让我们来听音乐吧，听！宝宝能看见音乐盒吗？就在这里！”所以，0~3岁儿童的早期教养要融合日常生活的养和科学适宜的教两方面的内容。教养者和早教教师每天都要问自己一遍：“我是否在日常养育的同时，比如换尿布、喂奶时，和儿童开展了学习活动呢？”教养融合强调教中有养，养中有教。儿童生理发育与心理发展相互依存，不可分割。

三、0~3岁儿童早期教养的常见困惑

（一）3岁前儿童，一定要去早教机构吗？

3岁前儿童要不要去早教机构，回答这个问题的关键取决于家长对参加早教活动的定位和认识科学与否。如果家长盲目深信早教机构的影响力，甚至认为只要带孩子去参加早教活动，自己就万事大吉进而推卸育儿责任；或者一味选择看起来高端大气上档次的机构，没有对早教机构的师资、课程、环境等因素进行严格把关，诸如此类的理念和做法从根本上就是错误的。家长一定要清楚一点，儿童自一出生，甚至在出生之前，事实上的早教就已经开始，决定早教作用的关键因素是父母科学的育儿理念和教养方法。

国内很多早教机构，尤其是政府办的早教机构，主导思想也是为家长提供育儿理念和方法指导，帮助和支持家庭在婴幼儿成长阶段在感知、动作、语言、情绪情感和社会性等方面的健康发展，培育健康快乐的儿童。可见，参加优质的早教活动对于整个家庭氛围与家长理念的塑造具有重要作用，家长是幼儿最好的“老师”，也是对幼儿影响最深的“老师”。可以说，一个具备科学育儿理念的家长与优质早教机构相互配合、双管齐下，能够很大程度上积极推动儿童的各方面发展。

（二）早期教育，等于早期“智力开发”吗？

在“望子成龙、望女成凤”的观念支撑下，很多家长在孩子刚出生不久就启动了“不让孩子输在起跑线上”的智力开发计划。然而，让3岁前的儿童过早学习学科知识或是培养其“才艺”真的能够让孩子以后更有优势吗？针对家长盲目让儿童过早学习知识的现象，美国一些发展心理学家指出，逼迫婴儿和学前儿童学习他们尚未做好准备的东西，可能导致他们对学习的厌倦，扼杀他们的学习兴趣，表面上似乎丰富了孩子的心理刺激，实际上却造成刺激剥夺的后果。[①]

儿童在0~3岁之间，主要是靠视、听、嗅、味、触等感官体验和认识世界。而文字和数字是一种抽象的理

---

① 袁爱玲、张三花．0~3岁敏感期家庭教育方案［M］．广州：广东音像教材出版社，2012.

性概念，儿童过早的接触和学习这种理性概念可能会让他们过分关注理性内容而忽略了通过感性方法认识世界的能力。科学的早期教育倡导家长多花些时间与儿童进行玩耍，在游戏中培养其创造能力、逻辑思维能力、沟通表达能力等，这些能力才是儿童终生受益的学习素养，而过多进行早期学术教育则不符合儿童的成长规律。

（三）儿童越过爬行，直接会走，真的厉害吗？

现实生活中，经常听到有些家长炫耀："我家宝贝动作很厉害，没有经过爬行阶段直接就会走路了。"家长急于让儿童学走路，认为早些会走是身体健壮的表现。殊不知，据相关资料表明，感觉统合失调的儿童90%不会爬行或爬行时间很短。因此，爬行是目前国际公认的预防感觉统合失调的最佳手段。根据儿童体格发育的一般规律，10个月前的儿童应让其多多在安全地带"摸爬滚打"，而学习走路则在11个月之后比较适宜。因为儿童儿童期的骨质软弱，容易受外力的影响而变形。儿童的下肢比较娇嫩，如果练习走路的时间太早，全身的重量由下肢承受，往往容易使双腿产生弯曲和变形，影响儿童以后的正常生活。因此，家长应该多多利用各种条件让儿童练习爬行。

育儿宝典

2~3个月婴儿吃"手指"，请您勿盲目"打搅"

很多宝宝出生两三个月，最爱做的事情是"吃手"，家长看到，为保证安全和卫生，就会将宝宝手指强行拿开。面对"吃手"这种情况，家长们应该怎么做呢？且看专家的解释。很多育儿专家指出，婴儿与幼儿吮吸手指的意义是不同的，婴儿时期吮吸手指是其智力发展的一个信号，是婴儿进入手指功能分化和手眼协调准备阶段的标志之一。到2~3个月时，随着大脑的发育，婴儿逐步学会两个动作：一个是用眼睛盯着自己的手看；另一个便是吮吸自己的手指。对于他们来说，吮指是一种学习和玩耍。起初他们只是将整个手放到嘴里，接着是吮吸两三个手指，最后发展到只吮吸1个手指。从笨拙地吮吸整只手，发展到灵巧地吮吸某一个手指，这说明婴儿支配自己行为的能力大有提高。因此，当家长看到宝宝不亦乐乎的"吃手"时，请您不要轻易打搅孩子的快乐，但要注意及时清洗孩子的小手。

虽然处于婴儿期的孩子吃手指头是很正常的现象，家长一般都采取顺其自然的原则，但如果孩子是由于其他原因而拥有这个习惯的，家长决不能袖手旁观了，要及早认清，抚平孩子幼小的心灵。在该阶段如果父母能够顺其生理发展的需要，比如孩子在临睡前有吃手指头的习惯，不必太担心，等孩子一睡着，记住把手指头从他嘴里移出来，不要让他吃一整晚，以免长此以往手指变形，并试着让他抱着熊宝宝或是布娃娃睡，用这种取代的方法，慢慢地把孩子的习惯矫正过来。相反，如果父母此时强硬的制止孩子吃手，反而会给孩子心理上造成阴影，长大后容易焦虑、发脾气，对别人缺乏基本的信任和安全感。

因此，看到儿童吃"手指"，专家建议家长切勿盲目"打扰"，分析儿童吸吮手指的心理，然后再根据儿童所处的年龄段来对待和处理。

家长沙龙

"教养融合"，抓住生活中的"早教"契机

"教养融合"的关键在于教养者如何把握生活中的"早教"契机，顺应儿童成长的需要和学习方式，利用生活提供的资源，促进儿童的发展。与课堂教育不同，日常生活呈现的都是琐碎的事务，聪明的教养者要善于把单调的生活谱写成自然的、快乐的教养机会。很多生活片段都是"早教"的好时机哦！

例如，爸爸妈妈在孩子晚上临睡前亲自给他（她）洗个澡吧！穿脱衣服是发展儿童认识能力的好时机：抚摸衣料的不同质感、观察衣服的不同颜色都是感知活动；尝试穿脱衣裤既是动作能力，又是习惯培养的时机。等到把儿童放进浴盆里，科学教育的体验又开始啦：洗澡需要各种用品和用具，有沐浴液，也有婴儿皂，它们形态、气味的差异是多好的标本呀！而直接感知水的流动、摆弄玩具在水里的沉浮更是宝宝经典的科学实验。在给儿童洗澡的过程中，爸爸妈妈也别忘了和宝贝温柔地说说话，让他（她）感受到亲子间的情感。即使不会讲话的儿童，也能对爸爸妈妈的语言作出他自己特有的回应，用语音或者动作来表达他对爸爸和妈妈的情感。

再比如，等儿童稍大一些，全家吃饭时间，教养者将分发碗筷的任务交给儿童，一方面让其参与家务，培养生活自理能力和责任意识；另一方面也能让儿童在此过程中自然地掌握一一对应的概念。还有，当教养者带孩子去楼下花园散步的时候，可以陪他（她）一起挖挖土，观察蚯蚓和蚂蚁的活动，这对儿童来说是多么生动的一堂自然课，在玩的过程中轻松自然地学到知识。瞧，以上方法很简单吧！这些活动融合了早期教养的各种要求，了解儿童成长需要，发现儿童的能力特点，满足儿童的情感需要，真是一举多得！

【反思实践】

1. 请结合实践谈谈"教"与"养"的内涵及相互关系。
2. 试述身心相依决定了教养融合。
3. 查阅资料，整理归纳0~3岁儿童教养中的更多教养误区。

第三节 0~3岁儿童教养的价值

案例导入

20世纪20年代一个英国人在印度发现了两个由狼抚养大的女孩，这两个女孩的生活习性与野生动物狼的习性一样。其中的一个在离开狼穴后不到一年由于不适应而死去。另一个女孩在人们的精心抚养下成功活下来，一直到17岁。在这个"狼孩"重新回到人类环境后，人们想方设法恢复她的智力和人性，包括教她说话，她在刚被发现的时候是没有语言能力的。但是，让人们失望的是，在进行了长达四年之久的教育训练后，她只能听懂几句简单的话，总共学会了6个单词。又过了3年，她的词汇增加到45个，也会说几句不流利的话。但是直到她死去的时候，她的智力仍旧停留在四岁儿童的水平。这就是错过了心理学上所称的"敏感期"的结果，而这个"敏感期"也成为实施0~3岁儿童早期教养的科学依据之一。

一、提供平衡、丰富的早期经验刺激

中国有句俗话,“三岁看到七岁,七岁看到老”,非常通俗地表达了儿童早期经验与未来成长发展的关系。意大利教育家蒙台梭利也说过:“儿童出生后三年的发展在其程度和重要性上超过儿童一生的任何阶段。”苏联教育家马卡连柯说:“教育基础主要是五岁以前奠定的,它占整个过程的90%。”对3岁前儿童来说,实施教养的基础在于天性。因此,我们要将值得早期培养而终生受益的品质与这些品质的早期表现联系起来。例如,培养儿童身体的平衡和协调能力,适宜从早期大动作练习开始;而培养积极乐观的人生态度,则从建立早期的安全依恋开始等。高质量的早期教养关注的是儿童的终身学习和终身发展,绝不仅仅是认字、写字、计算、背诵那么简单。

实际上,“儿童早期经验的影响及其在他的整个一生心理发展中的作用,受一系列因素制约。它和儿童个人的特点,所涉及的心理和行为领域,早期经验发生的时间,经验本身的性质和种类,儿童以后的生活经验等都有关系。不能根据某些极端剥夺条件下儿童心理发展的现象,笼统地肯定早期经验对所有儿童心理发展的各个方面都产生永久的,不可改变的影响。①”这给教养者提示,0~3岁儿童早期教养不是进行某些超前训练和特长培训,这种过度不科学的经验提供会导致长远的负面影响。假设这种过早训练的结果使儿童痛恨学习,那么,这种早期经验则是百害而无一利。须知,0~3岁儿童早期教育追求的是终生受益的品质,有目的的教养行为应坚持追求早期经验的持久影响,问题的关键在于如何把握儿童一生发展所需要的品质在早期的表现,从而给予恰当的引导。

日本学者小泉英明提出要为儿童提供一个平衡和丰富的早期经验刺激。首先,平衡和丰富是一个整体的概念,各种感觉的刺激都要有,不要有所偏颇。其次,某一种感觉的刺激也要尽量做到丰富。以听力发育举例,教养者如何为其提供平衡、丰富的环境呢?是通过听古筝、钢琴音乐还是去大自然中倾听风声雨声?实际上,这不是一个非此即彼的选择。因为自然界的声音波长多种多样,每天只在室内听电子音乐的话,很难培养儿童听力上的丰富感受性,反之亦然。同理,其他方面比如视觉、味觉、嗅觉、触觉等方面,也是这样。其实,越是接近自然的东西,对儿童的刺激会越丰富。

二、提升教养者的早期教养能力

父母是儿童的第一任教师,儿童通过观察、模仿学习父母的观念和行为。因此,教养者对于儿童的影响尤其重要,教养者应注重个人的行为对儿童的早期教养。

(一)捕捉儿童发展的敏感期

心理发展的敏感期是指儿童心理发展的最佳时期,在此时期,儿童心理发展较为迅速,此时进行的教育和干预能达到理想的效果。儿童的语言、动作、思维、想象等心理活动都有敏感期,如果家长能够抓住各个心理活动的敏感期,则能够促进儿童的心理发展;如果家长长期忽视儿童心理发展的敏感期则容易导致儿童心理发展的相对迟缓。上海师范大学心理学教授曹子芳这样定义早教:“一般指在孩子出生的头几岁,狭义的是指0~3岁,广义的是0~6岁,就是在儿童阶段,开发儿童潜能的教育,为孩子多元智能和健康人格等的培养打下良好的基础。换句话说,早教是在儿童敏感最能接受的时期所进行的事半功倍的适时教育。”

(二)把握儿童心理发展的可塑性

可塑性表现为此时儿童的行为容易被建立,并很快掌握新的行为。0~3岁阶段,儿童大脑发育处于成熟过程中,具有很强的可塑性,脑功能的动态定位特性和智力多元性,决定了智力是全脑功能状态的体现。因此,教养者应提供或创造一种丰富适宜的环境,关注和重视儿童的行为建立,并积极与儿童进行互动,促使儿童整个大脑以全面的方式成熟起来。尽早发现儿童的天赋和各种潜能,做到教育与养育相结合,在儿童早期进行某些有针对性的培养,促进儿童早期发展,为以后成长打下一个良好的基础。

---

① 缪小春.儿童早期经验早发展中的作用[J].心理科学,2001(3).

三、建立牢固的亲子情感纽带

许多研究结果表明，早期亲子依恋对儿童的心理发展具有重要的影响。因此建立牢固的亲子情感将有助于促进儿童心理发展。

（一）社会性发展

父母是儿童的第一任教师，所以父母对儿童的影响较为重要。当父母与儿童进行互动交流时，父母的言行都是儿童模仿学习的样板。如果父母经常关心儿童，并且经常表现出对儿童的爱，儿童在活动中会自然得到体会，并且收获到这份爱，在以后的活动中，儿童也会把这份爱传递给其他小朋友；如果家长在活动中表现出对儿童的认可，儿童也会在活动中表现出积极的探索能力和独立能力；如果家长表现出了对儿童的信任，儿童在活动中会经常表现出自信、积极、主动的个性品质。总体而言，家长与儿童之间的情感纽带，会影响到儿童的社会性发展。

（二）情感发展

1951年鲍尔贝和他的同事报告了一些过早离开父母的婴儿状况。结果表明，过早离开父母的婴儿在日常生活中表现出很难与人相处、怕做游戏、怕冒险、怕探索。鲍尔贝由此得出一个结论：可以确信心理健康最基本的东西是儿童应当有一个与父母间温暖、亲密的连续不断的关系。通过建立亲密的关系，儿童可以获得情感的满足，丰富情感的发展。相反，如果一个人未在早期与父母建立良好的情感纽带，他将有可能成为一个缺乏依恋的成年人，自己本身也不会是一个合格的父母。20世纪40年代，曾有不少心理学家关注孤儿院的儿童，发现孤儿院的儿童由于缺乏与自己父母的情感交流，儿童自身都表现出不同程度的情感冷淡、对人冷漠的问题行为。因此，早期家长与儿童之间的情感纽带对于儿童的情感发展至关重要。

（三）认知发展

父母与儿童之间建立良好的情感纽带，对于儿童的认知发展也有积极的促进作用。研究者将儿童置于危险情境中，借此观察父母的情感对儿童认知发展的影响。结果表明，与父母建立良好情感的儿童在遇到复杂问题时，能够以积极的热情并主动寻求解决问题的办法；与父母未建立良好情感的儿童此时会出现较多的消极情绪和抵触情绪，并且坚持性也不好，此类儿童很容易失望、放弃问题，并且过分依赖父母。

育儿宝典

儿童早期教养需要“心情教育”

当今社会，越来越多的家长逐渐意识到0~3岁儿童早期教养的意义和作用，但很多家长将早期教养的重心放在“怎样能让我的宝宝更聪明”。中国的父母似乎越来越关注儿童的智力发育，很少有父母关心儿童如何形成自己的品格，以及家长行为会对儿童人格产生什么影响，这个倾向令人担忧。

培养一名“智力过人”的儿童，这是父母强加于子女的愿望。其实，培养儿童品格比开发智力更为重要，更让孩子受益终生。特别是0~3岁的儿童，已经能够通过父母充满爱心的行为和指导培养其健康的品格。面对学校忽视道德教育，以致大量年轻人迷失人生方向的现实，国外越来越多的公立学校加入了推行人格教育的行列。许多学校设置了有导向性的、以“心情教育”为核心的人格、素质教育课程。

有专家说:“心情教育”就是训练人的本质中最深层的动机,使人的知识、品德和意志都能朝着崇高的目标发展,使人的情感、欲望建立在美好心灵和健全人格的基础上。爱的训练与体察,是心情成长的营养素。在这方面,父母、老师以身作则、言传身教不可缺少。人格培养与道德训练,共同构成了“心情教育”的完整内容。

家长沙龙

培养健康宝贝,爸爸,您不可替代

近一两年,电视和网络媒体都在热播爸爸参与育儿的亲子类节目。这类节目的播出引发整个社会对爸爸参与早期教养意义的热议。对此,我们呼吁:“培养健康宝贝,爸爸,您是可不替代的。”

听到这儿,很多爸爸也许会质疑:“不可替代?我有那么重要吗?”是的,爸爸的作用不用质疑。虽然“天才常由父亲造就”这句话有失偏颇,但总体而言,父母的心理差异和各自不同的育儿特点,对孩子会产生不同的影响。父爱会给儿童的成长更多的方向感,尤其是男孩,父爱一定程度上还决定儿童的聪明度等。研究调查表明,一天与父亲接触不少于2小时的男孩比那些一个星期接触不到6小时的男孩人际关系更好,从事活动的风格更开放,并具有进取精神和探索精神。还有研究显示:父亲对儿童数理逻辑能力发展具有较大的影响。与父亲密切相处的宝宝,数学成绩佳。相比之下,与母亲常在一起的宝宝,其优势主要体现在对新事物的兴趣上,更擅长和人交往。

事实上,父爱对宝宝的影响远不止于智力,还涉及体格、情感、性格等方面。父亲对孩子的爱、关心、照顾、情绪的感染,以至父亲的一举一动,都在潜移默化地影响着自己的孩子,对孩子的成长有着独特的作用。大量的研究资料显示,与父亲接触少的儿童,体重、身高、动作等方面的发育速度都会落后些,并普遍存在焦虑、多动、有依赖性等表现,被专家称为“缺乏父爱综合征”。因此,父亲再忙,也要抽出时间多与孩子接触。从儿童早期,父亲就应该多抱抱、逗逗、喂喂孩子,满足其情感的需求,为儿童的体能、智力、社会性的发展创造条件。

【反思与实践】

1. 结合实例谈谈0~3岁儿童教养的价值体现。
2. 简述早期教养的关键在于为儿童提供丰富适宜的早期经验。
3. 试述0~3岁早期教养可以提升教养者的早期教养能力。

第二章 新生儿的教养

在很多人看来，新生儿是无知无能的个体，只会吃喝拉撒睡和哭闹，看起来没有什么高级的心理活动。而实际上，新生儿具有很明显的身心发展特点和很强的发展潜力。这是在大脑和神经系统发育的基础上以及遗传、环境和教育的相互影响下逐渐发展起来的。

第一节 新生儿的身心发展特点

案例导入

童童出生了，全家上下沉浸在无限喜悦中。看着刚出生的童童沉睡模样，爸爸妈妈在喜悦之余，不禁在想：这么小小的孩子，每天除了吃喝拉撒睡，似乎再没有什么可做的事情了，更不要说什么早期潜能开发了，新生儿是无知无能的吗？现代科学研究证明：婴儿在刚一出生的时候，就已经具备了多达73种的潜在能力。他们不仅拥有看见亮光就会把头转向亮光之处，听到妈妈的脚步声就会兴奋，当奶头接触他的嘴唇时就吸吮等这些出于条件反射的本能反应，新生儿还具有惊人的感知、运动能力；注意、记忆、学习能力和社交能力。例如，出生8小时后，婴儿就会模仿成人吐舌头；婴儿出生时便有颜色视觉，4个月时接近成人水平，24个月时能正确认识15种颜色等诸多本领。

一、新生儿的生理发育特点

伴随响亮的啼哭声，新生儿终于来到充满刺激和挑战的人世间。"新生儿"一词通常指足月正常体重的新生儿，新生儿期以出生后脐带结扎为开始，到未足28天的这一时间段的生命阶段。这时期的显著生理发育特点是经受短时间内的内外环境突变，机体内部发生巨大的生理变化，但由于各种技能发育的不成熟，导致新生儿很难完美适应出生后近一个月的许多问题。因此，新生儿期的发病率高，死亡率也高。

（一）体格外貌

大部分健康的新生儿出生后会大声啼哭，但没有眼泪，有各种无意识的动作，吮吸能力强，充满活力。足月儿从外观看，头相对比较大，占身长的1/4（成人为1/8），腿占1/3（成人为1/2）。身高一般在46~52厘米之间，满月增长约4厘米。体重一般在2 500~4 000克之间，满月增重0.8~0.9千克。头围一般为33~44厘米。后囟门已经闭合或尚在开放，前囟2×2~2.5×2.5厘米，可辨识骨缝。

新生儿出生时两眼很少睁开，呈紧闭或定视状态；口腔干燥，舌头短而宽；胸部呈圆桶型，比头围小1~2厘米；脊柱呈直行，还没有出现前凸和后凸的正常弯曲；四肢短小，呈外伸和屈曲姿势；手紧握，小腿略内弯，膝向外，足底扁平，手指和脚趾甲细长。

（二）生理发育特点

新生儿机体在短暂时间内经受内外环境的突变，内部发生生理解剖的巨变同时，生理功能也进行了重大调整，具体生理发育特点表现为以下几个方面。

1. 皮肤柔嫩，局部防御功能差

新生儿皮肤柔嫩，局部防御功能差，易因皮肤轻微损伤而造成细菌感染，甚至发生危及生命的败血症，所以保护好皮肤非常重要。全身皮肤娇嫩坚韧而有弹性，初生时皮肤为浅紫色，手足掌面呈青紫，等到血液含氧浓度增加后青紫消退，逐渐转为玫瑰色。出生时全身皮肤覆盖着一层灰色胎脂，它有保护皮肤不受细菌侵害的作用。骶尾部和臀部常有青色色素斑，指压不褪色，这是由于皮肤深层堆积色素细胞形成的，一般5~6岁后可自行消失。

2. 体温波动较大，调节功能差

新生儿出生后，一般室内温度低于宫内温度，加之体温调节中枢发育不够完善，调节功能差，体表面积相对大，皮下脂肪薄，易散热，因此体温波动较大，刚出生时体温37~38℃，然后下降1~2℃，8小时后保持在36.8~37.2℃左右。由于汗腺发育不全，排汗、散热机能很差，出生后即使热也不出汗，因此，要注意保持周围温度，以维持新生儿体温的正常稳定。

3. 腹式呼吸为主，循环部位不均匀

新生儿由于肋间肌较弱，呼吸运动主要依靠膈肌的升降，呈现腹式呼吸。初生时呼吸较弱而浅，常有节律不齐现象，所以效能比较低，但能以比较快的频率补偿，初生时每分钟达40~80次，2周后逐渐稳定，每分钟维持在40次左右。由于新生儿以腹式呼吸为主，所以不要将新生儿腹部束缚过紧，以免妨碍呼吸。新生儿的循环系统与成人不同，其血液不多，集中在躯干和内脏，皮肤和四肢较少，所以四肢温度较低，易出现青紫，这属于正常现象。

4. 胃容量小，母乳消化吸收率高

新生儿的胃呈水平位，容量比较小，胃壁肌层发育不完全，胃入口处贲门括约肌松弛，胃出口处幽门括约肌发达，所以新生儿容易出现漾奶和呕吐现象。新生儿的肠道长度是他身长的七八倍，其吸收面积相对较大，肠壁通透性也较高，有利于吸收母乳中的免疫性蛋白，部分未消化食物的蛋白质透过肠壁吸收到体内，因此喝牛奶的新生儿因异体蛋白质的吸收，日后发生过敏性疾病比较多。新生儿对母乳消化吸收率比牛乳高，所以我们提倡母乳喂养。

5. 循序渐进，排泄次数逐渐增加

新生儿出生后10小时左右开始排除胎便，胎便呈黏稠棕褐色或绿色，出生后第一天排除的完全是胎便，第2~3天排过渡便，以后逐渐排除黄色粪便。刚出生时，膀胱内有少许尿液，一般出生后24小时内排尿，少数新生儿在24小时后排尿。最初几天由于液体入量不足，每天尿4~5次，一周后可达十余次左右。

6. 神经活动过程弱，极易疲劳

由于大脑功能发育尚不完善，新生儿会出现不自主的运动，诸如觅食、吸吮、伸舌头等非条件反射。新生儿大脑皮层的兴奋性较低，神经活动过程弱，外界刺激对其来说都比较强烈。因此，新生儿非常容易疲劳，致使皮层兴奋性更加低下而进入睡眠状态。这近一个月的时间，新生儿除了吃奶，几乎所有的时间都在睡眠中，一天所需的睡眠时间大约在20小时以上。随着大脑皮层的发育，新生儿睡眠的时间会逐渐缩短。

二、新生儿的心理发育特点

科学研究证明，新生儿在母体内就发育形成了视、听、嗅、味、触等多种感觉器官，并具备了对外界刺激作出反应的神经通路。出生时，这些感知觉能力正处于起步阶段，心理发展需要外界环境通过这些感觉器官不断给予刺激。

（一）视觉和听觉能力

新生儿刚出生就具备了生理上的看世界的准备，但直到20世纪60年代，人们还普遍认为新生儿没有视觉能力。新生儿的最佳视距是20厘米左右的距离，在这一视程内，新生儿看得最清楚。因此，培养新生儿专注力即注意力应从新生儿期就开始。

与视觉系统相类似，新生儿刚出生就具备了生理上的听世界的准备，听觉是人类感觉系统中最早形成、最后离开的感觉。有人对新生儿进行过研究，发现他们会把头自然地转向发出声音的地点。研究人员还发现，新生儿对自己母亲的声音很敏感，这种情况得到多次重复性的验证，表明新生儿已经具备了相当的听觉能力。婴儿的听觉系统从发育的完全程度上来看，比视觉系统更充分。这个结论提示我们，在10个月以前的婴儿主要的感觉器官是听觉。[①]10个月以后，情况发生了变化，听觉信息的优势会让位于视觉信息，我们成年人就是这样，每天接触和接收到的信息主要来源于视觉信息。

人们不禁要问：“既然新生儿出生时已经在视觉和听觉系统上做好了看和听的准备，是不是意味着新生儿看到和听到的与成人世界一样呢？”著名的心理学家皮亚杰给出了解释。他曾这样形象地描述了新生儿的世界：“一开始的世界是没有物体的，只有飘摇、虚幻、不实际的影像。这个影像出现后又会被别的东西吸收进去，有时就不再出来了，有时换了一个样子出来。”这说明，我们看到和听到的世界是有组织有结构的，新生儿的世界则是由杂乱无章的光影和声音掺杂在一起组成的模糊混合体。

（二）味觉、嗅觉和触觉能力

在所有感觉能力发展中，新生儿的味觉和嗅觉能力成熟比较早，如对甜、咸、苦常用微笑、皱眉、伸舌或挣扎表示欢迎、讨厌和拒绝。新生儿对于味道的感受器几乎都分布在舌头上。人类能够感知到的是甜酸苦辣四种基本味道。

近年来对嗅觉能力的研究发现，人们以往对嗅觉的重视程度远远不够。心理和行为科学研究证明，人类的正常生活离不开嗅觉，它在日常生活的诸方面发挥着重要作用，比如饮食和一些记忆行为等。哺乳动物的幼仔在睁开眼睛前已经学会将母亲与特定气味联系在一起，新生儿虽然很难做到这样，但其嗅觉功能却在出生之前已经具备，出生后也渐渐学会通过嗅觉辨认家人尤其是妈妈熟悉的味道。

触觉在我们的认知和日常生活中同样占有重要的地位，或许是源于视觉和听觉太重要了，以致成年人往往忽略掉这一感觉能力。对新生儿来说，各个感觉器官彼此都互相联系，必不可少。儿童心理学研究表明，触觉是婴儿认识世界的重要手段，在其认知活动和亲子依恋关系形成中起着非常重要的作用。新生儿期，当母亲的乳头触碰婴儿的嘴或面颊时，他们马上就会做出吸吮和觅食的动作反应。在婴儿哭泣的时候，抚摸其面部和腹部，他就可以安静下来，这些都说明婴儿的触觉反应已经形成，他可以通过触觉来感受和认识世界了。

（三）言语与初期人际交往能力

言语能力方面，新生儿的言语交际在出生后不久便开始了。新生儿在一周至一个月期间，已经能够用不同的哭声表达其不同的生理和心理需要，以此吸引成人注意。虽然最初时发出的声音比较单一，但这却是言语表达的第一步。新生儿还不会与成人进行完全社会意义上的语言交流，他与人交往的一个很重要方式就是哭。这一看似简单的哭声实则代表了很多不同的含义，引起哭的原因也有很多，比如饥饿、口渴、尿布湿了、冷了热了等，还有一些睡前或睡醒时不明原因的哭闹。这些都需要教养者细心分辨，明了不同的哭声代

---

① 尹文刚. 大脑潜能——脑开发的原理与操作［M］. 北京：世界图书出版公司，2005.

表新生儿不同的需求，并及时给予满足。

此外，新生儿还具有强烈的社会交往需求，自出生起就有一种与外界交流、与人交往的需要，交往的第一个对象就是妈妈。出生后经常接受父母逗笑的新生儿，在1个月左右开始出现社会学微笑。而缺少这种经常性刺激的新生儿，一般在2~3个月时出现逗笑。逗笑这一看似简单的动作，是新生儿对成人的音容笑貌和逗引的动作进行综合分析后的一种主动的反应，代表孩子最初的智力萌芽。除了交往需求外，新生儿还具有惊人的社交本领，如模仿成人吐舌头。心理学家把婴儿的这种行为称为“同步模仿”。

育儿宝典

您给新生儿足够触摸了吗？

人有一种饥饿，天生存在而又鲜为人知的需求，这就是对抚触的需求，确切地说，它是一种“皮肤饥渴”。这种需求在新生儿期间表现得尤为明显。常常在亲人怀抱中的新生儿能意识到同亲人紧密相连的安全感，因而啼哭少、睡眠好、体重增长快、智力发育也明显提前。与之相反，让新生儿长时间处于“皮肤饥饿”状态，会引起新生儿食欲不振、智力发育迟缓及行为异常等。因此，作为家长的您，每天都要问问自己：“今天，我给新生儿足够的抚摸或拥抱了吗？”

新生儿触觉灵敏，特别是唇、面颊、眼睑、手掌、足心等处皮肤尤为明显，触动时立即有反应，因此，应从婴儿出生后就开始进行触觉训练。方法如下。

触摸乳房：母婴间的触觉交流，最常见的是母亲为新生儿喂奶，这一行为已经不单单为新生儿提供生长发育的营养，而且为新生儿期感知触觉的产生与发展提供条件。在喂奶前，母亲搂抱新生儿入怀，握着他的小手去抚摸自己的乳房，然后再喂奶。使他多次触摸乳房后，可以建立条件反射，知道饿了可在此处觅食。

抓手指：妈妈伸出大拇指或食指，放在新生儿的手心里，让新生儿抓握。等新生儿会抓以后，再把手指从小儿的手心移到掌的边缘，让小儿主动去抓握。通过训练使婴儿从最初有意识地抓握发展到最初的手脑协调能力。注意：妈妈的指甲应该剪平，以免刮伤新生儿。

触脸颊：新生儿在触觉发展方面，最为敏感的是口角、唇边和脸蛋。新生儿觉醒时母亲用手指轻轻触新生儿的脸颊，当触新生儿的右脸颊时，新生儿的头会往右侧转过来，当触新生儿的左脸颊时，新生儿的头会往左侧转过来。通过这样做，可以训练新生儿的触觉能力。注意：妈妈可握着新生儿的小手让新生儿摸摸妈妈的脸、鼻和新生儿自己的脸、鼻等。

皮肤触摸是一种对新生儿的直接关怀方式，它能把父母的爱护和体贴，默默无闻地传递给新生儿的身体、大脑和心理，它可以产生更多天真可爱的新生儿，也能产生更多好爸爸、好妈妈。

家长沙龙

“新生儿需要戴手套、穿袜子吗？”

很多家长有此疑问：“新生儿需要戴手套、穿袜子吗？”对此，很多专家给出了科学解释：新生儿不需要戴手套或穿袜子。从安全角度考虑，棉质的手套，如果里面的线头脱落，很容易缠住新生儿的手指或脚趾，影响局部血液循环。从发育角度考虑：手套和袜子在一定程度上束缚了新生儿小手和小脚，使手指和脚趾的活动受到限制，不利于新生儿触觉的发育。如果大家担心新生儿的指甲划伤自己，就要定期为新生儿修剪指甲。新生儿指甲长得快，差不多每四五天修剪一次，平时再勤检查就可以了。

【反思实践】

1. 如何理解新生儿的生理发育特点。
2. 如何理解新生儿期的心理发展特点。
3. 结合实际，谈谈如何把握新生儿期的生理和心理发展重点？

第二节　新生儿的教养方法

案例导入

新生儿在一周至一个月期间，已经能够用不同的哭声表达其不同的生理和心理需要，以此吸引成人注意。新生儿还不会与成人进行完全社会意义上的语言交流，他与人交往的一个很重要方式就是哭。童童2个月时，妈妈总结出其哭声的特点。闭着眼睛哭闹，是饥饿表现；哭声刺耳急躁是受到惊吓或刺激；光哭没有眼泪、手脚乱动是寂寞表现，需要别人逗引；哭声哼哼唧唧，时而伴有哭闹是尿布已湿的表现。

一、新生儿的教养理念

（一）呵护关爱新生命的诞生

新生儿在妈妈温暖的子宫里度过了40周左右的时间，忽然要在20小时内冲出母亲产道，来到一个五光十色的大千世界。紧接着连接胎盘的脐带断了，肺部打开，循环系统改变，开始了第一次自主呼吸。如果一切顺利的话，初生新生儿还要首次自己张嘴吮吸母乳，开始一系列的吞咽、消化和吸收工作，诸多第一次对其来说都是生与死的考验与改变。教养者要尽其所能让新生儿能够呼吸通畅、吃饱睡好，这对年轻的爸爸妈妈也将是一个重大考验。而我们要深信在教养者的精心关爱呵护下，大多数新生儿能够顺利度过新生儿这个关键期。

（二）创设良好育儿环境

科学喂养的要求需要做到父母主导、母乳喂养、良好环境和温柔呵护。众所周知，这是由客观情况所决定的，新生儿主要在家庭里生活，初为父母的人是教养新生儿的主导者。对刚出生的新生儿来说，适应母体外的生活环境是艰巨任务的一部分，新生儿机体的一切变化和调整需要一段精心呵护的时间。为此，必须为较弱的新生儿创设一个优美、舒适、清洁的室内生活环境，帮助其尽快顺利适应和习惯这个周围充满阳光和空气的世界。此外，新生儿期，新生儿数天之内会产生上百个问题，这些问题变化多端，来得快，去得也快。这就要求教养者一定要加强观察，达到母婴24小时值班制，对问题做到早期发现，及早处理。

（三）重视新生儿潜能开发

众所周知，人的大脑的功能在相当程度上确实就像是一台特殊的高效能的计算机。在这个形象的比喻中，遗传可以决定的是脑的硬件部分，环境则可以决定在这个硬件的前提下都包含哪些软件，其中当然包括各种各样的应用软件。[①]新生儿容易疲惫，一天有20个小时左右的时间睡觉，只有几个小时是清醒状态。但是新生儿一旦睁开眼睛，哇，原来这个世界这么大、这么亮。噢！新生儿能看见，在离他20厘米的地方呈现红球，新生儿眼睛能跟着球移动了。妈妈温柔的声音呼喊新生儿："宝宝，你醒啦，妈妈摸摸你的小脸庞、摸摸你的小鼻子，好不好？"妈妈轻轻抚摸新生儿，惊喜发现：噢！他能听见，能回应妈妈的抚触，这太好了！原来新生儿应具备的视听味嗅等诸感觉都有了，还能和人交流，这对妈妈是莫大的惊喜：原来我的宝宝这么厉害，他小小较弱的身体内蕴藏巨大的发展潜能。

二、新生儿的教养要点

新生儿幼小生命的成长需要良好环境、科学喂养、精心生活护理、疾病预防、早期教育等全面呵护。

（一）母乳喂养

新生儿出生后首先面临的是生存问题，在生理需求下，他会积极探索寻觅食物，先天性吸吮反射说明他需要进食也有进食能力。新生儿获取饮食营养的途径有三种方式，即母乳喂养、人工喂养和混合喂养。

1. 母乳喂养的好处

母乳是新生儿最经济的食物，是最符合新生儿需要的食物，也是应该首选的最佳食物。母乳除了为新生儿提供营养物质，同时为其提供身心健康发展所必需的功能性活性物质。究竟母乳喂养对新生儿有哪些好处呢？

（1）为生长发育提供必需的营养

母乳几乎含有新生儿生长发育所必需的一切营养，包括蛋白质、脂肪、乳糖、无机盐、维生素和水分等，并且这些营养成分比例搭配合理，有利于消化吸收。此外，母乳中含有丰富的免疫球蛋白，能有效增加新生儿抵抗疾病的能力。

（2）保障身心健康成长

母乳喂养的新生儿较少生病，根据联合国儿童基金会的报告，新生儿出生后头几个月就用奶瓶人工喂养的新生儿，感染性疾病的发病率一般都高于母乳喂养儿的两倍至三倍。母乳喂养不仅能保障新生儿身体健康成长，其在智能发育、心理健康和运动方面都可以大大受益。研究指出，母乳中含有丰富的牛磺酸，对促进新生儿神经系统发育有重要作用，同时含有丰富的神经生长因子等物质，有利于新生儿神经系统的生长发育和智力的发展。

（3）有益母亲产后复原、远离疾病

母乳喂养对产妇产后身体复原大有帮助，从新生儿出生就坚持母乳喂养，这能有效促进妈妈子宫的收缩，减少产后出血，并能有效增加母亲能量的消耗，更快促进母亲形体恢复正常，避免产后肥胖。同时，母乳喂养能使妈妈免受一些疾病的侵扰，比如能降低产妇日后罹患卵巢癌、骨质酥松、尿路感染和乳腺癌的概率。研究表明，妈妈就算仅仅哺乳了几个月，其患乳腺癌的几率也会大大少于从未哺乳的妇女。

（4）拓宽亲子互动的心理发展空间

母乳喂养的全过程，母婴间产生直接的皮肤接触。实验研究表明3~6个月母乳喂养婴儿比人工喂养婴儿在喂奶时更多地观望、偎依母亲和更多的腿脚蹬踢活动，显示出母乳喂养婴儿比人工喂养婴儿更明显地享受舒适状态[②]。同时，新生儿吸奶时听到妈妈的心跳声，对母亲语言的回应交流，一边吮吸一边抚摸母亲胸部或乳房产生的感情和依恋，对喂养环境的定位认识，对周围环境物品的感受，都是促进其认知发展和加深母婴亲情，增进亲子依恋的重要因素。

2. 为母乳喂养做好准备

凡事预则立，母乳喂养亦是这样。早作喂奶准备，则能有效保证母乳喂养的成功和母子健康。

（1）心理准备

保证母乳喂养成功的重要一点是准妈妈自己一定要有决心和信心，要相信，产后泌乳是人类几百万年进

---

① 尹文刚．大脑潜能——脑开发的原理与操作［M］．北京：世界图书出版公司，2005.

② 孟昭兰．婴儿心理学［M］．北京：北京师范大学出版社，1997.

化所获得的本能。准妈妈要树立喂奶和坚持成功喂奶的信心，在这段关键时期内，周围亲人尤其是丈夫的鼓励和关心是决定产妇能否成功喂哺新生儿的至关重要因素。

（2）乳房准备

准妈妈从妊娠开始就要注意乳房的清洁工作，佩戴纯棉宽松的胸罩。妊娠五个月后，可进行适当的乳房按摩，以促进局部血液循环，这有利于乳腺小叶和乳腺管的生长发育。在妊娠后期要强化乳头，以清水清洗乳头后，每天定时自乳晕向乳头部伸拽乳头，使其得以延伸挺立在乳房之上，以免分娩后新生儿吸不着乳头而至喂养失败。此外，乳头皮肤经过多次伸拽而增厚，避免新生儿吮吸造成的乳头皮肤皲裂引起的疼痛和感染。

（3）营养准备

妈妈在哺乳期承担着自己和新生儿双方的营养需要，并且新生儿所需的营养随其生长发育而逐渐增多，因此，母乳喂养的妈妈所需的营养要求比较高，保障乳母的膳食营养是保证母乳喂养成功的关键一环。满足乳母营养需要的好办法就是合理安排平衡膳食，每3~5天所用食物不少于30种，日常饮食应有主食、肉禽、鱼蛋类、豆类、蔬菜水果类、坚果类等。为方便掌握和应用，可简化综合为一句口诀："一个鸡蛋一两豆、二两瘦肉三两果、半斤牛奶六两粮、半斤蔬菜母子康。"

3. 母乳喂养成功的要点

新生儿出生后，为保证母乳喂养的成功率，新生儿应尽可能和妈妈在同一个房间看护。新生儿偎依在产妇怀中，与妈妈肌肤接触，这能大大增加母亲喂养新生儿的信心，并加深亲子感情。除此之外，为保证新生儿有充足的人乳来源，根据国内外经验，还需采取以下综合措施来促进母乳分泌。

（1）尽早开奶，掌握正确的哺乳姿势

新生儿出生后半小时内，应将其立即抱到母亲床上，裸放在母亲胸前，让其吮吸乳头。虽然这时候一般都没有奶汁，但新生儿这种吮吸会对神经-内分泌系统构成强烈刺激，促使催乳素分泌，诱导产妇乳房分泌乳汁。除了尽早开奶外，母乳喂养成功的关键在于，产后两周内，即使没有多少乳汁分泌也要坚持每天让新生儿吮吸8~12次。通常情况下，产妇三五天内就会感觉有奶，不必拘泥于几小时喂一次，新生儿饿了想吃就喂。新生儿愈是强烈吮吸乳房，乳汁分泌就会越旺盛。

巩固母乳喂养的重要一步是培养新生儿良好的吮吸习惯，乳母应掌握正确的哺乳姿势，如坐位、卧位和半卧位等，哺乳时间每次15~20分钟即可。以卧位为例，妈妈和新生儿面对面侧躺在床上，母婴呈脸对脸的姿势，使新生儿整体侧向母亲乳房，脸颊贴着乳房。妈妈将拇指和其余四指分别放在乳房上方和下方，托起乳房，将乳头轻碰新生儿下嘴唇或腮部，当新生儿口张开舌向下时，将乳头连同乳晕送入新生儿口中，使乳头深入口腔后部。

（2）其他注意事项

首先，母乳喂哺时间每次至少为5分钟，因为产妇的生理下乳反射至少需要3分钟；其次，每次喂奶时，先让新生儿将一侧乳房吸空，下次再从另侧乳房开始，两侧乳房交替喂，每次哺乳都要使乳房排空，新生儿一次吃不完也要将乳汁挤到容器中；最后，新生儿出生后的头一两天，产妇没有分泌充足的乳汁，不要急于喂新生儿糖水或牛奶之类的东西。

（二）生活护理

新生儿出生后的第一个月，教养者要重视从生活的方方面面给予新生儿护理，我们从选择合适的衣物和创设良好的睡眠环境加以阐述。

1. 新生儿衣物的选择

新生儿皮肤娇嫩，容易擦伤和发生过敏，所以应该选择质地柔软、吸湿、透气性好、浅色的棉织品，勿用毛、化纤织物等对皮肤有刺激的布料。衣服要宽松，不要有扣子和拉链，以防擦伤或误入口中发生意外。连脚裤要足够宽松以让新生儿伸直双腿，不要用过紧的松紧带系住新生儿，以免影响其胸廓发育。切忌给新生儿戴小手套或把其捆成"蜡烛包"，双手双脚全都紧紧束缚住。总之，新生儿穿衣原则为保证舒适并且四肢活动自如。

2. 新生儿睡眠环境的创设

睡眠是每个人正常生活中不可缺少的一部分，良好的睡眠能消除身体疲劳、调整精神状态，有利于新陈代谢，促进生长发育。

（1）新生儿睡眠的意义

在儿童生长发育过程中，健康的睡眠和充足的营养同等重要。除了这些意义之外，睡眠对新生儿特殊的意义还在于可以促进生长激素的分泌，也就是说睡眠质量好的新生儿，更有利身高的发育。因为生长激素分泌的高峰期是在夜间22点至凌晨，必须在深睡一小时后才能达到这一水平。鉴于此，10岁以下儿童晚上8点左右睡觉最为适宜，入睡过晚会影响生长激素的分泌。

（2）新生儿的睡眠时间

人生每一阶段的睡眠时间是不一样的，新生儿每天的睡眠时间在18~20小时。临床观察表明，新生儿的睡眠时间个体差异比较大，有的睡十几个小时，有的则能睡20个小时。对此，父母不必大惊小怪，这些都是正常现象，如同成人所需的睡眠时间也各不一样。

（3）新生儿的睡眠环境

教养者要注重创设一个温馨、静谧的睡眠环境，并做好睡眠物质方面的准备，如软硬适中的床、舒适的被褥和睡衣等，此外，更要注意观察新生儿睡眠过程中的状况，如果新生儿睡后安静、呼吸轻而均匀、头部略有汗、面部舒展、时而有微笑的表情，这些都说明新生儿大脑发育良好且身体健康。此外，教养者要帮助新生儿变化睡眠姿势，防止新生儿捂住鼻口部位；还要培养儿童养成良好的睡眠习惯，诸如能够独自入睡、不让教养者抱着入睡等。

（三）常见疾病与意外事故的预防

新生儿一出生，医生就要给新生儿做全身体检。出院前，医院也要对新生儿的体重、体温、皮肤、脐带和头颈部进行一番细致检查。新生儿回到家后，教养者要根据其身心发展特点，开始耐心细致的教养和身心保健工作。

1. 新生儿常见疾病的预防

新生儿的常见疾病以尿布疹和病理性黄疸举例说明。

尿布疹，俗称红臀。多由大小便刺激新生儿皮肤后引起，也可能洗尿布时肥皂水未完全冲洗干净、刺激皮肤引起。为有效预防尿布疹的出现，新生儿每次大便后，教养者都要给其洗净臀部，及时更换尿布，并注意选择吸水性好的纸尿布。

病理性黄疸表现为黄疸出现过早、黄疸程度较重、黄疸进展快、黄疸持续时间长等，这时要考虑是不是病理性黄疸。重症黄疸多见于低体重儿、体温低、窒息缺氧和严重感染的新生儿。其临床表现为嗜睡、拒哺、两眼凝视、尖叫、惊厥和呼吸衰竭，突出之处是黄疸又深又重。

2. 新生儿意外事故的预防

新生儿的意外事故以窒息予以举例说明。

窒息是新生儿经常出现的意外事故，原因无外乎以下几种：盖住口鼻、乳房压迫新生儿口鼻、溢奶被呛到、练习抬头翻身时堵住口鼻以及喂药时呛到等。其对应的预防措施包括：为预防新生儿盖住口鼻，尽量让新生儿小脸露在外面，不要将其包裹得严严实实；为防止妈妈夜间喂奶因为劳累睡着造成乳房压迫新生儿口鼻，妈妈们白天应该和新生儿一起睡觉，调整作息，保证尽可能多的休息时间，夜间哺乳时坐起来，尽量保持清醒；为防止新生儿吃奶后溢奶呛到肺里，每次喂完奶后应立即抱起新生儿，空掌心沿背部从下往上轻拍其后背，最好让新生儿打嗝后再轻轻放到床上，尽量呈侧卧位，这样既可以减少溢奶的可能性，又防止溢奶后吸入气管造成窒息；为防止新生儿练习抬头翻身时堵住口鼻，要求教养者经常观察新生儿身体姿势的变化，注意不要让新生儿长时间俯卧，应采取侧卧或仰卧姿势；最后，为防止新生儿喂药时呛到，应先把药片碾碎调入温水中，慢慢喂，或使用专门的喂药器喂新生儿。

（四）新生儿良好情绪的陶冶

有专家指出，新生儿期起通过视听触觉给其亲情的爱抚，对新生儿良好情绪的陶冶大有益处，并可促进其心理健康发展。因此，新生儿的爸爸妈妈和其他教养者应该做到以下几点。

1. 多和新生儿进行视觉交流

眼睛是心灵的窗户，新生儿大脑有上千亿的神经细胞渴望从“窗户”进入“信息”。研究发现，新生儿视觉范围发展得很快，母亲在哺乳时，总会发现婴儿边吃边用眼睛直视着自己的眼睛，有时候嘴里还发出“噢噢”的声音，这是婴儿情感发育过程中的视觉需要，因此，婴儿可在吃奶速度和进奶量上，达到所需要的标准；失去这种交流，其吃奶时会频繁转身摇头，甚至烦躁不安。当然，除哺乳以外，平时多与婴儿作对视交流，大多会得到婴儿甜蜜的微笑，从而有益于其心理健康发育。对于人工喂养的婴儿，母亲在使用奶瓶授乳时，更应有这种视觉交流。

2. 多和新生儿进行听觉交流

新生儿耳朵是其心灵的第二扇窗户。研究表明，新生儿出生一周后，即能分辨出人声或物声。妈妈在新生儿清醒状态下可在其耳边轻轻呼唤新生儿名字，并温柔地与其说话。教养者可将正在给新生儿做的事情一一说给新生儿听，如“宝宝饿了吧？妈妈给宝贝喂奶喽！”“宝宝尿尿了，来，妈妈给你换尿布”等。新生儿自出生起，就能很快辨别出声音的发出者是不是母亲，可别小看母亲与婴儿间毫无意义的“对话”。细心的母亲会发现，在对婴儿说话时，他会动手动足，一副满足的模样。更重要的是，多与婴儿“对话”，可使大脑正处在急剧发育中的婴儿，很快咿呀学语，这为其日后的语言发展奠定良好的基础。经常听到妈妈亲切声音的新生儿会感到安全、宁静，也为其良好情绪打下基础。

3. 多和新生儿进行触觉交流

新生儿皮肤是其心灵的第三扇窗户。皮肤触觉是大脑的外感受器，温柔的抚触会让新生儿感受到爸爸妈妈无尽的关爱，抚触是人类最初的关怀。经常给新生儿温柔的抚触能够滋养其皮肤，并在大脑中产生安全、甜蜜的信息刺激，这对新生儿智力及健康的心理发育起着催化作用。你会发现，经常得到温柔抚触和拥抱的新生儿，性格更温和和安静，也更听爸爸妈妈的话。

4. 多和新生儿进行嗅觉交流

生物学研究证实，人类在视觉相当发达后，嗅觉便开始退化了。但是，新生儿的嗅觉却相当灵敏。刚出生几天的新生儿，便能闻出气味的好坏。有实验表明，如果把浸过母乳的布片靠近婴儿鼻端，婴儿会顿时停止哭泣并做出寻乳的姿态。由于婴儿能嗅出是不是母亲，故日本学者高桥提出，婴儿期由母亲陪睡可产生良性刺激，有利于其智力发育。他指出，那种不停更换陪睡者的婴儿，心理常处于紧张状态，睡眠时间和质量均大幅度下降。这对其心身发育不利，严重者可导致婴儿发育迟缓和儿童期心理障碍。

三、新生儿的潜能开发

新生儿发育最大的特点是生理和心理现象的发生与发展都极为迅速，在出生后1个月内会有两种反应：一种是获得满足和舒适感后的愉快情绪；另一种是饥饿、寒冷、尿布潮湿等所引起的不愉快情绪。新生儿的每一个表情和动作都在传递相应的信息，因此，教养者要根据新生儿的心理特点，耐心与新生儿沟通，学会理解并根据这些信息满足新生儿的需求，培养其起初的良好反应能力，并培养融洽的亲子关系。

每一个正常的婴儿都具有与生俱来的身心潜能，潜能开发包括身心两个方面，即身体潜能的开发与心智潜能的开发，后者又可分为智慧潜能的开发和人格潜能的开发与培养。开发婴儿潜能的教育，应当从新生命诞生时就开始，从根本上说，是使新生儿拥有幸福完整人生的基础教育。

（一）身体潜能开发

身体潜能开发包括大动作、精细动作与抚触运动，动作智能不仅是新生儿最先得到发展的能力，而且将为新生儿其他智能的发展奠定坚实的基础。新生儿期的身体潜能主要训练项目包括练习俯卧抬头和手的抓握。

1. 大动作潜能开发

新生儿的动作技能，一部分属于原始反射，如踏步反射，这种动作会在出生后58天左右消失；另一部分动作能力则随着月龄的增长而增强，如抬头、翻身、爬行等。

（1）俯卧抬头

抬头是新生儿出生后要学习的第一个大动作，也是学会控制头部的关键。大多数新生儿可以俯卧，俯卧时还能将下巴抬起片刻，并且头会转向一侧。宝宝在清醒时会十分活跃，慢慢转动头部、抬头。学会抬头，可以训练新生儿颈部肌肉，扩大视野，促进其智能发展，并为日后练习坐、爬行等做好准备。

练习抬头有三种方式，竖直抬头、伏腹抬头和伏床抬头。练习抬头时，为增加练习兴趣，可给新生儿播放儿歌，或者摇响铃铛。每天练习2~3次，每次练习后，用手轻轻抚摸新生儿背部，帮助新生儿放松背部肌肉，使其感到舒适和愉快，每练习完，让新生儿仰卧在床上休息片刻。每天坚持，新生儿到满月时，下巴可以离床3~4厘米。

（2）行走反射

新生儿期间的大动作还包括行走反射。具体表现为：正常新生儿在清醒状态时，教养者用两手托住其腋下使之直立并使上半身稍微前倾，脚触及地面，他就会交替伸脚，做出向前走的动作，但往往是脚尖着地。这种“天生就会走路”的能力在出生后2~3个月时就会消失。充分利用新生儿这一能力并加以训练，可帮助新生儿提早练习走路，从而促进脑的发育和智力发展。训练从出生第8天开始到第56天结束，每天4次，每次3分钟。

（3）游泳反射

“游泳”是新生儿无条件反射的一种。具体表现为：当把新生儿放在水里时，他们会主动地挥动手臂，舞动小腿，手脚并用地做出看起来非常协调的游泳动作。新生儿游泳有助于促进新生儿的神经系统、消化系统、呼吸系统、循环系统以及骨骼肌肉系统的发育。新生儿出生第2天就可以开始游泳，将新生儿俯卧放在水里，他会表现出协调得很好的不随意游泳动作。整个过程，家长特别注意观察新生儿的面部表情和呼吸等情况，一旦出现异常应立即停止。

2. 精细动作潜能开发

著名教育家苏霍姆林斯基曾说过：“儿童的智力发展体现在手指尖上。”他甚至还把手比喻成大脑的“老师”。新生儿精细动作的潜能开发集中在身体器官——手，手的动作越复杂，就越能积极促进大脑的思维功能。新生儿的精细动作还没有发育，清醒时，两手经常紧握，呈握拳状。

（1）发现手

首先帮助新生儿发现自己的手，只有发现了手才能很好地使用手。教养者可以把一个带响声的玩具握在手心，一起晃动玩具，并反复对新生儿说：“宝宝，这是你的小手，看，小手，宝宝的小手。”

（2）抓握物体

让新生儿练习抓握各种不同质地的东西，如会发出声音的拨浪鼓、花铃棒、不同质地的布条等，让新生儿对不同的物体进行充分感知。教养者可将食指塞入新生儿手中，或用小玩具和小木块摩擦新生儿的手掌，促使其抓握。当新生儿的手指握上木块边缘时，让他自己抓住木块，此游戏练习时间2~5分钟为宜。

（3）手指按摩

要经常给新生儿做手指按摩操，对手掌、手背及每个手指都进行按摩，尤其是指尖，每天1~2次，每次按摩几分钟。

3. 抚触运动

新生儿接受抚触时，其皮肤由于接受到不同力度的刺激，传至大脑，进而形成兴奋灶，并在多次的刺激后形成固定兴奋灶，兴奋灶由神经元构成，再加上它的轴突、树突以及无数个通往其他部分的神经纤维，这些就构成了脑内解剖学的成长，借以完成思维、想象和创造等各项心理活动。① 给新生儿做抚触时，抚触部位为头发、四肢、腿、腹部、背部、手足等，可选择沐浴后进行，每天5~6次，每次3~5分钟，即每天达到15分钟以上。

（二）认知能力潜能开发

3岁前是认知发展的最早阶段，新生儿的认知能力开发主要包括视觉和听觉训练两个方面。

1. 视觉能力

新生儿最早睁开眼睛的一刹那，不要以为他能马上看清您。新生儿需要经历相当长的“雾里看花”阶段，从光和影，到隐约可见，再到基本看清，视觉是发育最慢、成熟最晚的一种感觉。由于视力发育不完全，20~30厘米是新生儿看得最清晰的距离范围。

---

① 中国关心下一代工作委员会儿童发展研究中心专家组、中国国际人才开发中心．儿童早期教育专业教程［M］．北京：新星出版社，2011.

（1）注视能力

新生儿显现出一定的视觉偏好倾向，如最喜欢看人的脸，尤其是爸爸妈妈的脸庞，还喜欢看明暗色调对比强烈的图片，如黑白卡片，图案越复杂注视时间就越长。训练方法为：拿一组卡片，数量为3~4张，可让新生儿看妈妈的黑白大照片，过几天更换爸爸的照片或者其他黑白分明的图案卡片，如同心圆、棋盘格、螺旋形图案、雪花图案、交叉线或其他不规则的图片等。注意放在距离新生儿眼睛20厘米处，当新生儿眼睛离开一张后再换一张，每天训练2~3次，借此训练新生儿的注视能力。

（2）追视能力

教养者在新生儿面前移动能发出响声的色彩鲜艳的玩具，有意识在距离他20厘米内移动，让新生儿练习追视，方向从左到右，从上到下及环形移动。训练方法为：在新生儿躺着时，在其上方晃动摇铃，引起注意后，把摇铃慢慢移动到一侧，并确认新生儿看着摇铃；随后再把摇铃慢慢移到另一侧。同时和新生儿说话："宝贝，你能看到摇铃吗？仔细看，它在哪儿呢？"

为新生儿的视觉能力发展提供适宜刺激，建议家长为新生儿准备的房间一定要宽敞明亮，视力所及的范围有适应的刺激物体。如床上方1~1.5米处悬挂彩色风铃等，位置可经常变动；房间四周张贴色彩鲜艳的儿童画，妈妈经常抱着宝宝靠近不同的位置，让其能从不同的角度去观察多彩的世界。教养者可在新生儿出生后就布置，可定期更换，引发其兴趣。

2. 听觉能力

刚出生的新生儿已经有了听觉，听到妈妈对着他说话的声音能做出反应，表现为眨眼、注视、张口等，并表现出和妈妈对话的样子。新生宝宝偏爱柔软、缓慢、纯厚的声音，对尖厉的声音则反应急躁、激烈，对有节奏的声音尤为敏感。成人可以尝试用许多种不同音量的声音和新生儿说话，如低声细语、响亮或低沉的声音、唱歌的声音等，但要注意音量不要太大。

当新生儿睡醒时，教养者用柔和亲切的语调与新生儿说话，如："宝宝，你睡醒啦，睡得香不香呀，有没有梦到妈妈呢！"平时，给新生儿播放不同种类、不同方位以及来自不同距离的声音；还可以在新生儿头部周围慢慢摇晃或移动响铃，看其能否正确找到声音的来源，以锻炼新生儿的听力和定向能力。

3. 触觉能力

触觉能力是新生儿最早发展的能力之一，丰富的触觉刺激对智力与情绪的发展有着重要影响。教养者应该多与新生儿接触，不但能增进亲子关系，更能为其未来的成长和学习打下坚实的基础。新生宝宝的触觉已经发展得很好，特别敏感的是嘴唇、手掌和脚掌。当乳头或手指放在嘴唇边，新生儿会做出吸吮动作。新生儿的皮肤对温度的变化非常敏感，当脱掉其衣服时，他通常会以哭闹或者手舞足蹈来表达。做触觉训练时，选择在新生儿轻松愉快状态下进行，让其裸体躺在床上，教养者用手由头部向身体，再向手脚慢慢抚摸，一般每分钟做12次左右，注意时间不宜太长。

4. 味觉与嗅觉能力

新生儿能够区分若干种气味，出生刚一周的新生儿已经能够辨别妈妈的气味和其他人的气味。此外，新生儿对气味的空间定位也很敏感，回避不愉快气味的次数多于朝向这种气味的次数。刚出生的新生儿已经基本具备辨别酸、甜、苦、咸四种味觉的能力，并且已经存在味觉上的性别差异，女宝宝比男宝宝更喜欢甜味。教养者可将甜、酸、苦等各种味道的水放入新生儿口中，或者让其闻一闻香、臭及刺激的味道，并观察其不同的反应。

（三）语言能力潜能开发

"语言是思想的直接现实"，是人们交际的工具。新生儿虽然无法用语言表达自己的意愿，但语言交际已经在出生后不久就开始了。表现为一周至一个月期间的新生儿，已经能用不同的哭声表达自己的不同需要，以此吸引成人的注意，满足自己的生理和心理需求。虽然新生儿此时的发音还很单一，但这确是掌握言语表达至关重要的第一步。

培养新生儿的语言能力，最重要的是家长要养成与新生儿经常交流说话的习惯。很多年轻的父母很困惑，每天都和新生儿说话，说什么呢？

1. 将父母的声音与关爱、食物、温暖和爱抚联系起来

当新生儿面带笑容，头转向妈妈，眼睛睁开，脸部及身体活动比较多时，妈妈就要与新生儿面对面，相距

约20厘米，目光接触时，和新生儿进行无声或有声的语言交流，无声语言指的是通过面部表情，如张嘴、伸舌、呲牙、微笑等表情进行互动；有声语言诸如，“宝宝，你睡醒啦，是不是想和妈妈说说话呀！看妈妈手里是什么，一个拨浪鼓，听，咚咚咚，多好听呐！”此时，说话的内容没有那么重要，重要的是让新生儿感受到妈妈的关爱。

2. 将正在做的事情一一说给新生儿听

你和新生儿一起在干什么、做什么、听什么，都可以说给新生儿听。比如，在给新生儿洗澡时，主动告诉新生儿：“宝宝，妈妈在给你洗澡澡喽，先脱掉你的小衣服，露出了小屁股……”虽然新生儿此时没有给你明显回应，但他会把你的话语都“记录”下来，稍大一点，他会像录音机一样，将你说的话“播放”出来。记住，若希望孩子源源不断的“输出”语言，此时的你要不厌其烦的进行“语言输入”。需要记住的是，新生儿在学习语言这个领域，是先听后说，最好用普通话反复和新生儿讲话。另外要注意的是，对新生儿说话的时候眼睛要尽可能地凝视新生儿。

大多数新生儿在两周大的时候，就会在听到熟悉的声音后停止哭泣。当教养者很亲密地和他们说话时，新生儿还会伸伸胳膊蹬蹬腿，表现得特别高兴。教养者也能从中感受到新生儿正在听你说话，并且喜欢这样的交流方式。这个阶段，教养者适宜和新生儿反复说一些用来描述视觉、听觉、味觉、嗅觉和触觉的词汇。

（四）人格潜能开发

新生儿人格潜能开发的主要内容就是初期的交往能力和自理能力。新生儿需要教养者真心的关注，他们能从成人柔和的声音、温柔的抚摸中感受到。如果教养者能做到与新生儿说话时，眼光与其对视，并随时对新生儿的需求做出快速回应，那他们就会非常愉快。

新生儿一出生就有了与人交往的能力，妈妈与新生儿的眼神对视是相互交往的开始。和新生儿说话时一定要注视他的眼睛，这能使他觉得自己很重要，也很特别。妈妈要利用一切机会与新生儿交流，语调要柔和，抚摸应轻柔，经常抱抱他并轻轻摇摇他。经常和新生儿说说话，能有效建立起教养者和新生儿之间的愉快互动和亲子联结。除了说话，还可以轻轻抚摸新生儿头部，轻轻挠一挠他的小肚皮，并逗引他微笑。

新生儿不会说话，与人交往的最重要方式之一就是哭。通过哭，新生儿向教养者传达出一系列信息，如他们需要食物、需要拥抱或者需要你过去陪陪他。引起新生儿哭的原因有很多种，教养者要学习识别并分辨不同哭声代表的不同需求并给予及时的满足。在回应新生儿时，同时用语言表述出其哭声表达的内容。新生儿社会能力的另一表现是最初的自理能力，表现为他可以学会“识把”，新生儿一般在20天左右可以学会听“嘘嘘”声和用“把”的姿势形式条件反射排大小便。

（五）新生儿10分钟早教培养方案

父母应根据新生儿的情况灵活开展以下早教游戏方案，具体要求如下。

1. 视觉训练

用一个红球放在婴儿的眼前，引起婴儿两眼注视，并可慢慢移动，使两眼随红球方向转动。

2. 听觉训练

用摇鼓或响铃在婴儿耳边轻轻摇动，婴儿听到铃声可转向铃声方向。

3. 触觉训练

当乳头触及婴儿的嘴边，婴儿会作吮吸的动作。抚摸婴儿的皮肤，婴儿会露出舒适的微笑。

4. 发音训练

要经常和婴儿讲话，虽然婴儿听不懂，但听到父母的讲话声、笑声，婴儿会感到舒适、愉快。

5. 抓握训练

把有柄的玩具塞在婴儿手中，让婴儿练习抓握。

6. 动作训练

洗澡后，室温保持27℃，给婴儿做被动操，使婴儿手足运动2~3分钟，有时也可训练婴儿俯卧，使其抬头，但时间只能在几秒钟之内。[①]

---

① 中国学前教育网，《新生儿每天10分钟早教》，http：//web.preschool.net.cn/index.html，2014年1月4日。

育儿宝典

“初乳很珍贵”

产妇在产后最初几天分泌的乳汁称为初乳，初乳质稠、量少且呈淡黄色，脂肪含量较低，含有丰富的蛋白质以及大量的抗体、分泌型免疫球蛋白、吞噬细胞、粒细胞、淋巴细胞以及各种酶类、碳水化合物等。很多妈妈认为初乳不干净或者没有营养，就将其挤出丢掉，这是错误的做法，也非常可惜。初乳呈现淡黄色是因为其中富含β-胡萝卜素。

初乳是新生儿最好的食品，初乳中的营养成分如双歧增殖因子能促进肠道内双歧乳杆菌等有益菌群的生长，调节胃肠道功能，促进营养素的吸收，满足新生儿生长发育需要。初乳中的免疫因子比成熟乳高很多倍，能增强新生儿免疫力。越早吃到初乳的新生儿，其免疫屏障就越早建立。此外，初乳对新生儿智力水平也有影响，英国剑桥科研人员发现，及时喝到初乳的新生儿在8岁的时候，其智商水平及健康状况明显超过只吃成熟乳或其他代乳品的同龄儿童。

家长沙龙

杜绝新生儿的“蜡烛包”

何谓“蜡烛包”，即教养者在包裹婴儿时，将婴儿双臂紧贴躯干，双腿拉直，用布、毯子或棉布进行包裹并在外面用带子捆绑起来的一种包裹方式。

很多家长认为，这种包裹方法利于婴儿保暖，也有利于家长抱婴儿。殊不知，这种包裹方式有很大的弊端，如由于紧紧束缚住婴儿，从而限制婴儿的胸廓运动，进而直接影响胸廓和肺脏的发育；同时，婴儿双手和双脚也被束缚住，其四肢活动“失去自由”，得不到应有刺激；最后，婴儿感知外界事物的感官都被包裹起来，这就将外界带给婴儿的有效刺激大大降低，直接影响了大脑和全身的发育。

【反思与实践】

1. 母乳喂养的优点以及成功进行母乳喂养的措施有哪些？
2. 查阅资料，全面整理新生儿常见疾病和意外事故有哪些？怎样预防？
3. 阐述如何对新生儿进行良好的情绪陶冶。
4. 针对新生儿期的大动作和精细动作各自设计1~2个亲子游戏。
5. 查阅资料，为新生儿的听说语言教育设计一套游戏方案。

第三章

1岁内婴儿的教养

1岁内婴儿期是婴儿身心发展速度最快的时期，他将从一个毫无生活自理能力的自然人，变成一个具有一定社会适应能力的社会人。

第一节 1岁内婴儿的身心发展特点

案例导入

恬恬生下后，可把全家忙坏了。家人感到出生头一个月是最困难的，小家伙睡睡醒醒、哭哭闹闹，生活完全没有规律可言。这种手忙脚乱的生活到了恬恬三四个月大的时候有了变化，日子开始步入正常轨道，因为恬恬的生活节奏变得比较有规律了。妈妈也开始掌握喂奶、睡觉、大小便的时间表；恬恬哭时，家里人也能猜出是什么原因了。恬恬四个月时会翻身，等到6个月左右，已经会坐了。由于家长为恬恬创设了一个良好的锻炼爬行的环境，因此，恬恬8个月掌握了手膝爬行的本领。约11个月时，她可以扶着支撑物站起来了，到了1岁左右，恬恬可以摇摇晃晃的学习走路了，这标志着恬恬进入了学步儿阶段。婴儿期是人生历程中的重要一站，其变化是巨大的。从刚生下来时好像只会哭、只会睡，到1岁时可以行走，这一切究竟是怎样发生的呢？

一、1岁内婴儿的生理发育特点

及时对1岁内婴儿的各项生理发育指标进行检测与评价，可以连续观察其生长发育状况，并提醒家长及时发现婴儿的生长发育是否正常，以及各个方面的营养供给和护理保健是否适宜。

（一）体重与身长

婴儿期是人一生中身体生长的第一个高峰期，其中，体重和身长是衡量体格发育的两个重要指标。这一年时间内，1~6个月是生长速度最快的时期。体重方面，新生儿平均体重3 000克，6个月比出生时增加1倍，周岁时是出生时3倍；身长方面，刚出生的新生儿约为50厘米，前6个月增长17~18厘米，周岁时增长25~26厘米，约为出生时1.5倍。

（二）头围与大脑

从头围看，新生儿出生时头围约为34厘米，6个月时达到42厘米。从脑重量看，婴儿出生时约在300~390克区间，为成人脑重量的25%左右。在婴儿期，大脑以惊人的速度增长，到婴儿1岁时，脑重量已经增至800~900克，接近成人脑重量的70%。同时，神经元的树突和轴突分枝由少变多，神经元之间的联系越来越广泛和高效，智能游戏提供的活动能增加神经细胞间的突触联系。因此，从头围和脑重量的数字变化看，1岁内的大脑发育迅速，需要有足够的营养和良好的生活环境。

（三）囟门

囟门是评估1岁内婴儿健康情况及脑部发展的一个重要指标。婴儿出生时头上有两个囟门，称为前囟门和后囟门。前囟门位于头顶部前中央、额头微微上方一些，呈菱形，对边中心连线约为1.5×2厘米，柔软，时有跳动，一般在12~18个月时闭合。后囟门位于头枕部，呈现三角形，一般于2~3个月闭合。通常，前囟门较大，个别差异也很大；而后囟门比较小，有时候几乎要关闭或不易摸得清楚。

（四）心跳与呼吸

婴儿的心脏重量与体重的比值大于成人。1岁时婴儿的心脏是出生时的2倍。心肌薄弱，心脏容量小，输出量少，而新陈代谢旺盛。因此，需要增加搏动来适应机体需要。年龄越小，心率跳动越快，1岁内婴儿心率为110~130次/分钟。1岁内婴儿呼吸的平均次数为30~40次/分钟，并且以“腹式呼吸”为主。数呼吸时应在婴儿安静状态时，次数要以一呼一吸为一次。

（五）牙齿

每个婴儿的出牙时间不完全相同。一般情况下，婴儿在6~7个月开始出牙，最早约为4个月，最晚会推迟到10个月甚至12个月。等到2岁或2岁半时20只乳牙全部出齐。需要注意的是，如果1岁时还没有开始出牙，就要引起足够重视，并到医院为婴儿做检查。

（六）肌肉动作

婴儿肌肉动作能力的发展包括大动作发展和精细动作发展两方面。大动作是指对身体动作的控制，使婴儿能在周围环境中活动，如翻身、坐、爬行、站立等；精细动作是指运用手指、手掌和手腕进行的触摸、抓握和操作物体等活动动作，其本质为手眼脑的协调配合能力。具体来讲，婴儿1岁以内会掌握诸如抬头、翻身、坐、爬行、站立等大动作，同时掌握诸如触摸抓握、拇食指抓握、左右手传递、手指和手腕协调配合等精细动作。

二、1岁内婴儿的心理发育特点

人们越来越发现，在生命的头一年，婴儿一直积极运用自己的感观和动作探究周围的世界，构建自己对世界万事万物的认识。他（她）们并不像人们想象的“什么都不会”，而是表现出惊人的认知能力。

（一）感知觉能力

瑞士心理学家皮亚杰将出生到2岁这个时间段称为“感知运动阶段”，发展1岁内婴儿的感知觉能力，需要借助眼睛、耳朵、鼻子、嘴巴、舌头、皮肤等身体器官才能实现。

1. 视觉

视觉是人类获取知识最重要的途径，大脑对客观事物70%~80%的认识都是通过视觉获得，出生后半年是婴儿视力发展的敏感期。婴儿的视觉发展顺序主要表现在以下阶段：婴儿2个月时，眼睛可以追随缓慢运动的物体做上下左右转动的动作；3个月时，视觉集中时间可以达到7~10分钟，注视远端物体的距离可以达到4~7米远；4~5个月时可以看到放在近处的小物体了；5个月时，手眼学会协调，会伸手抓近处的东西了；6个月以后，可以用眼睛观察周围人进行的活动，通过视觉认识周围事物。

2. 听觉

与视觉一样，听觉对婴儿也有重大的适应价值，婴儿的听觉能力突出表现在对语音的知觉能力和声音定位上。如4~6个月的婴儿听知觉不断改善，会更加主动积极地倾听周围人们的说话；还有在对婴儿进行声音刺激检测中，发现婴儿在听到声音时会将头转向声源，这说明婴儿可以通过调整头部位置确定声源方向。具体发展特点如下：2个月时听到屋里响声从睡梦中惊醒；3个月时听到声音立即用眼睛寻找声源；4~5个月时，学会分辨熟悉或不熟悉的声音；1周岁时候，婴儿可以和成人一样学会分辨声音。

3. 触觉

有研究表明，在胎儿发育过程中，触觉是最先发育起来的感觉系统。触觉功能很早就表现出来了，如先天的吸吮反射、抓握反射等都是触觉的反应。婴儿主要用手和嘴来感受外界刺激物。1岁内婴儿的触觉发展主要表现在口腔触觉发展和手的触觉发展两个方面。口腔触觉对婴儿获取物体信息起着重要作用，4个月大的婴儿能辨别不同形状和软硬度的奶嘴。整个婴儿期，口腔探索成为其主要了解物体的方式。

当手的动作逐渐发展起来后，口腔探索渐渐退居次要地位。但相当长时间内，婴儿仍将口腔探索作为手探索的补充，比如5~6个月大的婴儿往往把抓到的东西直接放进嘴里。手触觉和视觉的协调是婴儿认知发展过程的重要里程碑，也是手真正探索的开始，这个时期大约出现在婴儿5个月左右，表现为婴儿会先把手伸到视觉范围，用视觉检查手的位置后，再通过视觉把手送到物体所在的位置，说明5个月是视觉与手触觉开始协调活动的重要时期。7个月以后的婴儿喜欢用双手去挤、甩、滚、摆弄物体，通过双手摆弄更详细了解物体。

4. 味觉和嗅觉

与视觉、听觉和触觉相比，味觉和嗅觉已退居次要地位。但它仍是婴儿认知这个世界不可缺少的重要感觉。婴儿一出生就有味觉。不同研究同时表明，新生儿偏好“甜味”，当尝到甜味时，会出现轻松愉快的表情。婴儿4个月以后，才对咸味有了感觉，此时对甜味的偏爱才逐渐减退。

嗅觉方面，当婴儿闻到令人愉快的食物气味，如水果、奶油等食物的气味时，会出现面部肌肉放松，嘴角后缩的类似微笑状；当闻到如氨水等不愉快的气味时，婴儿会嘴唇撅起并流口水等症状。婴儿对不同嗅觉刺激物会做出不同反应，会对不良刺激物产生躲避行为，这其实也是人类保护自己生存必备的一项能力。

（二）注意力与记忆力

注意是人脑的一个基本功能，它是认知活动的基础，婴儿期以无意注意为主，即没有目的，也不需要付出意志努力的注意。婴儿注意的发展主要表现在两个方面，注意范围的扩大和注意速度越来越快。

记忆是个体对其经验的识记、保持和再现。婴儿期的记忆发展表现在再认能力和回忆能力的提高上。7个月后，婴儿对熟悉的人能够再认，但只能保持几天。有人会提出疑问，婴儿这么小能否回忆呢？答案是肯定的。很多细心的家长会发现半岁以后的婴儿开始能记点事儿了。根据一位家长的观察报告得知，一个7个月大的婴儿在妈妈接电话时，听到听筒另一端传来爸爸熟悉的说话声，他想爸爸快回来了，于是爬到门口等着爸爸回家。

（三）语言能力

婴儿出生后的头一年为语言发展的准备时期，又称前语言阶段，1岁以前也是婴儿语音发展的关键期。这个阶段的主要任务为逐渐理解词汇和语言，并开始咿呀学语练习发声。

婴儿对人类语言的理解经历了语言知觉阶段和语词理解阶段。语言知觉方面，四五个月大的婴儿能辨别语调和语气的变化。理解词汇和语言方面，6个月大的婴儿能听懂成人的话语，如贝茨（1975）在试验中发现，当问一个6个月大的婴儿“灯在哪儿”时，她能以抬头看天花板来作答，但不管天花板上有没有灯，她都会抬头注视，而且即使上面没有灯，她一点儿也不感到困惑。[①]相关研究表明，婴儿9个月左右才开始真正

---

① 庞丽娟、李辉 . 婴儿心理学［M］. 杭州：浙江教育出版社，2003.

听懂成人所说的话，可以按照成人的语言提示去做相应的事情，但还不能说出词。

婴儿诸如咿呀学语的语言表达也经历了前语言阶段和语言表达阶段。在前语言表达阶段，1个月以内的婴儿还不会开口说话，主要通过特定声音和姿态进行交流。大约2个月时，婴儿会在吃饱穿暖等生理需要得到满足后，对成人的逗引或语言刺激给予微笑或咿呀声反应。语言表达方面，4个月以后，进入咿呀学语阶段。大约从10个月开始，婴儿会说出第一个有意义的单词，这是语言发生的标志，是真正语言表达的开始。一直到1岁，婴儿常对着玩具或镜中的自己发音，表现出交往的愿望。

（四）思维能力

思维能力属于人的高级认识能力，0~1岁为思维方式的准备阶段，11个月左右婴儿有了思维的萌芽。由于婴儿思维具有独特性，因此，我们将1岁内婴儿阶段的思维称作“行动思维”或“手眼思维”。大约10个月时，婴儿开始用诸如抓、握、爬等动作来解决问题。比如婴儿够不着一样东西时，他们或者会拉着大人的手指向这个物体，或者爬过去找到藏在远处遮盖物下的玩具等，这些现象都说明婴儿心理反应具有了初步的思维活动。

（五）情绪情感

积极健康的情绪情感不仅是婴儿适应生存的重要心理工具，也对其生长发育和个性形成起着十分重要的作用。婴儿在出生后，伴随自身的成长发育和后天环境影响，情绪也在不断分化。美国心理学家华生根据他对医院婴儿室内500多名初生婴儿的观察认为，婴儿天生的情绪反应有三种：害怕、愤怒与爱。[①]婴儿3个月以后，情绪分化为快乐和痛苦；6个月以后，情绪又分化为愤怒、厌恶和恐惧；12个月以后，快乐的情绪又分化为高兴和喜爱。总之，情绪在婴儿心理活动中起着非常重要的动力作用。婴儿年龄越小，这种影响就越直接和深刻。

（六）自我意识

自我是一个很复杂的概念，自我意识是人类特有的反应形式，婴儿出生后就在为自我意识的形成做好积极准备。出生头5个月的婴儿没有自我意识，也不能完全认识自己身体的存在。5个月以后，婴儿开始出现自我感觉，1岁左右逐渐认识了自己及自己做出的动作。有一项著名的实验研究用来观察和测验婴儿能否在照镜子的时候认出自己，借此来观察婴儿的自我认知能力。实验前父母在婴儿鼻子上点上红点，然后让9~24个月大的婴儿照镜子。结果表明，年龄小的婴儿会抚摸镜子中红鼻子的孩子，认为这是另外一个人，表明婴儿并没有意识到是自己的映像，也就没有意识到自己是一个独立的个体，此时还没有萌生自我意识。一直到15个月时，有的婴儿照镜子时候才会用手去擦拭自己的红鼻子，表明这个年龄段的儿童能够认出镜像中的自己，有了对自我的认识。

育儿宝典

让宝宝睡出超级“明星脸”

各位新爸新妈们，如果您发现宝宝出生后头型不对称、颧骨不太高或者不好看，别着急，请利用宝宝出生后的前三个月进行调整吧。

1. 睡相决定头形

婴儿在出生时头骨是柔软的，尚未完全骨化，各个骨片之间仍有成长空隙，有相当的可塑性，调整宝宝头型的黄金时期就是宝宝出生后的2个月内。如果2个月以后发现宝宝的头型不对称或

① ［新西兰］斯托曼著．情绪心理学［M］．张燕云译．沈阳：辽宁人民出版社，1986.

者不好看了，在第3个月赶快调整还来得及。3个月以上的宝宝头型就基本固定了。

2. 俯卧睡姿利于睡出好头型

中国父母们习惯于让宝宝采取仰卧睡姿，因此中国人的脸型大多比较扁平，立体感不强。而且，仰卧还容易因宝宝需要转头致使后脑勺不对称，形成偏头。而西方人习惯于让宝宝趴着睡，两侧脸颊长期受到压迫，使脸型变得轮廓鲜明。父母们一点要记住，俯卧睡姿有一定风险，必须有专人看护，随时注意宝宝的呼吸道是否通畅，防止呼吸道阻塞。可以让宝宝白天睡觉时选择趴着睡，夜晚则换成仰卧位姿势。

3. 睡出五官清秀的小脸

睡眠时长期向一侧卧睡，有可能使宝宝出现左右脸部不对称的情况。两侧换着俯卧则可压迫颧骨，不让颧骨过分发育，以显出鼻梁高耸、嘴及下巴侧面线条平直。中国人的脸型多半较大，而西方人多半为窄型脸，其原因之一是中国人习惯让婴儿仰睡，西方人则多半让孩子趴睡或侧睡。此外，侧卧可限制下颌骨过度发育，防止两腮过大而形成大腮帮子脸。提示：采取侧卧时，两侧应适时交替，不要固定于某一侧，以免造成头形与脸形不对称，并注意不要将耳轮压变形。

4. 防止招风耳，睡出好牙齿

当宝宝躺下时，妈妈一定要先将宝宝的耳朵往后抚平，否则，宝宝就会睡出难看的"招风耳"。仰卧比较容易出现偏差，导致后脑勺扁平或引起招风耳，因此不能让宝宝长期仰卧。宝宝1岁以后，不要让宝宝养成含着奶嘴睡觉的习惯，否则，时间一长，宝宝下颌会习惯性前伸，上下腭齿列（颌骨）处产生移位，造成宝宝日后牙齿排列不理想。

家长沙龙

儿童越过爬，直接会走，真的厉害吗？

日常生活中，经常听到有些家长不停炫耀："我们家宝宝动作发展可好了，这不，都没有经过爬，直接就会站会走了呢！"1岁婴儿省略爬行这个大动作发展阶段，究竟科不科学呢？对此，我们给出明确答案，婴儿略过爬行这一阶段，对其以后成长带来的弊端远远超出家长的想象。很多专家指出，早爬、多爬的宝宝更聪明。还有调查显示，感觉统合失调的儿童90%不会爬行或爬行时间很短，而爬行是目前国际公认的预防感觉统合失调的最佳手段。"爬"，看来是一种很简单的活动，但对婴儿来说并不简单，要尽一番努力才能完成。爬行对婴儿的各种能力发展非常重要，绝不能略过直接学走。现将爬行对婴儿健康成长带来的益处一一列举如下。

1. 爬行是一种极好的全身运动，它能促进婴儿身体各部位的生长发育

婴儿在爬行的过程中，头颈抬起，胸腹离地，用肢体支撑身体的重量，这就锻炼了胸腹背与四肢的肌肉，并可促进骨骼的生长，为日后的站立与行走创造了良好的基础；此外，爬行对婴儿来说是一项较剧烈的活动，消耗能量较大。据测定：爬行时要比坐着多消耗一倍能量，比躺着多消耗两倍能量，这样就有助于婴儿吃得多、睡得好，从而促进身体的生长发育。

2. 爬行对婴儿心理发展与智力潜能的开发也有较大促进作用

婴儿在爬行时，所接触的范围扩大了，由所躺的地方扩大到整个床，以至整个房间，使婴儿的空间位置发生了变化，能够正面面对世界，主动接触和认识事物，增加了声音刺激和事物刺激，有利于婴儿听觉、视觉、平衡器官以及神经系统的发育。

3. 爬行训练是预防儿童成长期感觉统合失调的重要手段

感觉统合是一种本体感觉。人们平时学到的一切技巧都是凭本体感觉，良好的本体感觉归功于大脑中前庭系统统合视、听、触等感觉而又能灵活地支配身体各部位肌肉的协调活动。爬行训练

对控制眼、手、脚的协调有极大的益处。通过爬行训练，可以促进婴儿大脑的发育，开发儿童的智力潜能。

4. 家长应利用多种条件让婴儿练习爬行

一般婴儿能够自如翻身就有了学爬的机会，开始他只能趴着玩但不能向前爬，或者是在原地旋转及向后退，此时家长可有意识的教婴儿练习爬。婴儿俯卧在床上，妈妈在婴儿前面摆弄会叫或会响的玩具如小鸭子、小熊打鼓等，吸引孩子的注意，并不停地说："宝宝，小鸭子叫了（或小熊敲鼓了），快来拿啊！"爸爸在身后用手推着婴儿的双脚掌，使其借助爸爸的力量向前移动身体，接触到玩具，以后逐渐减少帮助，训练婴儿自己爬。开始爬行时婴儿可能很费力，腹部离不开床面，大人可用一条毛巾放在他的腹部，然后提起腹部让他练习手膝爬行，渐渐地他会上下肢协调起来，可以用双手及双膝协调灵活地向前爬行。

【反思实践】

1. 如何理解1岁内婴儿的生理发育特点。
2. 如何理解1岁内婴儿的心理发展特点。
3. 结合实际谈谈如何把握1岁内婴儿感官训练的敏感期。

第二节 1岁内婴儿的教养方法

案例导入

童童出生后，小家伙醒一醒、睡一睡，生活作息没有规律，全家陪伴宝宝渡过手忙脚乱的新生儿期，爸爸妈妈也在1个月时间内掌握了很多育儿知识。渐渐地，到童童三四个月大的时候，全家尤其是爸爸妈妈感到日子好过了很多。因为童童的生活节奏变得比较有规律了，妈妈也逐渐掌握了童童吃奶、睡觉的时间表，也渐渐能猜出宝宝哭泣和开心的原因。到了7个月左右，童童已经可以独自稳坐了；约9个月的时候，已经学会了手膝爬行；大约11个月的时候，她已经能扶着桌子自己站立起来；又过了1个月，童童已经可以在大人搀扶下开始学习走路了。全家不禁感叹，出生后这小小的人儿在1岁内的变化太大了。刚出生时好像只会哭、只会睡，到现在1岁生日时，身心各方面都获得最快的发展。

一、1岁内婴儿的教养理念

要想成为一名合格的早教专业人才或家长，首要任务就是建立正确科学的教养理念。

（一）掌握发展顺序，保障成长起点的最优化

众所周知，每一个婴儿都是独一无二的，都有自己特有的成长发展轨迹。教养者除了牢牢记住这一特点外，更重要的是要掌握其每个成长阶段的发展顺序、各个成长领域的发展规律。尤其要了解婴儿各个阶

段和各个领域中具有里程碑意义的发展指标和敏感期，以便采取相应的教养措施，保障每个婴儿成长起点的最优化。

（二）尊重早期兴趣，做到成长与快乐同行

1岁内是婴儿的快速成长阶段，在这一重要阶段，我们不仅要关注婴儿自身的身高、体重、头围、胸围等生理发育和动作、认知、语言等智能发展的各项成长指标，而且要重点关注婴儿的良好情绪情感和心理健康发展的快乐指标。因为，成人对婴儿的关爱是其身体生长必不可少的“精神营养品”。只有每天都得到关爱、呵护和悉心照料的婴儿才更容易形成快乐稳定的情绪特征。一言以蔽之，1岁内做到成长与快乐同行。

（三）遵循脑发育规律，注重感观教育

随着脑科学研究的不断深入，越来越多的早教工作者意识到大脑潜能的无限性。但这种潜能性是否被开发和挖掘，或者能否被科学的开发，确是一个值得思考的问题。每位家长都不想让宝宝输在生命之初的头一年，因此，形形色色的潜能开发机构和训练项目在社会上出现。家长一定要记住，所有的潜能开发一定要遵循脑发育的规律，一定要注重感观教育。注重感观教育，就是要重视给婴儿的“神经银行”存钱。

二、1岁内婴儿的教养要点

在建立科学教养理念的基础上，早教工作者和家长还要掌握系统的科学育儿知识和方法，如各个年龄段甚至各个月龄的教养要点、针对教养中出现的疑难问题提出针对性对策。

（一）及时添加辅助食品

在母乳喂养及其他乳制品喂养基础上，添加流质半流质食品并逐渐转化至固体食品以满足婴儿对营养的需求，这类添加的食物就叫辅助食品或辅食。婴儿出生后，需要在三种食物段进行科学喂养，有人将其形象地比喻为三级火箭。如一级火箭为母乳喂养，二级火箭为配方奶衔接和泥糊状食物的添加，三级火箭为固体食物期到自然食物均衡膳食的合理喂养。出生后第一年，就面临这三个重要的食物供应阶段，需要适时提供合理的泥糊状食品、自然有效的固体食物和多样化食物。

1. 添加辅食的重要性

首先，随着月龄不断增长，母乳或配方奶所含的营养素的量远远不能满足1岁内婴儿快速生长的需要。比如1岁内婴儿快速发育需要较多的铁，但婴儿从母体内带来的铁在出生3~4个月内耗尽，而乳类食品中的铁及维生素D的含量较低。因此4~6个月以后的婴儿易发生缺铁性贫血和维生素D缺乏性佝偻病，而及时添加辅食，则可补充乳类中铁和维生素D的不足，确保婴儿健康成长。

其次，锻炼婴儿咀嚼、吞咽和消化的能力，为断奶做准备。适时添加辅食既能弥补母乳或配方奶所含营养素的不足，同时为婴儿学会咀嚼食物打好基础，从而养成从无意识状态起就习惯进食乳类过渡到有意识地咀嚼乳类食品以外食品的习惯。最终为1岁末的断奶和养成不偏食、不挑食的良好饮食习惯打好基础，从婴儿饮食模式顺利过渡到幼儿膳食模式。

最后，开启婴儿智力，尤其可以促进语言能力的发育。按月龄添加辅食会锻炼婴儿唇舌咽等口腔器官，因为食物的研磨、咀嚼、运送、吞咽过程，口腔各部分肌肉得到很好锻炼，使语言发展的“硬件”得到完善。相关研究证明，语言障碍与饮食存在密切关系，如果婴儿始终吃很软的食物，如1岁两个月以后仍然只吃泥糊状食物，2岁左右只吃面条、粥、菜泥等很软的食物，都会使口腔功能发展受到阻碍，说话时唇、舌、咽等的灵活性、协调性出现问题，出现语言障碍。

2. 添加辅食的时间

关于何时添加辅助食品，通常为婴儿出生后4~6个月开始添加，即使母乳量很充足也应该不晚于出生后6个月。4~6个月也是婴儿味觉和嗅觉发展的敏感期，此阶段添加辅食，婴儿更容易适应和接受。以此保证婴儿养成多样化食物的喂养模式，并直至1岁左右断离母乳。汤类和泥糊状食物可以在2~4个月有选择性添加，至于固体辅食，许多儿童营养专家建议，婴儿最晚需要在6个月大时添加。

3. 添加辅食的原则

为婴儿添加辅食，应遵循有序添加、逐渐增加品种和数量的原则，因为这是对婴儿肠道消化能力的一种全新挑战。

具体要求如下：从少到多，从稀到稠，从细到粗，不宜在同一时间内添加多种辅食。每种食物开始添加时都要从少量开始，如添加蛋黄要由开始的1/4个逐渐增加到1/2个再到整个；从稀到稠则指从喝米汤到吃稀饭再到吃软饭；从细到粗是指从蔬菜汤到蔬菜泥最后到添加碎菜。此外，为使婴儿的消化吸收功能有一个适应过程，每新添加一种食物要适应一周左右再继续添加新的辅食。家长同时还应该知道，给婴儿制作的辅食并非越碎、越烂就越好。事实上，婴儿的辅食不宜过分精细，且要随年龄增长而变化，以促进其唇舌咽等口腔器官和咀嚼能力的发育。

4. 添加辅食的顺序

婴儿出生后的2~3个月内，可以少量的添加一些汤类辅食，人生中的第一次辅食，应以汤汁类为主，米汤是最佳选择，小米为首选。

4~8个月的婴儿，因为刚刚学习吞咽动作，所以辅食要以泥糊状和半固体状为最佳，如米粉糊、鸡蛋黄等。6个月后可适当增加一些颗粒状食品，以培养婴儿的咀嚼能力。

8~12个月的婴儿，进入旺盛的牙齿生长期，这时候可制作一些烂面条、肉末蔬菜粥、面包片等辅食。并在添加过程中逐渐增加食物的体积，由细变粗，由小变大，而不是一味地将食物剁碎、研磨。这样，不但能锻炼婴儿的咀嚼能力，还可以帮助他们在饭间进行磨牙动作，促进牙齿发育。

表3-1　辅食添加顺序列表

添加月龄	辅食名称	添加剂量
2~3个月	汤为主（菜水、果水、米汤）	3~6汤匙
4~6个月	泥为主（鸡蛋黄、米粉、菜泥、鱼泥、水果泥）	从2汤匙增至小半碗；鸡蛋黄由1/4个增至1个；小量可加入粥中喂食
7~9个月	鸡蛋、稀粥或烂面条、瘦肉、豆腐、饼干馒头片、切成小块的水果、碎菜等	从半碗至1小碗；1个鸡蛋的量；1~2汤匙加入粥中逐渐增至3~5汤匙加到粥或面条中
10~12个月	软饭、面条、小饺子或混沌、豆制品、各种蔬菜等	2~3餐辅食或加2次点心，根据婴儿食欲和肠道消化情况安排

备注：1平汤匙约为15毫升，一小饭碗约为100毫升。

水果、蔬菜、大米、小米应作为首选食物；制作的辅食最好不加盐和味精等调味品，遵循高钾低钠。

（二）生活护理

1岁内的婴儿应着手培养其初步的生活自理能力，如学习穿脱衣服、二便（大小便）能力的培养等方面。帮助婴儿练习穿脱衣服的过程也是训练其动作能力、语言能力和独立生活能力的一个过程；良好大小便习惯的培养，既有利于建立健康的行为方式，又有利于养成规律的生活习惯，同时有利于自信心和社会行为的发展。

1. 穿脱衣服训练要领

为方便婴儿练习这项能力，首先要给婴儿购买纯棉、柔软、宽松、简单、方便穿脱的相对宽大些的衣服。切忌购买有太多点缀的衣服，如小亮片、小珠子等装饰物，尤其不要带金属的东西。衣领最好为圆领衫，保证婴儿头部自由活动，上衣可稍长些，遮住肚子避免着凉。

日常生活中练习时，成人动作要温柔、轻柔，按照从上到下、从里到外的顺序进行穿衣操作训练。家长应记住的是婴儿学穿衣服的关键是找袖子或裤腿的洞。七八个月时，教婴儿练习穿上衣袖；九十个月时，教婴儿练习穿裤子。练习穿衣时，可配合相关儿歌童谣进行，以增加练习兴趣。例如，“一件衣服四个洞，宝宝套进大洞洞，脑袋钻进中洞洞，小手伸进小洞洞。宝宝自己穿裤子，好像火车钻山洞，呜呜呜，呜呜呜，两列火车出山洞。”

2. 大小便能力的培养要领

婴儿大小便能力的训练也是教养的一个重要目标，1岁以内的婴儿不能有效控制大小便。良好的二便习惯的培养则需要教养者付出耐心和努力。婴儿8个月时已经具备独坐的能力，此时，可以培养其养成大小便坐便盆的习惯。做便盆大小便时要精力集中，不要同其玩耍嬉戏，不要给其玩具，更不能喂食，同时时间控制在5分钟以内。

婴儿排小便的时间，一般在睡前、醒后、进食前后和喝水后。婴儿小便时，大人可发出"嘘嘘"的声音，建立排便的条件刺激。婴儿排大便的时间，一般在早晨起来或进食后不久。大多数婴儿在排便前会发出信号，如放屁或发出"嗯嗯吭吭"的声音，同时小脸发红，大人这时就要及时"把屎"。1岁前，婴儿每天会大便1~4次，吃母乳的婴儿大便会多一些，人工喂养的婴儿或添加辅食后，大便次数就会逐渐减少。

在婴儿大小便能力训练方面，尿布本身会对婴儿自控排泄能力有着直接影响。大多数教养者会选择购买"尿不湿"，须知，棉布做的尿布既吸水性好，同时能刺激婴儿的触觉，当婴儿受到刺激以后感到不舒服就会以特定的方式表达，在成人的应答下，婴儿重新回到舒适的状态，这一互动过程本身是一种学习，是一种经验的积累。同样，由于不舒服的刺激也会加速他神经生理成熟并提前学会自控。而"尿不湿"的吸收功能强到使婴儿对皮肤刺激的麻木，虽然方便了成人（不必洗涤），却无意间推迟婴儿对控制排泄的能力形成。①

（三）常见疾病与意外事故的预防

婴儿的健康状况，既包括良好的体格发育，没有疾病和缺陷，也包括有健康的心理状态。但在婴儿的成长过程中，既有可能出现身体发育的异常情况，也有可能遭受疾病的困扰。因而，做好常见疾病与意外事故的预防成为必要。

1. 1岁内婴儿常见疾病的预防

1岁以下的婴儿身体素质较差、抵抗力也比较弱，成长过程中难免会发生疾病，教养者对此一定要有个思想准备。教养者要做到在日常生活中细心观察婴儿，及时发现异常情况，同时熟悉和掌握1岁内婴儿的常见疾病种类以及有效的预防措施，才能将患病率降低到最小。以下以佝偻病和缺铁性贫血为例，阐述其主要症状和预防护理方法。

（1）佝偻病

① 主要症状

维生素D缺乏就会得佝偻病（软骨病）。佝偻病的早期症状最明显表现为后脑勺有一圈头发稀疏或脱落，称作秃枕，婴儿还会出现好哭、难以入睡、睡觉时多汗、容易夜惊等现象；如果婴儿没有及时补充维生素D和钙，3~6个月时颅骨软化形成"乒乓头"，即用手指轻轻按压头顶两侧颅骨，受压处会内陷，手指松开又弹回；婴儿6个月开始出现鸡胸或漏斗胸；8、9个月以后囟门闭合时间推迟，出牙晚，并出现"X"或"O"形腿。

② 预防与护理

婴儿出生3个月后，由于生长发育较快，加上平时户外晒太阳比较少，会造成维生素D钙的缺乏。预防佝偻病的首要措施就是增加婴儿户外活动时间，也就是多让婴儿出去晒晒太阳，因为维生素D又被称作阳光维生素，多晒太阳还可以有效促进身体对钙的吸收。此外，日常生活的饮食中，可让婴儿多吃乳类、蛋类和肉类食品。教养者要谨记一定要按规定给婴儿服用鱼肝油或补充钙制剂，记住每日钙的摄入量不能超过25微克，否则将会发生维生素D中毒。

（2）缺铁性贫血

① 主要症状

患缺铁性贫血的婴儿表现为面色苍白（尤其是嘴唇和指甲部位）、全身乏力、不爱活动、食欲下降，稍大的婴儿还会出现异食癖（喜食泥土），并常伴有头晕、耳鸣、呕吐、腹泻、口腔炎、胃炎等症状。缺铁还会导致婴儿注意力、记忆力和抵抗力下降，更容易感染疾病。

② 预防与护理

婴儿出现缺铁性贫血的原因，一是因为母亲怀孕期间缺铁；二是因为婴儿生长发育快，体内储存基本用

---

① 张明生. 0~3岁婴幼儿早期关心与发展的研究［M］. 上海：上海科技教育出版社，2007.

完，加上铁摄入不足或铁丢失过多。因此，为预防缺铁性贫血就要给婴儿及时添加含铁丰富且容易吸收的辅助食品，如动物肝脏（做成肝泥）、瘦肉、蛋类；含铁高的蔬菜和水果，如菠菜、油菜；蔬菜中的维生素C也会促进铁的吸收。

2. 1岁内婴儿意外事故的预防

随着月龄增长，婴儿的运动能力在逐渐增加，变得越来越活泼好动，好奇心也越来越强。由于此时他的动作不灵活、不协调，加上对生活环境中危险识别的能力差，稍不注意就会发生意外事故。教养者要加强安全意识，尽量排除生活中的一切不安全因素。此外，还要掌握1岁内婴儿常见的意外事故，做好预防并采取有效措施。

（1）坠床

婴儿4个月时已经能够翻身，在无人看护情况下，这个阶段最常发生的意外事故就是坠床。为避免此类事故的发生，要养成其独自睡婴儿床的习惯，床栏杆要足够高和结实，四周护栏间隔不能过大或过小，以免婴儿把头或手指头脚趾头伸进去卡住。此外，床栏杆下端用布包裹起来，以免婴儿蹬腿时碰到受伤。婴儿床四周的地面上不能堆放桌椅板凳和一些尖锐带角的物品，以免跌落时碰伤。

（2）器官异物

1岁内婴儿由于安全意识薄弱，在玩耍嬉戏或者吃东西时都有可能出现器官进异物的现象，常见的器官有眼睛、鼻腔和咽部。现将引起这些意外事故的原因和预防措施一一阐述。

眼睛内常进的异物有沙尘或飞虫，当这些异物进入眼睛时，引导婴儿微微闭上眼睛，刺激眼泪分泌，将异物冲出来。如果眼泪无法冲出异物，可用白开水或眼药水进行冲洗，还可以用干净的棉签轻轻擦去。若异物已经嵌入角膜，则应立即去医院取出。

鼻腔进异物大多由于婴儿好奇将异物塞入鼻腔中引起，如小纸片、小棉球等。教养者可以用镊子轻轻取出来，也可以用棉签轻轻刺激婴儿鼻黏膜，通过打喷嚏将异物喷出，还可以引导婴儿用力擤鼻涕将异物擤出。如上述方法无效，则应立即送医院。

咽部进异物是1岁内婴儿最常见的一种意外事故，如鱼刺嵌入咽喉、啼哭时喂食或喂药、误食小玩具或者体积较大、不易嚼碎的食物等。为有效避免此类意外事故的发生，教养者要做到以下几点：吃饭时不要逗引和责备婴儿；啼哭时不要喂饭或喂药；不要让婴儿玩纽扣、小球、硬币等物品；不要喂婴儿吃整粒的花生米等食物；喂婴儿吃鱼肉时，一定要剔除全部鱼刺等。

（四）1岁内婴儿的心理健康

研究表明，在成长过程中心理需求得到及时满足的婴儿比心理需求长期遭到漠视的婴儿更显得聪明、活泼，具有更强的社会适应能力。① 在生命成长之初的第一年，教养者需要了解婴儿的心理发展特点和需求，并及时给予满足。1岁内婴儿的心理健康面临两个挑战，一是陌生人焦虑；一是分离焦虑。

1. 陌生人焦虑

陌生人焦虑是指婴儿对陌生人的警觉反应，它是婴儿在成长发育过程中情绪社会化的一种表现，也是婴儿记忆力的反映，同时具有重要的社会适应价值。大部分婴儿在六七个月以前，对陌生人的反应通常是积极的，但自从六七个月以后，形成了对亲人的依恋情感，他（她）们就开始害怕陌生人，表现为不要陌生人抱、见到陌生人爱哭闹等。陌生人焦虑在8~10个月的时候最为严重，1周岁以后程度逐渐降低。但是，这种陌生人焦虑一直持续到2岁、3岁，一直到4岁的时候还没有完全消失，尤其是在陌生环境接触陌生人时，婴幼儿更会表现出警惕性。

陌生人焦虑并不完全是一种消极现象，它同时具有积极的价值。比如陌生人焦虑可以限制婴儿的交往范围和交往对象，使其避免可能出现的危险，这属于一种积极的自我保护机制。但是，陌生人焦虑会限制婴儿的正常活动范围，限制他与其他小朋友一起玩耍交往的机会，同时减少了很多利于身体发育和心理发展的机会。针对这种情况，教养者应该在陌生人焦虑出现的前几个月，经常带婴儿多去户外参加一些活动，增加与外界和外人交流的机会，逐渐减轻其焦虑程度，更好促进婴儿的身心发展。

---

① 中国关心下一代工作委员会儿童发展研究中心专家组、中国国际人才开发中心．儿童早期教育专业教程［M］．北京：新星出版社，2011.

2. 分离焦虑

分离焦虑是婴儿与其依恋对象分开时产生的一种消极的情绪体验，同时也是一种正常的情感反应。大部分婴儿从七八个月起，就会表现出明显的分离焦虑，陌生人焦虑和分离焦虑的产生具有密切的关联性。分离焦虑通常表现为，当婴儿和主要教养者（母亲居多）分开时，他（她）会表现出强烈的不安和哭闹。从中可以看出，分离焦虑的出现与婴儿的不安全感密切相关。

科学表明，长时间的分离焦虑容易导致婴儿抵抗力下降，如容易感冒、发烧和肚子痛等。因此，作为婴儿健康成长的守护者，父母一定要处理好婴儿的这种分离焦虑情绪。日常生活中，父母与婴儿片刻不分离也是不可能的，因此，在必须分别的时间，父母一定不要采取悄悄离去，留下婴儿大哭大闹。正确的做法是提前安排好比较固定的替代看护者，并且一定要和婴儿说清楚离开的原因，并承诺回来的时间等事项，这才能使婴儿在父母离开后产生安全感。帮助婴儿顺利渡过分离焦虑期，这也是婴儿社会化的重要内容。

三、1岁内婴儿的潜能开发

1岁内婴儿的身体潜能、认知能力、语言能力和人格潜能都需要科学适宜的教育才能得到良好开端与发展。1岁内的婴儿从躺卧状态到能够抬头、翻身、独坐、爬行、站立和行走等大动作；从满手大把抓到拇指抓握，再到拇食指捏取物体，甚至完成一系列的拉、传递、抠、按、敲和倒等精细动作；从只能用啼哭表达自己的需求到逐渐能用语言和别人进行初步交流；以及形成初步的社会意识和社会行为等，这些都是在成人创设的良好教养环境下，教养者根据其身心发展规律进行启蒙和教育的结果。

（一）身体潜能开发

1岁内婴儿的身体潜能开发主要包括大动作、精细动作和主被动操训练。动作训练既有助于增强婴儿体质，促进身体成长，又有助于培养婴儿的胆量、自信心以及与同伴交往的能力。

随着大肌肉的发育，1岁内的婴儿逐步学会了抬头、翻身、伸手、坐、爬行和走。同时，他们也开始学习使用小肌肉，如抓握物体，用手指捡起细小的物体、双手同时握住不同的物体，以及双手协调动作等。

1. 大动作潜能开发

婴儿大动作主要是发展手臂、腿部和身体肌肉的各种活动，最初的活动包括转头、抬头、摇手臂、踢腿，随后可逐步增加爬行、爬高、走、跑、扔和各种平衡活动。1岁内婴儿的大动作发展主要包括抬头、抬胸、翻身、坐、爬行、站立、行走等领域。生命第一年的大肌肉动作发展一般经历四个明显的阶段：翻身动作→坐位动作→站立动作→独立行走。

（1）1岁内大动作发展的主要训练项目

① 抬头

2个月时，婴儿呈俯卧位时头抬起离开床面，抬头和水平面的夹角呈45度。教养者竖抱起婴儿时，其头部已经可以短暂竖起，头的转向更加随意。3个月时，婴儿能竖直头部，自由扭转头部向四周张望。4个月时，将婴儿抱在怀中，他的头可以稳稳地直立起来；俯卧位时，婴儿能用手支撑起手和脚，并把头抬起和肩胛成90度。

② 翻身

5个月时，婴儿可以练习翻身了。教养者可握住婴儿一侧手臂，轻轻拉向身体另一侧，帮助婴儿从仰卧位变成侧卧位再到俯卧位。6个月时，婴儿手臂可以伸直，手可以支撑起胸部和上腹部离开床面，并能自己从俯卧位翻成仰卧位。

③ 坐

3个月时，将婴儿扶至座位时，其头轻微后仰。4个月时，拉至座位时头不再后仰。5个月时，轻拉腕部能够坐起，独坐头身前倾。6个月时，能够独坐片刻，可以坐童车或者带围栏的椅子了。7个月时，可以独坐床上，但有时需要两手向前支撑。8个月时，不用手支撑就可以独坐了。9个月时，能平稳坐在床上10分钟左右，并能保持平衡不卧倒。10个月时，婴儿能坐得很稳，并能由坐位换成俯卧位，或由俯卧位换成坐位。11个月，可以独坐，能左右转动身体取物而不跌倒。

④ 爬行

6~8个月的婴儿对爬行特别感兴趣，爬行是婴儿第一次获得全身自由自在活动的机会，对婴儿整体发展有着重要作用。爬行对婴儿大脑的发育具有不可替代的特殊作用，也是婴儿从坐立到行走两大动作发展过程中一个不可缺少的中间环节。5~6个月时，婴儿开始着手练习匍匐爬行，教养者用手掌顶住婴儿脚心，协助婴儿身体向前蹬腿移动。6个月以后，教养者将色彩鲜艳的玩具或球放在婴儿面前，吸引其爬行。7~9个月时，婴儿可以手膝爬行了。8个月时，婴儿开始手足自如爬行。

⑤ 站立

2~3个月时，可以开始训练婴儿站立动作。教养者双手扶住婴儿腋下，练习其下肢站立能力。4个月起，支撑着婴儿腋下，让他可以稍微站一下。5~6个月时，扶着婴儿，他就能站得很直，下肢能够支撑体重，双脚可以放平。7个月时，教养者扶婴儿站立，婴儿能够高兴地蹦跳。8~9个月时，婴儿可以扶着东西站立片刻。10月练习扶站，11个月学会独站。

⑥ 行走

10~12个月时，是婴儿学习行走的初始阶段。当教养者放手后发现婴儿能够稳定站立时，就可以让他开始尝试练习行走了。但从扶着行走到独立行走，需要家长积极地加以训练和引导。12个月时，蹲是这个阶段的重要发展过程，应注重婴儿从站到蹲再从蹲到站连贯动作的训练，这样练习可以增强婴儿腿部的力量，训练身体的协调度。这个阶段的婴儿可以弯腰捡东西，牵着一只手能行走，只是走不稳，但对走路的兴趣很浓。12个月以上，婴儿扶着东西能够行走，教养者可放手让婴儿走上两三步，这个阶段需要加强婴儿平衡能力的训练。1岁左右的婴儿学会独立行走。

对婴儿的动作能力发展阶段，简以概之：“一看二听三抬头，四翻五抓六扶坐，七坐八爬九扶站，一岁独走又独站立，二岁能跑三独跳。”

表3-2　1岁内婴儿大动作发展内容

月　龄	内　容	训 练 方 法
1个月	抬头	趴在成人肩膀上练习抬头；用手臂支撑自己抬头
2个月	抬头45度	用有响声玩具逗引婴儿，并坚持1分钟以上
3个月	抬头90度、抬胸	俯卧位，坚持练习2分钟以上；晃动拨浪鼓或前面放一面小镜子增加练习兴趣
4个月	辅助翻身	仰卧位到侧卧位再到俯卧位，轻推背部，左右各进行两次
5个月	自由翻身	身旁放置一些玩具，5个月左右学会自由翻身
6个月	扶坐、匍匐爬行	手推足部练习匍行；4~5月短暂扶坐，婴儿背部用靠垫支撑；9个月坐稳
7个月	独坐	提供抓握玩具，如积木，增加独坐训练趣味性
8~9个月	手膝爬行	利用玩具激发爬行兴趣，如滚来滚去的皮球
10个月	爬行、扶站、扶走	大人扶站（走）→扶床沿→自己扶站（走）起来
11个月	手足爬行、独站、扶走	注意创设一个安全的大动作训练的环境
12个月	独走	一岁左右独站和独走

（2）1岁内婴儿大动作游戏活动设计

1岁内婴儿非常活跃，只要有机会就会动来动去。随着大肌肉的发育，他们逐渐掌握了大动作领域的抬头、翻身、坐、爬行和走。亲子活动旨在采用有趣的方式，引导婴儿运动全身的肌肉。同时借助这些活动让教养者和婴儿享受活动乐趣，增加亲子间的亲密关系。1岁内婴儿大动作的游戏活动设计以3个月为一时间段，选择其中一个具有代表性的大动作，设计亲子游戏活动，以此帮助教养者学会设计和引导婴儿一起亲子同乐。

游戏

① 1~3个月

游戏：练习抬头

【游戏名称】竖抱练习抬头

【游戏时间】1~2分钟

【游戏方法】教养者将婴儿抱在手中，让他的头靠在家长肩膀上，抱着他绕着房间走动，所到之处告诉他看到的物品名称，并指婴儿头顶上方的物品，这样可以引导婴儿抬头看。或者教养者和婴儿一起坐在窗边、悬挂物或图画下，引导婴儿抬头观察有趣的事物。左右肩膀轮换着给婴儿做倚靠，这样婴儿可以练习向不同的方向抬头。引导婴儿抬头时，可以加上适当的语言引导，如："××，看这些漂亮的图片，看上面，是一只可爱的小猫，喵喵喵，声音真好听！"

【注意事项】每次锻炼后，教养者要用手轻轻抚摸婴儿背部，放松背部肌肉，让婴儿感觉舒适。

② 4~6个月

游戏：练习翻身

【游戏名称】180度翻身

【游戏时间】3~5分钟

【游戏方法】婴儿平躺，教养者在其上方摇晃玩具或响铃，鼓励婴儿抓住玩具。当婴儿开始尝试移动时，再次摇晃玩具，但当他（她）快碰到玩具时，慢慢移动玩具，离开婴儿所能碰到的范围，促使他（她）向一侧翻身。持续做这个游戏，直到婴儿为了抓住玩具而翻过身。确保婴儿最后能抓到玩具，以强化鼓励这一行为。玩这个游戏时，教养者也可以让婴儿趴着，以此锻炼他翻身直至平躺的姿势。

【注意事项】教养者要注意观察婴儿的自主翻身和翻身时的投入状况，一旦出现疲劳或厌烦情绪，宜立即停止游戏。同时，为激发婴儿练习兴趣，教养者要不断和婴儿进行互动，如："宝贝，加油，来吧，宝宝可以做到的。快，去抓响铃。"

③ 7~9个月

游戏：练习爬行

【游戏名称】宝宝爬爬乐

【游戏时间】5~10分钟

【游戏方法】教养者将婴儿喜欢的玩具扔到前方，鼓励婴儿爬过去捡起玩具，再爬回来给大人。当婴儿对这个玩具失去兴趣后，教养者可更换另外一个感兴趣的玩具。为激发婴儿爬行兴趣，家长还可以在地垫上设置障碍物，鼓励婴儿爬过障碍物或者在障碍物里面穿行。障碍物可以选择呼啦圈，让婴儿从中间爬过去；选择枕头或沙发垫，让婴儿爬过去；选择大一些的充气球，让婴儿绕着爬；选择悬挂玩具，让婴儿既练习爬行，又可以操练触摸和拍打动作。

【注意事项】提供一个安全卫生宽敞的爬行环境；不要给宝宝穿太厚、太紧和过长的衣服；方法灵活，不要强迫。教养者要清楚每个婴儿在此时的爬行时间不尽相同，刚开始爬行是从匍行开始，即肚子贴床面进行蠕爬，接着到手膝爬行，最后才能用手和脚支撑身体进行手足爬行。

④ 10~12个月

游戏：练习行走

【游戏名称】送小动物回家

【游戏时间】5~10分钟

【游戏方法】教养者以惊喜的声音出示小推车，引起婴儿注意。大人拉着推车一端，让婴儿抓住推车的另一端。教养者慢慢向后退，引导婴儿跟着自己的步伐慢慢向前走，大人一边退一边用语言激励婴儿，如："宝宝加油""宝宝真棒"等。当婴儿走步比较稳时，教养者可稍稍改变后退的方向，慢慢拉着推车做弧线运动，以提高婴儿动作的灵活性。熟练后，教养者还可以鼓励婴儿自己推车练习行走。推车走稳后，可以让婴儿将推车推到有积木的地方，每次拿1~2块积木放在车上，运送到指定地方。

【注意事项】对走不稳、迈步时身体平衡能力比较差的婴儿，教养者要多给予帮助，如牵着手或提供支撑物进行练习。同时，教养者要注意控制行走速度，尽量慢一些，以防婴儿在行走过程中摔倒。变换运动方向时，教养者要给婴儿一定的语言提示，免得婴儿没有防备而受伤。

2. 精细动作潜能开发

精细动作主要体现在运用手指、手掌和手腕完成一系列的触摸、抓握和操作物体的活动动作，其本质为手眼脑的协调配合能力。精细动作包括抓、握、敲、捡、推、拉、提、夹、捏、抠、绑、捆、拧、撕、贴近百种动作。精细动作的发展规律，同样是从大到小，即先学会大肌肉、大幅度的动作，再逐渐学会小肌肉的精细动作。1岁内婴儿精细动作的发展规律简要概述为：0~6个月多进行抓和握的精细动作训练，6~12个月进行动手能力和手眼协调能力的训练。

（1）1岁内精细动作发展的主要训练项目

① 抓握

1个月内的新生儿的精细动作还没有发育，手经常呈握拳状，用拨浪鼓等玩具触碰手掌时会紧紧握住，清醒时，两手以握拳为主。2个月时，婴儿双手从握拳姿势逐渐松开，并能自己展开、合拢，有了抓握物体的意识。这时，如果再将拨浪鼓放在婴儿手中，玩具能握住片刻不丢掉。这时的婴儿也懂得把手放进嘴巴里面，会吸吮手指了。3个月时，婴儿的手经常呈张开的姿势，家长将拨浪鼓柄放在他手中时，他能握住数秒钟。

② 抓住

4个月时，婴儿的手眼协调能力有了很大进步，并能尝试完成双手协调的动作。当看到物体时，他能够缓缓主动去抓，但往往判断不准确。拇指灵活，能按照物体的大小不同和形状变换手的姿势。会碰击悬挂的物体，能摆弄双手，可以交替看自己的手或手中的玩具。5个月时，婴儿能主动抓住眼前的悬挂玩具，并进行拇指和食指的抓握训练，如自己捏起小饼干，手拉起系在车上的绳子等。6个月时，婴儿双手能同时各抓住一个小的玩具，还会用双手撕纸。但是，他还不能自由使用每根手指，抓物体时往往用五根手指。7个月时，婴儿能够伸手抓住一个小玩具了。

③ 耙弄

耙弄是一种运用整个手掌和手指的活动。6个月的婴儿能伸手去触碰小玩具，并能抓起来，而不仅仅是接触玩具了。由于手眼协调能力的不断完善，加上手部运动能力的加强，7~8个月婴儿的双手变得灵活了，能随心所欲抓起面前的小东西。不仅会抓，也会摆弄手中的物体，还会主动拿起玩具，左右手传递，有意识进行倒手。此时的婴儿喜欢同时摆弄两个或两个以上的物体，并互相敲击。同时，还会将物体拿起来丢掉，递给他（她），再丢掉，其乐无穷的享受这一重复动作。9个多月的婴儿还出现一个非常重要的精细动作——"抠"。婴儿伸出食指去抠任何地方能见到的小洞洞。

④ 灵活性

6~12个月，该阶段婴儿的手眼协调能力得到进一步发展，视觉变得很敏锐，眼前的物体能够眼疾手快地抓住。这阶段婴儿开始体会到对不同物体采取不同动作，并发现物体之间的关系，学会用手完成很多精细动作，诸如拿、放、撕、敲、扔，并掌握倒手动作，学会将物体从左手换到右手。7个月的婴儿开始出现倒手动作，表现为，给婴儿一个玩具，等他（她）拿住后再给另外一个玩具，婴儿会将第一个玩具换到另一只手，再去接第二个玩具。倒换手时，能直接将玩具从一只手传递到另一只手。不会像之前那样，要先把第一个玩具放在桌上再去拿第二个玩具。8个月以后，倒手动作更加熟练和完善。

⑤ 对捏

8个月起，婴儿逐渐形成拇指与其他手指，特别是与食指的对捏动作。若将体积较大的豆子散落地板上，婴儿能用拇指与其他四指捏起豆子。9个月时，婴儿能用拇食指对捏捡起豆子，还可以提供套环玩具供其练习。10个月时，手部动作更加灵活自如，可以进行敲打训练，如给婴儿提供安全的木槌，让其进行敲核桃或者购买敲打玩具等。11个月时，进行手部灵活性的训练，如用拇指、食指捏住微小的食物，尝试自己拿勺子吃饭，喜欢把物体从容器中拿出来。12个月着手训练手腕力度，如将捏起的小珠子投放到小瓶子里面，还可引导婴儿开展逐页翻书的游戏等；1岁左右可练习“倒”的动作，如提供两个木质杯子，让婴儿练习左右倒珠子、豆子，最后倒水，遵循从倒固体到液体的原则。

表3-3　1岁内婴儿精细动作发展内容

月　龄	内　容	训 练 方 法
2~3个月	触摸抓握	触摸色彩鲜艳、有响声和不同质地的玩具
4个月	双手协调	两手一起拿起大玩具；双手抱起奶瓶喝水
5个月	拇食指抓握	自己捏小饼干吃；手捏住绳子，往前拉玩具车
6个月	手眼协调	左右手传递玩具，再放进盒子里
7~9个月	动手能力	抠小洞；捏球塞洞；指拨玩具；手按键盘
10个月	敲打能力	木槌敲打
11个月	手部灵活性	套环；拇指食指对捏拣豆子
12个月	手指灵活性、手腕力度	逐页翻书
1岁左右	小肌肉动作“倒”	倒固体→倒液体，如珠子、豆子、水

（2）1岁内精细动作游戏活动设计

在精细动作领域，婴儿最初只能控制某些小肌肉动作，如握住一个玩具然后放手。随后，婴儿开始观察自己的手，并饶有兴趣地观察手部动作。他们逐渐学习根据自己的意愿捡起物品、放手，用两只手交替拿物品，捡起体积很小的物品。在这段时间，教养者需要给婴儿提供大量的玩具，让他们用手去抓握、摇晃和探索。随着手眼协调能力的发展，婴儿开始喜欢拆分和组装玩具。

游戏

① 1~3个月

游戏：练习抓握能力

【游戏名称】 抓抓乐

【游戏时间】 1~3分钟

【游戏方法】 让婴儿平躺，在婴儿床四周上方挂一些悬挂玩具，如花铃棒或其他有响声的玩具等，并且使玩具的高度位于婴儿刚好能用指尖碰到的位置上。教养者轻轻摇晃悬挂玩具，让玩具动起来，逗引婴儿伸手尝试去抓住正在动的玩具。练习抓握能力，教养者也可以让婴儿躺在地上，将一条颜色鲜亮的长丝带或纱巾放在婴儿正上方25厘米左右的位置，边晃动边鼓励婴儿用双手来抓丝带或纱巾。

【注意事项】 注意练习时间，当婴儿出现疲劳或不感兴趣时予以停止。一般情况下，2~3个月的婴儿会触摸物体进行抓握，但婴儿如果不能很好进行抓握练习，不必勉强为之。另外，还要注意提供色彩鲜艳、有响声的不同质地玩具让婴儿练习抓握。

② 4~6个月

游戏：练习手眼协调能力

【游戏名称】 撕纸游戏

【游戏时间】 3~5分钟

【游戏方法】 让婴儿在床上坐稳，把各种各样的纸如广告纸、包装纸、卫生纸等放在婴儿面前。在婴儿注视下，教养者将纸揉成团，使纸发出“嚓嚓，哗哗”的响声，同时说：“宝宝，看，纸团，听，嚓嚓嚓。”教养者还可以左右手配合做撕纸动作，使纸发出“呲呲呲”的声音。教养者和婴儿一起，任意玩纸、撕纸或将纸揉成团。

【注意事项】注意观察婴儿在活动中的手眼协调性，能否自己或在家长帮助下愿意尝试左右手配合揉纸团或撕纸的动作。在家庭中，还可以提供不同的物体练习手眼协调能力，如提供一个线团，引导婴儿双手交替做拉线动作，或者双手捏线团等游戏。

③ 7~9个月

游戏：动手能力

【游戏名称】抠一抠、按一按

【游戏时间】5~8分钟

【游戏方法】给婴儿一些有洞的玩具，如玩具电话、多功能盒、跳棋盘、钉板，纸箱上剪些洞，让其任意用手指去抠一抠、戳一戳。这个月龄的婴儿还可以玩按一按的游戏，给婴儿提供玩具钢琴或其他有按键的玩具。教养者给婴儿演示如何用手指把小键盘按下去，引导婴儿用手指按，而不是用整只手去按按键。

【注意事项】要保证提供玩具的安全性，如练习抠一抠动作时，要保证洞口足够大，以免婴儿把手指伸进去时被划伤，同时注意察看洞口是否有锋利的边缘。

④ 10~12个月

游戏：手部灵活能力

【游戏名称】翻书

【游戏时间】5~10分钟

【游戏方法】打开一本适合婴儿看的画报或绘本，先打开书让他认识一种他喜欢的小动物，然后把书合上，说：“小花猫藏起来了，让我们一起找出来吧。”示范婴儿一页一页地翻书。一旦找到，立即显出兴奋的样子，告诉婴儿说：“瞧，小花猫在这里呢，我们找到了。”然后合上书，让婴儿模仿翻书动作，找小花猫。用同样的方法，让宝宝从书中找到小花狗、小鸭子等。

【注意事项】教养者应购买色彩明快、内容熟悉并且文字比较少的画报或绘本。给婴儿看的书要薄一些，让婴儿一次性翻完。书籍内容应是婴儿熟悉的，如动物类、水果类和日常用品类等。

3. 主被动操运动

主被动操适合7~12个月龄的婴儿，每天选择在婴儿身体舒适、精神舒畅的情况下进行，每天可做1~2次，每节主被动操做两个八拍。对婴儿进行主被动操训练时，不要强求婴儿完整做完八节，可视婴儿的情况灵活调整，也不宜拘泥于一定按照从前往后的固定顺序进行，一切以婴儿舒适、愉悦为主。

（1）扶双臂起坐运动

动作要领：婴儿呈仰卧位置；教养者握住婴儿双手，拇指放其掌心中，利于婴儿抓握；引导婴儿自己用劲坐起来。

（2）扶单臂起坐运动

动作要领：婴儿呈仰卧位置；教养者一手扶住婴儿膝盖，另一手交叉握住其同侧手臂，右手握右手；引导婴儿自己用劲坐起来。

（3）托腰运动

动作要领：婴儿呈仰卧状态；教养者一手托住婴儿腰部，另一只手按住其脚踝部；让婴儿头和脚着地，腰部弓起来。

（4）俯腕跪膝直立运动

动作要领：婴儿呈俯卧状态；教养者双手扶住婴儿手腕部位；让其站姿开始，到跪姿再卧位，最后站姿结束。

（5）提腿运动

动作要领：婴儿呈俯卧状态；教养者双手握住婴儿两小腿，慢慢抬起离开地垫或床面；引导婴儿用两手支撑抬起头部。

(6)扶肘起立运动

动作要领：婴儿呈俯卧状态；教养者双手握住婴儿手肘部位；帮助婴儿站起来再趴下。

(7)弯腰运动

动作要领：婴儿同教养者方向一致，面向前方；教养者一手扶住婴儿膝盖，一手扶住其腹部；鼓励其弯腰去捡地垫或床面上的玩具。

(8)跳跃运动

动作要领：婴儿同成人面对面方向；教养者双手扶住宝宝腋下；做上下跳跃运动。

(二)认知能力潜能开发

教养者应该为1岁内的婴儿提供安全卫生、质量好并能满足其多种感知需要的玩具和操作材料，提供的玩具并非数量越多越好。视觉、听觉、嗅觉、味觉和触觉是婴儿认识世界的主要方式，婴儿在成长过程中，需要通过感官学习理解他们周围的一切信息；并以此形成某种观点，帮助自己理解身边的事物。此外，婴儿在1岁内也开始对数字、形状、大小和色彩进行认知。

1. 1岁内认知能力发展的主要训练项目

(1)1~3个月

2个月的婴儿，当听到有人同他(她)讲话或有声响时，会认真倾听，并能发出咕咕的应和声，表现出愉快的情绪。视觉集中的现象越来越明显，喜欢看活动的物体和熟悉的大人脸庞，也会用眼睛追随走来走去的人。从这个月开始能够辨别部分颜色，如红色。

3个月时，大多数婴儿已经能随意观察物体，且听觉能力也逐步提高。听到声音后，婴儿的头能转向声音的方向，并表现出很大的兴趣，也开始发出声音来应答大人。此时婴儿视觉有了发展，开始对颜色产生分辨能力，能辨别彩色与非彩色，喜欢看明亮鲜艳的颜色，尤其是红色。依次偏爱的颜色为黄、绿、橙、蓝等。3个月大的婴儿开始怕生，不愿意和陌生人接近。怕生是婴儿有了记忆的一种表现。

(2)4~6个月

4个月时，婴儿能够集中注意力倾听音乐，并对柔和动听的音乐表现出愉快的情绪。听到声音能转头，能够区分爸爸和妈妈的声音。这个月龄的婴儿记忆力较短暂，能对熟人再认识，但只能保持几天。

5个月的婴儿听觉很发达，能对悦耳的声音和嘈杂的刺激做出不同反应。这时期婴儿的注意力有了提高，能稳定地注意某一事物，仍对色彩鲜亮的玩具特别感兴趣。婴儿懂得去寻找从眼前消失的东西，认识到事物之间的简单因果关系，开始明白简单的动作也会产生结果。

6个月的婴儿能够区别亲人与陌生人，从镜子里看到自己会微笑。凡是婴儿双手能触及的物体，他(她)都要用手摸一摸。这时期的婴儿开始注意事物的选择，出现注意的萌芽，也开始出现分离焦虑情绪。五六个月以后，婴儿开始能够注视距离较远的物体，并开始对事物进行积极的观察，并具有了知觉恒常性。

(3)7~9个月

7个月时，婴儿的远距离知觉开始发展，能注意远处活动的东西。视觉和听觉有了一定的细察能力和倾听的性质，这是观察力的最初形态。拿到东西会反复看、摸、摇，表现出积极的感知倾向，这是观察力的萌芽，但这时候的观察往往不准确、不全面，不能服从于一定的目的和任务。

7~9个月的婴儿能够有意识地较长时间注意感兴趣的事物，具有短时记忆，能再认几十天之前的事物。这个月龄段的婴儿对周围环境的兴趣提高了，能注视周围更多的人和物体，随不同的事物表现出不同表情，会把注意力集中在他感兴趣的事物和颜色鲜艳的玩具上。

9个月的婴儿是个探索家，他想明白每件事情，摸索每件东西，想把每件物体都送到嘴里去吮吸一番，并对细小的物体特别感兴趣。听觉越来越灵敏，能确定声音发出的方向，能辨别各种声音。这个阶段的婴儿开始有客体永存的概念，能够找出在他眼前刚被隐藏的或部分被遮盖的玩具。客体永存性是抽象思维的萌芽，它能提高婴儿运用符号去表达身体的能力，促进想象力的发展。

这时期的婴儿生活变得非常充实，每天东看看西瞧瞧，摸爬滚打，本领越来越大。经历了这段时间的视觉、听觉、触觉等感知觉以及注意、观察、记忆、思维、情绪等方面的发展，婴儿初步形成对事物的一般感性认识，这为今后的智力发展奠定了基础，但这时的婴儿主要依靠感知觉来认识事物。

(4)10~12个月

10~12个月的婴儿已经由嗷嗷待哺的小婴孩变成了一个眼观六路、耳听八方的机灵鬼，成为一个咿呀学语、蹒跚学步，能向妈妈表达依恋之情的小能人了。这时期的婴儿每日活动内容很丰富，好奇心也随之增强，他喜欢把房间里的角角落落都了解清楚。好奇心能帮助婴儿开阔眼界，增长知识，探索周围的世界。

11个月的婴儿开始对自己感兴趣的事物作较长时间的观察，并会模仿观察某些动作和声音。该阶段的婴儿已经可以利用图片来观察和认识事物。12个月的婴儿可以通过多种感知途径认识事物。教养者可以通过户外活动和游戏发展婴儿的观察力。教养者在培养这一阶段婴儿的注意力和观察力时，应把游戏的重点放在提高婴儿注意力集中的时间和扩大对外部事物的观察范围上。

10~12个月的婴儿有了明显的记忆力，能够认识自己的玩具、衣物，还能指出自己身上的器官，如头、眼睛、鼻子和嘴巴。但这个时期的记忆保持的时间很短，只有几天，时间一长不予以强化就会忘记。这时的记忆也是随意和无意识的，婴儿只对一些形象具体、鲜明，有兴趣的东西容易记住，记忆还不准确。

思维能力方面，这个时期婴儿的思维发育程度较低，还谈不上有真正的思维能力。但他逐渐认识到事物之间的各种关系和联系，如有些东西扔到地上会发出响声；拉开盖住皮球的毛巾，皮球就会出现；大声哭叫，就有大人来抱他。这时候婴儿的思维活动与具体动作无法分开。

表3-4　1岁内婴儿认知能力发展内容

训练月龄	训练内容	训练方法
1~3个月	视觉追随、听觉追踪	提供色彩对比强烈的卡片或有响声的玩具进行视觉和听觉训练
4~6个月	主动找寻物体	引导婴儿认识外界环境的人、事、物
7~9个月	认识、探索物体	提供不同种类的玩具供婴儿探索
10~12个月	听音指物、初步分类能力	引导婴儿按要求指认物体或五官；训练其感知分辨能力，如区分不同种类的物体，将同种属性物体归类

2. 1岁内认知能力游戏活动设计

婴儿的感官——视觉、听觉、嗅觉、味觉、触觉——是婴儿赖以认识世界的主要方式。在第一年的成长过程中，婴儿需要通过感观，学习理解他们周围的一切信息；并以此形成种种观点，帮助自己理解身边的事物。比如，类似“躲猫猫”或把玩具藏于毯子下面的游戏，有助于帮助婴儿学习到一点，即看上去消失了的东西，是真实存在的，只是在视野之外而已。另外，婴儿个体对数字、形状、大小和色彩的认识，也是在整个儿童阶段慢慢形成的。

以下列举一些认知能力的游戏活动，帮助婴儿运用感官，学习认识周围的世界。还有一些活动帮助婴儿接触不同形状、大小和颜色的物体，这些活动都将有助于婴儿形成良好的思考习惯。

游戏

① 1~3个月

游戏：视觉练习

【游戏名称】 视觉刺激游戏

【游戏时间】 2~3分钟/次

【游戏方法】 选择图案内容是靶心图、棋盘园等对称性的图案，或者放大的黑白或彩色照片，或者拆开的婴儿画报，将它放在距离婴儿眼睛20~30厘米左右的地方，让婴儿练习注视，伴随物体的移动，让其眼睛向上、向下、向左、向右地进行追视。教养者提供的视觉刺激材料种类可以多样化，可以购买视觉刺激卡或图片，也可以自己裁剪制作，如用硬纸片裁剪成20厘米×20厘米的卡片，在卡片上绘制同心圆、棋盘格、横线条等对称性的图案（黑与白）等。还可以为婴儿拍一些实物照片或者绘制一些简单的色彩鲜亮的图案。

【注意事项】在婴儿注视图片时，教养者要与其进行积极的交流。注意每次只看一张图片。每3~5张的图和字卡为一组，每隔2~3天更换一次。注意保护婴儿眼睛，注意室内光线的明亮度，还要做到展示的方式和位置要经常更换，使婴儿保持新鲜感。

② 4~6个月

游戏：认识五官

【游戏名称】照镜子

【游戏时间】3~5分钟

【游戏方法】把婴儿抱在镜子前，让他追随、拍打镜中人影，用手指着他的脸反复教他的名字。再指着他的五官（不要指镜中的五官）以及头发、小手、小脚，让他逐一认识。熟悉后再用他的手指点身体各个部位，问婴儿："鼻子在哪里？嘴巴在哪里？眼睛在哪里？"教养者还可以和婴儿一起照镜子，通过镜子让婴儿分清自己和家长，并按照上面方法去认识教养者的五官、手和脚。

【注意事项】认识五官有一个循序渐进的过程，教养者切忌操之过急，对婴儿失去耐心并催促练习。

③ 7~9月

游戏：客体永恒性练习

【游戏名称】找找小白兔

【游戏时间】3~5分钟

【游戏方法】教养者和婴儿在床上或地垫上玩小白兔玩偶，趁婴儿不注意时把小白兔藏在被子或枕头下面，故意露出小白兔的头或脚，问婴儿："小白兔呢？"鼓励婴儿寻找小白兔。当婴儿能够熟练找出玩具后，教养者用毛巾盖住整个小白兔，让婴儿根据鼓起的毛巾找到玩具。若婴儿看到头或脚也不认识，教养者可以指着头或脚问婴儿："这是什么？"并引导婴儿拉出来看看。等婴儿熟悉这个游戏后，把找的时间持续长一些，他可能会主动掀开毛巾或拿开枕头，找到"消失"的小白兔。

【注意事项】不要用太厚的毛巾或太大块的枕头，以免捂住婴儿。

④ 10~12个月

游戏：感知颜色

【游戏名称】学认红色

【游戏时间】5~8分钟

【游戏方法】教养者拿出一件婴儿喜欢的红色玩具，如积木，反复告诉婴儿："这是红色的。"然后再拿出一件红颜色玩具，如圆盒子，指着盒子说："这也是红色。"然后问婴儿："红色在哪儿呢？宝宝把它找出来吧！"再把红色玩具和其他颜色的玩具堆在一起，如果婴儿能从其他颜色的玩具中找出这两个红色玩具，就鼓励他。还可以把更多的红色物体混在中间，如红色瓶盖、红色小推车等，告诉婴儿，这些玩具都是红色的，让他把这些红色玩具挑选出来。

【注意事项】在认知"红色"这个名称时，不要介绍其他颜色，如黄色、绿色等，一定要让婴儿自己慢慢感知颜色。

（三）语言能力潜能开发

"语言是思想的直接现实"，是人们交际的工具。语言的发展可以促进婴儿智力、记忆力、情感以及与外界交往的能力。1岁内婴儿已经具备了接受语言培养的素质。语言是一切知识的基础，更重要的是婴儿时期正是语言发生、发展的重要时期，一旦错过，就不易形成良好的语言习惯。因此，教养者必须把开发婴儿的语言放在重要的位置。

1. 1岁内婴儿语言能力发展的主要训练项目

1岁内是婴儿语言准备阶段，又称前语言阶段，这个年龄段的重点是引导婴儿进行发声练习。要想让婴儿成为一个能言善辩的人，教养者从一开始就要和婴儿不断地说话。一天的时间里，对着婴儿说话一次、两次甚至十次都是不够的。建议教养者要多和婴儿交流，强化婴儿词汇、语言理解和发音能力。

（1）1~3个月：发出喉音

1个月左右，婴儿会在吃奶时发出一些声音，如“e、i、u”等。声音出现后，婴儿眼睛像在凝视什么，有的则会做出微笑表情或停止哭叫。

2个月的婴儿开始注意周围的世界：喜欢听爸爸妈妈的声音，会聚精会神地在屋里跟随大人的声音；对教养者不同的说话声调着迷，会以咿咿呀呀的声音作出回应。

3个月的婴儿在语言上有了一定的发展，已经能注意发音方向了。逗引婴儿，婴儿则会发出欢快的笑声，看到妈妈会露出甜蜜的微笑，嘴巴里还会咿呀地向妈妈说话。这种简单的模仿是通过婴儿大脑作出的一种反应，是大人意图和婴儿内在因素取得一定联系的结果，这一结果事实上已经获得了最初的教育训练——语言。

（2）4~6个月：咿呀学语

满3个月后，婴儿进入新的语言发展阶段：咿呀学语期。这时候的婴儿明显变得活跃了，发音明显增多，声音除了声母和韵母大量增多外，还开始说出一些非常像语言的声音，如“ma-ma-ma”“ba-ba-ba”“de-de-de”等，从而真正进入学说话的阶段。这个阶段的婴儿对自己发出的声音很感兴趣，常常会不厌其烦地反复出声，在咿呀学语中还会伴随一些尖细叫声或者哇哇声。

从4个月开始，婴儿经常会凝视某些物体，成人也会顺着婴儿的视线看婴儿究竟在注意些什么，然后，成人会告诉婴儿他所注视的物品的名称，这称为“共同注意活动”。研究发现，经常参加共同注意活动的婴儿学说话较早，词汇发展更快。[①] 4个月左右的婴儿能够分辨出愤怒和友好这两种不同的语音了，如果对他怒言相加，他就会号啕大哭；如果对他温言温语，他就会冲大人微笑。他会分辨熟悉和不熟悉的声音，对熟悉的声音面对微笑；对不熟悉的声音，瞪大眼睛仔细聆听。他还能根据教养者的不同声调和手势判断说话的意思，看起来能“听懂”日常生活中的很多话语了，如“吃奶”“再见”等。

出生后半年的婴儿逐渐把事物和动作与相应的词语联系起来，当婴儿喊出一连串的“baba、mama”的声音，大人听了很高兴，以为婴儿会叫“爸爸、妈妈”了。其实，这时候的婴儿嘴巴里面发出的这个音节没有实质的意义。

6个月的婴儿可以发出一些复杂的连续音。他会运用语音应答别人，能用声音表示拒绝，高兴时会发出尖叫，会用声音回应大人。他还会改变音量和音调，表达高兴、愉快和伤心、难过等情绪。4~6个月的语言训练应与认知活动相结合。如坚持与婴儿说话，把正为婴儿做的事情说出来；每天进行反复的声音刺激。

（3）7~9个月：连续发爆破音

7个月的婴儿常常模仿教养者对他发出的双音节，会重复两个或两个以上的音节。这一阶段末期，婴儿的咿呀学语变成了一种形式相当复杂且成人听不懂的“小儿语”，成人往往听不懂婴儿要表达的意思。可当婴儿与同龄小伙伴一起时，教养者会发现婴儿用这些成人听不懂的“小儿语”交谈得不亦乐乎。这是语言真正产生前的最后准备性练习，教养者要捕捉这一教育契机，用恰当的方式激发婴儿说话的需求。如教养者与婴儿面对面交流，并做出夸张的口型和动作，让婴儿反复模仿；还可借助一些儿歌或童谣与婴儿进行互动，如儿歌：“拍手拍手拍拍手，踏脚踏脚踏踏脚，手举高，手放下，再转一个圈，嘭，然后倒下去。”

7~8个月的婴儿在舒服状态下常常会主动发音，发音能力明显增强。除了发音外，婴儿在理解语言上也有了明显进步。婴儿能将爸爸妈妈说话的声音与其他人区别开，还可以区分成人不同的说话语气，并根据语气作出恰当的反应。婴儿还能“听懂”成人的一些话，并作出相应动作，如听到“妈妈呢”，婴儿会将头转向妈妈或用手指指妈妈。对婴儿说“再见”，他会摆手回应，这表明这时候的婴儿已经能进行一些简单的语言交流。

9个月时，婴儿开始模仿别人的声音，进入说话的萌芽阶段。在成人的语言和动作引导下，能听懂简单语言的意思，能应答大人发出的声音，还会用眼睛寻找或用手指听到的物品。这个阶段的婴儿能够把感知的物体和动作、语言联系起来。能听懂大人的说话对婴儿心理发展具有很大的意义，为其以后的语言发展打下坚实的基础。

---

① 方富熹、方格．儿童发展心理学［M］．北京：人民教育出版社，2005.

（4）10~12个月：会叫爸爸妈妈

10个月的婴儿，开始说出第一个具有真正意义的词——爸爸或妈妈，这是语言发展过程中重要的一个里程碑。这时的婴儿能够正确模仿音调的变化，开始发出单词。这时候婴儿的发音还不准确、不清楚，要靠成人去猜才能懂。

11个月婴儿的语言处于萌芽时期，不同音节的连续发音明显增多，音调也常常变换，听起来更接近正式说话了。婴儿能够模仿发音，会用声音表达一定的意思。虽然婴儿能够使用的语言还很少，但他能够理解很多成人说的话，从开始对成人的音调作出反应到能听到语言的词义。

11~12个月的婴儿，已经能够按照大人的简单语言命令行事，会模仿成人的说话声音，会有意识地叫爸爸和妈妈，并能叫出常见物品的名称，会指出身体某些部位。满周岁的宝宝，语言发展进入“手指语言”阶段。如当童童八九个月的时候，当大人问她“灯灯”呢，她就会抬头看客厅上方挂着的一盏灯。当全家人一起在外面乘凉时，有人问：“妈妈在哪里？”童童虽然不会说话，却能在人群中指出妈妈；当问到“奶奶呢”？她也会转过脸来，指向奶奶。

表3-5　1岁内婴儿语言能力发展内容

训练月龄	训 练 内 容	训 练 方 法
2~3个月	发音练习	逗引婴儿发出a、o、e的声音
4~6个月	咿呀作语，发出辅音	不断与婴儿交谈或逗引其发音，并模仿其声音，呼唤其名字并用“咿呀”声与人交流；定时播放儿歌或童谣，训练听力、辨别声音
7~9个月	发出“ma-ma”“ba-ba”等元音和辅音，但无所指；尝试模仿声音；尝试翻书，喜欢听讲过的故事	继续积极训练发音，增加练习难度；引导婴儿学会听声音取物体或听儿歌做动作的能力
10~12个月	听懂一些词语意义；能说出最常用词汇；学会自创词语指称事物	将日常生活中的常见物体的名称重复说给婴儿听，如电灯、电话、电扇、冰箱等；引导婴儿说出“爸爸”“妈妈”等名称；学会用动作表达同意或不同意（点头或摇头）

2. 1岁内婴儿语言能力游戏设计

在婴儿学习说话过程中，最重要的影响因素是教养者是否会对其讲话以及讲话的水平如何。通过倾听、模仿和发声，婴儿逐渐能发出让人听得懂的字和词。接着，婴儿开始学习说话，并能在说话的时候进行思考。以下提供的游戏主要关注培养婴儿用语言进行表达和思考。成人如果在和婴儿说话的时候注视他的眼睛，会帮助婴儿更快习得语言。

游戏

（1）1~3个月

游戏：逗引发音

【游戏名称】 聊聊天、发发音

【游戏时间】 2~3分钟

【游戏方法】 教养者经常用亲切温柔的声音与婴儿聊聊天、说说话，引导婴儿倾听并模仿，让他注意成人的口型和面部表情，使婴儿模仿发出“a、o、e、u”等元音，或者让其回应成人的发音。婴儿高兴的时候还会自发“咿咿呀呀”地说话，教养者应认真倾听并回应他，反复模仿婴儿的发音，与他进行你一言我一语的“对话”。

【注意事项】 婴儿学习发音有个循序渐进的过程，教养者切不可操之过急或者与其他婴儿进行比较。逗引婴儿发音要交替运用两种形式：一是教养者对婴儿说话，婴儿听并模仿；二是教养者听婴儿说话，并反复模仿婴儿的话，这样练习发音的效果才更好。

(2)4~6个月

游戏：回应声音

【游戏名称】倾听与回应

【游戏时间】3~5分钟

【游戏方法】教养者摇动手中的摇铃或拨浪鼓，并呼唤婴儿乳名，吸引他听一听、看一看，观察婴儿是否会发出音节或发出叫声。如果婴儿发出声音，就再次摇动玩具，并等候婴儿的反应。如果婴儿有反应，就继续摇动玩具逗引他，教养者要及时给予鼓励和赞美。重复数次，让婴儿将这个响声与他的名字或玩具名称联系起来。

【注意事项】婴儿乳名固定叫一个，切忌多个，让婴儿不知所措，难以形成固定的记忆。待婴儿熟悉后，教养者可以用其他响声玩具和婴儿玩这个游戏。如果婴儿不予回应也没关系，可将玩具递给他，让他自己玩耍。

(3)7~9个月

游戏：听音指物

【游戏名称】学说五官

【游戏时间】5~8分钟/次

【游戏方法】选择婴儿心情愉快的时间段，妈妈拉着婴儿的手，让其摸一摸妈妈的鼻子、嘴巴，并告诉他："这是妈妈的鼻子，鼻子可以闻香味；这是妈妈的嘴巴，嘴巴可以吃饭。"最后还可以把婴儿的双手贴在妈妈的脸上，让他轻轻抚摸和拍一拍妈妈的脸，以此增加亲子情感。

【注意事项】教养者与婴儿进行交流时，要少说或不说"儿语"，如"闻香香、吃饭饭"等，但不要一味强求婴儿说出标准的语言。此外，教养者在说五官名称时，表情要夸张些，以此引起婴儿模仿的兴趣。

(4)10~12个月

游戏：对话练习

【游戏名称】一问一答

【游戏时间】5~8分钟

【游戏方法】教养者陪同婴儿游戏时，准备各种动物的卡片，如小鸡、小鸭、小狗、小猫，给婴儿讲一个动物们开音乐会比赛唱歌的故事。每出示一张图片，教养者就发出图片上动物的叫声。如出示小鸡："叽叽叽、叽叽叽"，小鸭："嘎嘎嘎、嘎嘎嘎"，小狗："汪汪汪、汪汪汪"，小猫："喵喵喵、喵喵喵"。反复多次后，再一一问婴儿：小鸡怎么叫？小鸭怎么叫？小狗怎么叫？小猫怎么叫？让婴儿模仿发出动物们的声音。

【注意事项】婴儿每次模仿的动物不宜太多，待熟悉后再学其他动物的发音。教养者还可以带婴儿去动物园游玩，让他认识真实的动物，并观察模仿它们的发音。

（四）人格潜能开发

1岁内婴儿的人格潜能开发的主要内容是培养其健康的情绪情感、自我意识、交往行为和社会适应行为。出生后头一年，培养婴儿人格比开发智力更为重要，更让孩子受益终生。1岁内的婴儿，也已经能够通过父母充满爱心的行为和指导培养其健康人格。

1. 1岁内婴儿人格潜能发展的主要训练项目

众所周知，影响婴儿成长乃至成才的两大心理因素是智力因素和非智力因素。人格潜能更多针对婴儿的非智力因素进行引导、启蒙和开发。非智力因素包括情绪情感、需要、动机、意志、气质、性格、自我意识等。同时包括正确估价自己的能力、控制自己情感的能力、激励自己的能力、了解他人情感的能力及善于处理人际关系的能力。

专家认为，婴儿1岁前的教育对其情绪情感发育影响最大。情绪能力是一种比知识、技能更厉害的本领，被用来衡量一个人的智力，甚至还能通过一个人的情绪能力预测出他未来的成败。稳定情绪的培养是形成婴儿良好人格的前提，因此，健康的情绪跟营养一样对婴儿生长同样重要。

（1）情绪情感的发展

婴儿天生的情绪反应有三种：害怕、愤怒与爱。2~3个月的婴儿能够采用控制视觉注意的方法来调节情绪，当婴儿能够爬行或走路时，则多采用接近或回避的方式调节情绪。3个月以后，婴儿情绪分化为快乐和痛苦。6个月以后，又分化为愤怒、厌恶和恐惧。比如，眼睛睁大、肌肉紧张是恐惧的表现。所有基本情绪依次出现；积极情绪的表达受到鼓励并更为经常地出现；通过吸吮和回避方式调节消极情绪。7~12个月：愤怒、恐惧和悲伤等消极的基本情绪更经常地出现；婴儿通过滚动、撕咬或远离令人不安的刺激物等方式对情绪进行自我调节。

（2）自我意识的发展

自我意识的发展是婴儿社会性发展的重要组成部分，也是体现婴儿社会性发展的一个重要方面。所谓自我意识就是个体对于自己以及自己与他人关系的认识。有研究认为，婴儿大约3个月时可以区分出“我”和“他”，这主要体现在婴儿触摸自己身体和接触别人的身体时有不同的感受。婴儿自我意识发展的一个重要行为指标是能自我觉知，这表现为婴儿照镜子、看照片、看录像时能够认出自己。

（3）交往行为的发展

婴儿交往行为包括亲子交往和同伴交往，亲子交往又包括母婴交往和父婴交往。诸多研究表明，母亲在与婴儿交往中能给予较多的指导、示范，提供最多的反馈、评价，婴儿从中形成良好的社会行为。婴儿与母亲的关系是以后诸多社会关系形成的基础，母婴关系在很大程度上影响了婴儿以后人际关系的形成。[①] 父亲与婴儿的交往对婴儿心理发展有非常重要的作用。心理学家格尔笛说：“父亲的出现是一种独特的存在，对培养孩子有一种特别的力量。”诸多研究表明，父亲对婴儿性别角色的发展具有极为深刻的影响。父亲积极与婴儿交往，有助于婴儿对男性和女性的作用和态度有一个积极、适当和灵活的理解。[②]

亲子交往体现在情感联结现象——依恋。1岁内婴儿的依恋有两个发展阶段：一是婴儿出生到3个月的前依恋期；二是3个月到12个月的依恋关系建立期。前依恋期也称作无差别的依恋阶段，婴儿对所有人都作出相同的反应。舒服状态时婴儿会对所有人都作出微笑、手舞足蹈的样子。婴儿对安慰自己的成人的反应无差别，没有形成对母亲的偏爱，任何人的拥抱和抚摸都能给他愉悦的感受。处于依恋关系建立期的婴儿，逐渐显示出对熟悉的人尤其是母亲的偏爱。6~8个月的婴儿开始出现分离焦虑，这种焦虑在15个月左右达到顶峰。

同伴交往是婴儿社会性发展的重要内容，有自己独有的特点。婴儿同伴交往的发生发展是与同母亲的逐渐分离相联系的。1岁内婴儿的同伴交往处于客体中心阶段，即互相之间的交往不是自身，而是集中在玩具或物体上。大约2个月时，婴儿会注意到同伴的出现，并能相互注视对方；3~4个月的婴儿，能够互相触摸和观望对方；6个月的婴儿能主动微笑并发出“呀呀”声和同伴互动，但这种反应并不是真正的社会性反应；10个月之前的婴儿在一起时，只是把同伴当做物体或活动的玩具来看待。随着年龄增长，婴儿会爬向小伙伴或跟在小伙伴后面。1岁的婴儿互相之间会出现很多社交行为，如大笑、模仿和打手势。

（4）社会适应行为的发展

社会适应能力是指人适应赖以生存的外界环境的能力，即个体对周围环境和生活需要的应付和适应能力。孩子的适应能力是他们各个年龄阶段相应的心理发展（感知觉、注意、记忆、学习、想象、思维、言语、情感、意志、自我意识等发展）的综合表现。[③]1岁内婴儿的社会适应行为的发展表现为穿衣、饮食、盥洗等方面。

穿衣方面：1岁以内的婴儿，家长为其穿衣戴帽时，基本是被动地接受，稍有不如意还会以哭闹抗议。12个月以后，当成人为其穿衣时，婴儿开始予以配合了，如会主动抬起手臂等。

饮食方面：4~5个月的婴儿，可用杯子直接喂奶，速度比用奶瓶快。从喂养角度看，直接从奶瓶过渡到杯子，对婴儿而言跨度稍大，可在使用杯子前先使用鸭嘴杯过渡。5个月左右的婴儿，通过多次尝试，可以用杯子直接喝水。6个月的婴儿，能自己伸手拿饼干喂自己，开始有了咀嚼动作，喜欢自己拿着奶瓶。9~10个月

① 钟鑫琪、刘建安、李秀红．婴儿与母亲的交往及依恋［J］．华南预防医学，2004（2）．

② 庞丽娟、李辉．婴儿心理学［M］．杭州：浙江教育出版社，2003.

③ 张凤、周方、坂田宪治．中日学龄前儿童社会适应能力的跨文化研究［J］．中国心理卫生杂志，2002（16）．

的婴儿，开始正式接受用勺子吃东西，但是仍然需要成人喂。

盥洗方面：婴儿出生后，教养者应养成每次喂奶后再喂食少量温开水的习惯，以达到清洁口腔的目的。婴儿6个月左右，开始长出第一颗牙齿，教养者餐后应用温开水和软布为婴儿漱口刷牙。教婴儿刷牙，要循序渐进：刚开始模仿成人动作，学习用牙刷和杯子，激发其兴趣；再引导其掌握上下转动牙刷的动作要领，用清水刷牙；最后，挤上牙膏，用牙刷从外到里有顺序地刷。

表3-6　1岁内婴儿人格潜能发展内容

训练月龄	训 练 内 容	训 练 方 法
1~4个月	会用“微笑”进行谈话，开始与他人建立关系	经常逗引婴儿，引发其咯咯笑声
5~8个月	学习用不同方式表达情绪	鼓励婴儿用微笑和哭泣表示喜欢或不喜欢
9~12个月	与成人互动，与小朋友进行交往游戏	模仿成人动作，学会人际互动交往的方法，如招手表示“再见”，作揖表示“谢谢”等

2. 1岁内婴儿人格潜能游戏活动设计

刚刚出生的新生儿是不合群的，只要他们的身体需要得到满足，他们就对任何人都没有兴趣。大约到了3个月时，当听到人的声音或笑声时，婴儿会转动小脑袋作出反应。婴儿通过微笑、踢腿、挥舞手臂来表达快乐。这与婴儿最初的自发性微笑有了本质区别。自此，婴儿的人格潜能发展开始了。

游戏

(1)1~3个月

游戏：激发愉悦情绪

【游戏名称】 一起跳跳交际舞

【游戏时间】 3~5分钟

【游戏方法】 播放一首轻柔舒缓的音乐，如古典民谣或华尔兹。教养者一手抱住婴儿背部，另一只手握住婴儿的手，随着音乐一起做向前、后退或旋转动作。在这个过程中，让婴儿充分感受来自成人温暖的爱抚，内心享受这种踏实和愉悦，一起度过温馨的快乐亲子时光。当婴儿熟悉这种温柔舒缓的节奏时，可把婴儿放在床上或教养者腿上，双手扶住婴儿，引导其随着音乐节奏左右摆动。

【注意事项】 此游戏可以激发婴儿的愉悦情绪，并发展其听觉、动觉和节奏感。每天可练习1~2次。记住，不要选用节奏感过于强烈的金属质或迪斯科舞曲，以免惊吓到婴儿。

(2)4~6个月

游戏：萌发自我意识

【游戏名称】 呼唤宝宝名字

【游戏时间】 3~5分钟

【游戏方法】 教养者和婴儿面对面，做逗引婴儿的表情和动作时，有意识地呼唤婴儿的名字，而不是“宝宝”或“宝贝”。可以经常用轻柔的语气告诉婴儿自己的名字，培养婴儿对自己名字的初步认知。还可以采取捉迷藏的形式，在婴儿看不到的地方呼唤其名字，让其将头转向声音的方向。反复几次后，教养者转换地点进行此游戏，引导婴儿寻找声音的来源。

【注意事项】 做此游戏时，教养者要托住婴儿的后背，以防婴儿高兴时过度后仰而摔倒受伤。

(3)7~9个月

游戏：锻炼社会交往能力

【游戏名称】乖乖小礼士

【游戏时间】5~8分钟

【游戏方法】婴儿坐着，教养者握住婴儿的手，边念儿歌边游戏。“我有一双小小手，会拉许多好朋友。你好，你好，招招手；欢迎，欢迎，拍拍手；谢谢，谢谢，握握手；再见，再见，摆摆手。”成人逗引婴儿，让其伸出手来抓握：“拉拉手，我们做好朋友喽！”户外活动时，教养者还可以引导婴儿和其他同龄婴儿接触，让他们互相看一看，摸一摸，交换下玩具，或相互表演一下各自的本领。

【注意事项】如果婴儿去抓别的婴儿的脸，或去抢别的婴儿的玩具要及时制止。此外，教养者应结合日常生活，多引导婴儿练习招手打招呼、摆手说再见的交往行为。

(4)10~12个月

游戏：培养生活自理能力

【游戏名称】学喝水

【游戏时间】3~5分钟

【游戏方法】婴儿口渴要喝水时，教养者用小水杯盛小半碗温开水，先做示范，双手把水杯端到唇边，然后仰头把水喝掉，让婴儿模仿喝水。接着，教养者可以端着水杯给婴儿喝水，让婴儿拿水杯喂给大人喝。加大游戏难度，教养者把水杯放在不同的地方，让婴儿自己去拿，拿到水杯练习喝水。刚开始，婴儿可能张开嘴却吸不进去水，或将水倒在脖子、衣服上，成人不要着急，要手把手耐心地教婴儿，直到他学会。

【注意事项】用塑料或木茶杯，不要玻璃茶杯，以免摔破而发生意外。喝白开水，不要过烫的水、冰水。不宜在饭前、睡前喂水。

育儿宝典

0~1岁婴儿巧变花样玩积木

积木几乎是每一个小朋友都喜欢玩的玩具，玩积木可以锻炼婴儿手部小肌肉，促进大脑发育，有利于认识物体的形状。同时，在堆积木过程中还可以促进婴儿想象力的发展。那么，对1岁内的婴儿，家长该如何引导婴儿变着花样玩积木呢？

1. 0~5个月：利用积木做肌肤接触

由于这个时期婴儿对声音很敏感，家长可以用积木来制造不同的声响。

游戏一：在婴儿身上开汽车

将婴儿从头到脚可以看做一条公路，爸爸或妈妈拿着积木当作汽车在婴儿的身上“行驶”。行驶的时候妈妈可以用嘴巴模拟汽车的声音或者和婴儿说“小汽车，嘀嘀嘀，开到东开到西”之类的话。

游戏二：摇呀摇，天女散花

把几块积木放在浴巾上，父母分别拉住浴巾的两个角摇晃，让积木相互碰撞发出声音，最后将积木慢慢地一个个倒在婴儿的肚子上。

2. 6~11个月：抓住、推开，动手玩积木

手拿积木、把积木放在地板上滚来滚去或是将积木扔出去，都是不错的玩法。

游戏三：积木不见了

将一个箱子的上面开一个可以放进玩具的口，把箱子放在婴儿面前，让婴儿把积木一块一块地放进箱子里。本来应该在眼前的积木一下子掉进箱子里不见了，婴儿会感觉到吃惊和兴奋。

3. 1岁左右：借助积木，感知空间和距离

把积木放在地板上的位置看作出发点，然后再将其移动到其他位置，让宝宝慢慢理解空间和距离的概念。

游戏四：把积木立起来

在地板上把积木一个个立起来。可以把相同颜色或形状的积木摆在一起，然后再摆成特定的形状。每个婴儿选择的摆法不同，这是很复杂的游戏。

游戏五：积木滑滑梯

有固定的起点和终点的移动能够让婴儿更好的理解空间和距离，妈妈可以将图画书倾斜一定角度当作滑梯，然后让婴儿拿着积木放在"滑梯"上滑下去，看积木的移动。

游戏六：哗！大楼倒了

婴儿会站以后，可以玩的游戏比之前只能坐着的时候多了很多。让婴儿自己把堆得很高的积木推倒，听积木纷纷掉落地上的声音，他（她）一定会很高兴。

家长沙龙

循序渐进培养婴儿良好的大小便习惯

训练1岁内婴儿良好的大小便习惯，是每个家长尤为关心的一个问题。家长们此时最容易犯的一个错误是对婴儿反复、频繁地提出大小便的要求，这种做法带来不少弊端和后遗症，如烦扰婴儿的游戏和情绪，造成其紧张、焦虑不安或逆反心理，大小便的训练效果适得其反。因此，家长们要引导婴儿逐步学习，采用循序渐进的做法，如首先会向成人表示便意，自己脱裤子，然后使用卫生纸，自己穿裤子，自己洗手等步骤进行。同时，家长可适度延长婴儿使用尿布的时间。

【反思与实践】

1. 1岁内婴儿的教养理念是什么？
2. 婴儿辅食添加的时间、原则和顺序各是什么？
3. 婴儿二便（大小便）能力的培养要领是什么？
4. 1岁内婴儿常见疾病的预防措施是什么？
5. 1岁内婴儿的心理健康面临什么挑战？
6. 自定月龄，从大动作、精细动作、语言、认知和人格潜能诸方面，任选其中两个领域，设计一套完整的亲子活动方案。包括游戏名称、适宜月龄、游戏时间、游戏次数、游戏方法、注意事项。注意游戏不能存在明显安全隐患，同时适合年龄的范围上下不能超过3个月（包括3个月）。

第四章 1~2岁儿童的教养

1~2岁的儿童不仅能够用简单的语言表达自己的某些意愿和要求，而且还能借助身体语言与家长交流。学会走路后，儿童由被动生活变为主动生活，活动范围大大扩展，出现了不断闯祸、捣乱的现象。许多人认为1岁儿童很难照顾，因为1岁儿童喜欢接触一切事物，但对每件事情只有3分钟的热度。因此，照顾1岁儿童需要教养者给予极大的耐心，同时需要许多好的活动创意，以保证儿童的生活充实愉快。

第一节 1~2岁儿童的身心发展特点

案例导入

进进14个月大了，妈妈发现进进的很多表现已经越来越像大孩子，琐碎的事也没那么多了。比如进进自己的主意越来越明显，他可以抓住小杯子喝水，更让妈妈惊喜的是进进会对妈妈说一些简单的话了，如“妈妈抱”“宝宝喝水”等。但进进的有些表现却让妈妈不知所措，如进进的生长速度与1岁前相比有些缓慢了，是不是营养不良造成的呢？进进变得越来越淘气了，越不让他动的东西他偏偏去动，越告诉他某个东西危险，他越是偷偷摸摸地接近这个物体，进进怎么就变成小捣蛋鬼了呢？进进耍脾气的花样也是越来越多，如果不按他的意愿行事，他就急得嗷嗷叫，或不停地跺小脚表示抗议。进进的这些表现是否正常？ 1~2岁儿童的身心发展具有哪些特点呢？

一、1~2岁儿童的生理发育特点

进入1岁以后，儿童的生长与之前相比有些缓慢了，但这一阶段儿童的骨骼、神经、脑、肌肉、血液以及各个器官也都在迅速发育成长。儿童的大动作发展迅速，已经学会熟练地行走、上下楼梯、尝试跑步、踢球等。手部精细动作也具有了更多功能性，如搭积木、翻书等。总体来看，这一阶段儿童各个方面的能力仍在快速地发展。

（一）体重与身长

1~2岁的儿童，从整体形态来看，头部比较大、躯干长、四肢短，看上去显得头重脚轻，重心不稳。这一阶段的儿童，身高增长约为10厘米，男孩为85~89.9厘米，女孩为84~88.81厘米；体重增加约为2.5~3.5千克，男孩平均约为12.89千克，女孩平均约为12.33千克。

（二）头围与胸围

头围是头颅的围长，间接反映颅内容量的大小。2周岁时，儿童的头围平均增长约为2厘米，男孩头围约为48.83厘米，女孩头围约为47.67厘米，达到成年时的90%。胸围是胸廓的围长，反映胸廓与肺的发育。2周岁时，儿童的胸围平均增长约为3厘米，男孩胸围约为49.89厘米，女孩胸围约为48.84厘米到。胸围已大于头围约1厘米。

（三）囟门

儿童出生6个月后，前囟门随着颅骨缝逐渐骨化而面积变小，在儿童1~1.5岁时前囟门慢慢关闭，到1岁半时头骨骨缝完全接合。前囟门闭合的早晚，反映着颅脑发育的状况，也反映骨骼系统发育情况。儿科医生常把囟门看成窥测小儿疾病的"窗口"。在体格检查时，医生总要对囟门尤其是前囟门认真检查一番，注意囟门的外观、紧张度和闭合迟早等情况，并追究其原因。前囟门的变化有早闭、晚闭、扩大、缩小、膨隆或凹陷等，这种变化都会带来对疾病的启示；而后囟门因闭合较早，不能提供有关疾病的线索。

（四）脚弓

正常足底呈拱形叫脚弓。儿童刚出生时脚底板是平平的还没有形成脚弓，到儿童会站、会走以后，才逐渐形成脚弓。1~2岁儿童的脚被大量的脂肪包裹着，正在迅速发育骨骼，足弓不明显，五趾散开呈扇形。这一阶段也是脚最容易受到伤害的阶段，因为，此时儿童的脚骨大部分还是没有钙化的软骨，即使穿着不合适的鞋，也没有特别痛苦的感觉，加上儿童不能表达自己的感觉，甚至脚骨变形了，父母也察觉不到。这时儿童穿的鞋子一定要合脚，以便调整儿童足弓的形状，预防平足。

（五）神经系统

1~2岁儿童神经系统的结构和机能都在不断发展，脑重量增加，神经细胞增大，神经纤维的生理功能也迅速完善，这时儿童的神经系统已经基本上适应了外界环境。与1岁前相比这个阶段的儿童睡眠时间减少了，此时的儿童自主活动每天可达3~5小时，每昼夜的睡眠时间大约为12.5小时，大多数的儿童在这一阶段可以持续3~4个小时不睡眠。

二、1~2岁儿童的心理发育特点

1~2岁儿童的心理发展包含很多方面，其中感知觉能力、记忆能力、思维能力、想象能力、言语能力、自我意识、情绪情感、交往能力等都是发展的重要方面。

（一）感知觉能力

感知觉是2岁以前儿童认识世界的基本手段，在语言、思维出现之前，儿童主要依赖感知觉获得各种信息，形成对客观世界的认识。独立行走和开口说话，使1~2岁儿童的感知获得更大的发展，此阶段需增加的项目主要包括颜色辨认和听觉辨认。

1. 视觉

视觉是幼儿获得外界信息更为重要的感觉渠道。15~16个月儿童的视觉器官发育得还不够成熟，不能把外界事物的各个组成清晰地分辨出来，因而对事物总是作为整体来认识，容易记住事物的整个轮廓，而忽视细节。17~18个月，在外界环境光线的不断刺激下，儿童的视力逐渐在发展，到24个月时儿童的视力可达0.4，能看见细小的东西，如蚊子、爬行的小虫子等，能注视3米远的小玩具。1~2岁儿童视觉的发展主要表现在视觉敏感度的发展或颜色视觉的发展，可通过生活经验与图片认知教育逐渐掌握各种物体颜色的名称，从而促进颜色认知的发展。例如可以利用特制的颜色卡进行；还可以结合日常生活中看到的各种颜色实物来进行，如食物、衣服、花朵、玩具、用具等。在难度把握方面可遵循先是颜色配对，然后再进行颜色指认，最后进行颜色命名，由易到难逐步发展。

2. 听觉

听觉不仅可以使儿童辨认周围环境中的多种声音，而且凭此掌握人类语言。1~2岁是儿童语言发展较为迅速的时期，因此，听觉发展在这个时期具有更重要的意义。1.5~2岁的儿童听觉方面已能粗略地区别音调不同的声音，听懂成人简单的语言，听懂叫自己的名字，到2岁时，可精确地区别不同声音。对于这一阶段的儿童可以对其进行听觉辨认练习。例如，选择不同速度、响度或不同乐器奏出的音乐或发声玩具让儿童辨别，还可让其辨别家中不同物体的敲击声，如钟声、敲碗声等，改变说话声调训练儿童语音分辨力等。

（二）记忆能力

记忆力是人脑贮存和重现过去经验和知识的能力。有了记忆才能积累经验和知识，才能认识世界。记忆力是儿童学习的前提和基础，也是其基本智能的构成要素。1岁以前，婴儿记忆能力比较差，5~6个月时婴儿可以认识并记住自己的妈妈，但是保持的时间很短，在反复出现的情况下，可以逐步认识周围所熟悉的事物，保持对事物的记忆。1岁以后，随着年龄的增长，活动范围的扩大，儿童认识事物的增多，会记住越来越多的东西。到1岁时，儿童就能认出相隔几天、甚至十几天的事物。1~2岁之间，儿童能够无目的地记忆一些事物，能记住一些简单的词汇的含义，并能依据记忆作出相应的反应。总体来看，这一阶段儿童的记忆无意识性很大，主要凭借兴趣认识并记住自己喜欢的事物，记忆缺乏明确的目的。

（三）思维能力

思维能力，是人们进行思维活动的能力，是指人脑接受、加工、存储和输出信息的能力。儿童的思维从出生后，接收到外部信息并且贮存于大脑的时候起，就开始萌生。1岁前，儿童只有对事物的感知和浅显的思维。1岁以后，儿童的各种心理活动都具有明显的感知动作思维的特点，即思维过程离不开直接感知的事物和操纵事物的动作的思维方式，儿童只有在直接应对各种具体事物的过程中才能进行思考，离开具体的活动和事物则不能进行认知。

（四）想象能力

想象是人脑对已有的表象进行加工改造，建立新形象的心理过程。想象中的形象不是记忆表象的简单重现，而是对记忆表象进行的加工和改造。儿童的想象出现得比较晚。一般新生儿没有想象能力，周岁之前的婴儿虽然可以重现记忆中的某些事物，但还不能算是想象活动。1~2岁的儿童，由于生活经验欠缺，在头脑中形成的表象有限，对于表象的联想活动也比较差，言语的发展程度较低，所以在这一阶段只有萌芽状态的想象活动。儿童能够把日常生活中的简单活动反映在自己的游戏当中，如把自己吃的面包放进娃娃嘴里、抱娃娃睡觉等。

（五）言语能力

1~2岁儿童的言语发展处于不完整句阶段。1~1.5岁为儿童单词句阶段。这一阶段的儿童喜欢听成人讲话、讲故事，逐渐理解成人语言的意思，但是说话的积极性不高。这阶段言语的发展主要是对言语理解的发展，也称作理解言语阶段。这一时期儿童说话时，往往用一个词表达比这个词意义更为丰富的意思。表现在以下三个方面：一是语言和动作紧密结合，如说“抱抱”，同时向妈妈方向伸出两臂，身体前倾，也称“言语动作”；二是意义不明确、语音不清晰，如“凳凳”一词可以代表“拿凳子给我坐”“请你坐在凳子上”“把凳子拿开”等；三是单音重复，多用叠音词，如“妈妈”“灯灯”“娃娃”“抱抱”。1.5~2岁的儿童处于双词句阶段。表现为经常说由两个单词组成的不完整句子，如“妈妈抱”“爸爸上班”“饼饼没”，表达意思比单词句明确些，但表现形式是断续、简略、结构不完整的，又称为“电报句”。主要特点是，句子不完整、简化，前后次序颠倒，如“阿姨打针”（实际上是阿姨给我打针），又如“妈妈宝贝抱抱”（实际上是妈妈抱抱宝贝）。

（六）自我意识

1~2岁儿童自我意识的发展包括三个阶段：一是对自己身体活动的认识（12~15个月），学会把自己和他人分开；二是对自己面部特征的认识（15~18个月），如当把鼻子上涂了红点的孩子放在镜子前面，他会产生明确的指向红点的行为；三是对"我"字认识（18~24个月），从了解自己的名字到使用代名词"我""你"。

1岁以前儿童还没有自我意识，表现为不认识自己身体的存在，会吃手、抱着小脚啃，把自己的手、脚当作玩具玩。随着认识能力的发展，儿童逐渐知道手和脚是自己身体的一部分。1岁以后的儿童逐渐有了自我意识，开始知道自己的名字，能用自己的名字称呼自己，这表明儿童开始能把自己作为一个整体与别人区别开来。儿童也开始认识自己的身体和身体的有关部位，如"宝宝的耳朵""宝宝的眼睛""宝宝的脚"等，还能意识到自己身体的感觉，如"宝宝饿""宝宝痛"等。此外，学会走路的儿童能逐渐认识到自己能发生的动作，感受自己的力量，如能用自己的手把玩具弄响，能用自己的脚把球踢走。这些都是儿童最初级的自我意识的表现。

（七）情绪和情感

情绪和情感对儿童的发展起着至关重要的作用。在儿童的发展过程中，情绪反应出现在先，情感体验发生在后。新生儿一个月内就出现了愉快、痛苦的情绪反应，随后发生的社会性情绪反应就带有体验的性质，产生了情感。1~2岁的儿童已经具有多种情感表现，如高兴、害怕、害羞、生气、嫉妒等，喜怒情绪表现不稳定。此时的儿童已明显表现出不同的气质类型，活泼好动的儿童会更加喜欢到户外玩耍；温和安静的儿童则更愿意自己鼓捣、钻研心爱的玩具；喜欢与熟悉的成人在一起游戏、交往，离开熟悉的亲人或环境会感到恐惧而放声大哭；愿望得不到满足会懊恼、生气；看到自己喜欢的玩具就会很快忘记刚才的不悦，此时的儿童情绪表露是短暂的，变化很快。

（八）交往能力

儿童的人际交往关系有一个发生、发展和变化的过程。首先发生的是亲子关系，其次是玩伴关系，再次是逐渐发展起来的群体关系。0~1岁阶段主要建立的是亲子关系，即婴儿与父母的交往关系。1~2岁的儿童随着动作能力、言语能力的发展，活动范围的扩大，开始表现出强烈地追求小玩伴的愿望，于是出现了玩伴交往关系。

1~2岁的同伴交往表现为两个阶段，即简单相互作用阶段和互补的相互作用阶段。12~18个月的儿童处于简单相互作用阶段，儿童开始出现某些带有应答性特征的交往行为，如互相拍打对方或给拿玩具等，并试图去控制对方的行为。当A儿童由于不小心碰到自己的手而大哭起来；B儿童看见A儿童哭了，也跟着大哭起来；这时，A儿童看见B儿童跟着他哭，似乎觉得挺好玩，哭声就更大了。18~24个月的儿童处于互补的相互作用阶段，如你跑我追、你躲我藏、一起搭积木等，这是积极行为。同时还伴有消极行为，如打架、揪头发、抓脸、争玩具等，这是儿童社会性发展中必然的过程。[1]

育儿宝典

爸爸妈妈，请您不要这样做

1. 请不要吓唬宝宝

很多爸爸妈妈发现，宝宝突然有一天特别粘人，几乎是寸步不离地粘着父母。哪怕爸爸妈妈

[1] 文颐．婴儿心理与教育［M］．北京：北京师范大学出版社，2011.

离开一步，宝宝都要大哭大闹。很多父母对此不理解，其实您要仔细回头想想，是不是宝宝被吓到了？ 0~3岁年龄阶段的宝宝处于情绪和情感的高度敏感期，一旦被事物或语言吓着，好长时间也缓不过劲儿来。比如宝宝做错了事情，爸爸妈妈假装不要他了，跑开去躲着，留下宝宝一个人待着。从此以后，宝宝就再也离不开爸爸妈妈半步了，就是大人去卫生间也要跟着去，站在卫生间门外哭。因此，爸爸妈妈在这个阶段，一定要注意充分保护好宝宝，千万不能让宝宝受到惊吓。爸爸妈妈不要强迫宝宝看他害怕的东西或强迫听他害怕的事情，也不要生气独自将宝宝丢下，说“你再这样！我不要你了！”之类的话。

2. 请不要斥责宝宝

当宝宝作出危险动作时，爸爸妈妈因为担心一般都会下意识地大声斥责宝宝，比如宝宝用手指头去抠插座孔或者将打火机拿到手里玩儿等。为制止宝宝危险行为而进行的瞬间斥责，这个做法本身没有错误，但要记住斥责的目的不仅仅在于让宝宝终止现在的危险行为，而且要让宝宝记住将来也不能再做类似的事情。对刚一周岁多的宝宝来说，爸爸妈妈的斥责应该仅限于制止宝宝的瞬间行为。如果爸爸妈妈想让宝宝做自己期待的事时，夸奖反而是最佳选择。如果是生理方面的行为，就更不能加以斥责，比如宝宝尿湿了裤子，或者说“尿尿”后立即就排尿了。

3. 请不要对宝宝言而无信

日常生活中，爸爸妈妈经常会因为某种原因给宝宝许下一些承诺。比如，“好好听话，带你去吃好吃的”，或者“乖乖的，周末带你去动物园”之类的话。结果到了约定时间，爸爸妈妈却因为这样那样的原因不能去了。爸爸妈妈觉得孩子这么小还不记事儿，这次去不了就算了，没什么大不了的。爸爸妈妈，如果您这样认为就大错特错了。父母对宝宝的承诺，就应该像是和宝宝定的规矩一样，言必行，许诺答应了就应该尽量实现。如果许下的诺言因为一些特殊的原因不得不取消，也必须清楚明白地告诉宝宝原因，以及再次兑现的时间。所以，爸爸妈妈们在给宝宝许诺前就要做做好实现的打算，不要只是随口说说而已。

家长沙龙

周岁儿童不会走路，怎么办？

看到别人家的宝宝满周岁就会走了，但自己的宝宝已经14个月了还不会走，妈妈就非常着急了，如果满周岁了还不能站着，那就需要去看医生。如果发育正常，抓住点什么东西就可以走，就算走起来比较笨拙，只要能走，就不用担心，不管是周岁时走还是18个月时走，将来长大了并没有任何的差别。

【反思实践】

1. 1~2岁儿童的生理发育有什么特点？
2. 1~2岁儿童的心理发展有什么特点？
3. 结合自身经验谈谈如何培养1~2岁儿童的人际交往能力。

第二节 1~2岁儿童的教养方法

案例导入

强强1岁7个月了，很聪明，也很可爱，可他爱“惹事儿”、频繁地“闯祸”。不让动什么偏动，不让拿什么偏拿。有时，看他在客厅玩，大人想做点事，一回来发现全乱了，垃圾、杯子、玩具通通扔了一地，要不就把玩具全拆掉。为此，大人将家里的杯子、餐具都换成塑料的。只要强强在，家里就别想保持干净，你前脚走，他后脚捣。强强还懂得特别多，虽然他说话大人听不懂，可大人讲什么他都明白，还没成想背着他干点什么，他已在那提前等着了。爸爸妈妈每天被他弄得筋疲力尽，头痛得要命，心想大点就好了，但有时害怕他这种情况会越来越严重，该怎么办呢？这一阶段的宝宝该如何教养？

一、1~2岁儿童的教养理念

（一）关注儿童的饮食习惯

良好的饮食习惯有助于儿童的膳食平衡，有利于儿童消化、吸收和预防疾病，能使儿童保持较好的食欲，避免偏食、挑食和过量吃零食的坏习惯，这一时期是家长培养儿童良好饮食习惯的关键期。首先，家长要用科学的方法给儿童断奶，断奶是儿童形成良好饮食习惯的基础，在断奶过程中尽量不要通过一些强制的手段，以免给儿童留下阴影。其次，断奶之后要关注儿童的饮食习惯，并帮助儿童改掉那些不良的饮食行为，例如儿童偏食、吃一口玩一会儿、边吃边看电视等。另外，家长们还要让儿童遵循成人的饮食规律一日三餐。由于儿童的食量有限，当儿童饿时，家长中途可以让儿童吃些水果或小点心。

（二）关心儿童的人际交往

1岁以后，儿童会走会说话了，交往的范围在不断地扩大，此时的儿童进入了人际关系的关键期，这一阶段的儿童产生了强烈的与人交往的欲望。1~2岁的儿童开始对周围的小伙伴产生兴趣，见了小伙伴会去摸一摸、拽一拽。但这一阶段的儿童还缺乏交往能力，一般不会主动与小伙伴们接触，在交往的过程中也不懂得分享和合作。因此，家长在这一阶段要鼓励儿童多与小伙伴交往、玩耍；给儿童多准备一些同样的玩具，引导儿童逐渐学会与小伙伴分享玩具、合作玩耍。此外，教养者平时也要注意自己的态度和行为，意识到成人对待儿童的方式，会影响儿童待他人的方式。

（三）尊重儿童的个性成长

儿童的个性是多样化的，每个儿童都有自己独特的个性，儿童个性上的差异伴随着成长越来越明显。1~2岁这一年龄段，儿童会开始展现一些特殊的才能、兴趣和个性特征，在某些领域表现得非常出色，也会在某些方面表现得有些笨拙。教养者要意识到儿童必然会经历一个个性发展的阶段，这属于正常现象，对于儿童出现的一些情况，如儿童喜欢异想天开并且信以为真、喜欢什么事情都自己来、好破坏、不愿与人分享玩具、喜欢挑食、事事关心等现象，家长必须了解并理解儿童，才能够应对成长中儿童的变化。总之，明智的家长会让儿童去做自己想做的事，而不是按照家长的希望必须成为什么样的人。

（四）重视儿童的潜能开发

仅仅关注1~2岁儿童吃饱穿暖、没病没灾是远远不够的，这样的教养称为“监护式教养”，这种教养方式不能像"发展性教养"那样使儿童获得整体的发展。1~2岁这个阶段儿童的语言能力、思维能力、认知能力、情绪情感、独立性、主动性等都在迅速发展,家长要意识到儿童各种能力发展的特点,通过各种途径开发儿童的各种潜能。多给儿童提供一些主动性的探索环境,给予适当的刺激;也可以通过看书,看杂志来获取开发儿童智力的方法,利用科学的方法引导儿童。总之,家长要重视儿童的潜能开发。

二、1~2岁儿童的教养要点

(一)饮食营养

儿童合理营养需要制定一个平衡膳食的计划,均衡搭配膳食中营养素的数量和种类并保证儿童按时、有规律地定量摄入食物。在1~2岁这一年龄阶段,教养者应根据儿童的生理特点和营养需求进行科学喂养,并有意识地培养儿童良好的饮食习惯。

1. 合理安排进餐次数、进餐量和食物选择

1~2岁的儿童已经长出十几颗牙齿,身体所需的食物逐渐从以奶类为主转向以混合食物为主。但此时儿童的消化系统还很薄弱,牙齿的咀嚼功能也较差,还不能给儿童吃大人的食物。因此,教养者要根据儿童的生理特点和营养需求合理安排就餐次数、进餐量和进餐的食物。

进餐次数方面:1至1岁半的儿童每天可以吃五顿,三餐加上、下午点心各一次;1岁半以后可以减为三餐一点,点心时间可安排在下午。

进餐量方面:每次进餐要注意适量,尤其是每天加点心不能过多,时间不要距离正餐太近,以免影响食欲。点心的量尽量少而精,避免高热高糖的食物。同时,也要注意不要随意给儿童零食,长此以往会造成儿童营养失衡。

食物选择方面:教养者可多给儿童提供含有优质蛋白的食物,如肉类、鱼类、豆类、蛋类。多给儿童吃些蔬菜和水果,如西红柿、胡萝卜、油菜、柿子椒等,不能以水果代替蔬菜。一般1岁半至2岁的儿童,每天摄取肉类约40~50克、豆制品25~50克、鸡蛋1个、蔬菜和水果的摄取应在150~250克。

此外,为保证儿童有良好的食欲,防止偏食、厌食,要让儿童有一定选择食物的自由。做饭时要兼顾儿童的这种特点,做到既要有原则性也要讲灵活性,掌握一些常用的烹调方法,帮助儿童愉快地进餐。

2. 良好饮食习惯的培养

良好的饮食习惯有助于儿童膳食平衡,1~2岁是儿童养成良好饮食习惯的关键时刻。教养者在选购食物、烹饪食物、喂养儿童时要注意以下四点。

(1)选择新鲜、营养丰富的食物,保留食物中的营养素

为儿童选择食物时要注意食物的新鲜与营养,可以根据地区差异和季节情况,多选择一些维生素含量高的时令性蔬菜和水果。确保选择的食物不腐烂、不变质,外观洁净、新鲜,成分清晰,生产日期、保质期等明确。食物在清洗和烹调的过程中要注意保留其中的营养素,如蔬菜要先洗后切,洗菜时不要久泡水中,现吃现炒,炒时勿加盐,勿弃汤,以免大量损失维生素C。一些蔬菜、瓜果,如西红柿、黄瓜、苹果、梨子等,皮中的维生素和矿物质含量比果肉高,在没有被农药污染的情况下可以让儿童带皮吃下去。

(2)烹调方法适合儿童的消化能力、促进儿童食欲

烹调给儿童吃的食物,首先,要注意与其消化功能相适应。1~2岁儿童的食物应当细、软、碎、烂。在烹调过程中特别是肉、菜、粮谷等均应细软,忌食油炸、油腻、块大、质硬或刺激性大的食物,以免影响儿童胃肠道的消化和吸收。其次,烹调既要杀灭细菌又要保持食物的色香味俱全、经常变换花样,以刺激儿童的食欲,从而促进食物的消化吸收,提高食物的利用率。此外,儿童膳食中应避免使用刺激性的食品,如酒、咖啡、浓茶、辣椒、胡椒等,口味宜清淡、低盐,不宜使用味精、色素、糖精等调味品。

(3)纯糖、纯油脂的食物及冷饮不宜过多摄入

纯糖和纯油脂的食物摄入过多会影响儿童的正常发育,如巧克力、糖果、蜜饯、含糖的饮料等食物,摄入过多会引起儿童龋齿,使儿童食欲不振,从而影响儿童的生长发育。特别是在正餐之前要禁止儿童摄入纯糖和纯油脂的食物。1~2岁儿童的胃肠发育还不成熟,对冷的刺激特别敏感,吃大量的冷饮食物后,胃内温度骤降,会引起胃粘膜血管收缩、胃液分泌过少,剧烈腹痛。夏季也是肠道传染病的多发季节,吃过多冷饮,儿

童胃液分泌过少，杀菌能力降低，会引起腹泻、肠炎等肠道疾病，儿童吃冷饮一定要适量。

（4）提供零食要适当，纠正挑食、偏食的习惯

1~2 岁的儿童新陈代谢旺盛，需要摄入充足的营养，但是他们的胃容量小，每餐进食后很容易饿，总想吃东西。因此，适时、适当地给儿童一些零食是可以的。给儿童选择零食时量不宜过多；还要把握好时间，饭前一小时、睡觉之前都不要给儿童零食，尤其是一些甜点。挑食、偏食对于大多数儿童和教养者来说并不陌生，儿童营养专家表明我国大约有 2/3 的儿童都有严重的偏食行为。这种偏食行为如果纠正不及时，会造成儿童严重营养不良，甚至会体弱多病，教养者要及时进行纠正。

（5）创设健康的进餐环境，培养良好进餐行为

为儿童创设一个安静、愉快的进餐环境。进餐之前，不要让儿童玩得过于兴奋，让他提前坐到饭桌前的小椅子上；进餐过程中，不要放任儿童边看电视边吃饭或者边玩游戏边吃饭，这样容易分散注意力，影响儿童的食欲与消化功能。进餐中可适当播放一些轻松优美的音乐，以促进儿童的食欲，保持愉快的进餐情绪。此外，教养者要注意进餐过程中不要强迫儿童进食，不要对其进行批评指责，这些都会造成儿童食欲不振以及惧怕进食的心理。

（二）生活护理

合理有序的生活对 1~2 岁儿童意义重大，不仅对儿童的身体健康和生长发育有重要的作用，还对儿童以后的生活有很大帮助。为此，教养者要重视 1~2 岁儿童的生活护理。

1. 排便控制的培养要领

排便控制有一个发展过程。1~2 岁这一阶段儿童的神经和膀胱都已得到了很好的发育，15~18 个月的婴儿通常在裤子尿湿后才会告诉成人，18 个月以后，婴儿在白天会控制大小便，排尿前常会告诉成人。[①] 由于整个系统仍需要进一步的协调，这一阶段的儿童还会出现尿床的现象。因此，教养者应该有目的地培养儿童独立排便的习惯。

科学研究表明，1~2 岁是儿童接受排便训练的最好时机。在 1 岁半到 2 岁之间，儿童生理和心理器官发育逐渐成熟，也具备了训练二便的基础。这一阶段训练儿童排便要讲究方式和方法，因时因人而异，教养者一定要以儿童为主体，根据儿童的接受程度以及进步速度，还有表现出来的兴趣逐步训练，逐步引导儿童喜欢坐便盆进行排便。1~2 岁儿童每天大便 1~2 次，排尿约为 12 次，掌握了这个规律，在观察了解儿童情绪以后，可以提出训练的时间和方法。如发现儿童出现脸红、瞪眼、凝视等神态时，就可以把他抱到便盆前，使用口语提示（如嗯嗯、尿尿、吹口哨等）使儿童形成条件反射，久而久之一到时间就会有便意了。需要注意的是，儿童如果不愿意使用便盆就要马上停止，以免他产生厌烦心理，待以后再慢慢培养。便盆适宜放在固定位置，如卫生间里面或卫生间门口，便盆注意购买儿童喜欢的颜色或款式，逐步消除对便盆的恐惧感，并及时鼓励、反复强化。

2. 良好卫生习惯的培养

良好的卫生习惯是提高机体防御功能、预防疾病、保证儿童正常发育的有效手段。让 1~2 岁的儿童主动参加一些盥洗活动，正是从小培养儿童良好卫生习惯的时机。

（1）洗手

1 岁左右的儿童可以开始学习自己洗手，成人要给予适当的示范，洗前要卷起袖口，洗时不溅水，手掌和指甲、指尖都要仔细清洗，洗后擦干手。在吃饭前、上厕所后以及户外活动玩耍后一定要养成洗手的习惯。2 岁以后，可以教孩子自己搓肥皂洗手。

（2）洗澡、洗头

1~2 岁儿童的皮肤和毛发新陈代谢较快，分泌物较多，需要经常进行清洗，以保持皮肤的清洁。尤其是在这一阶段儿童控制排便的能力还相对缺乏，皮肤经常会被污染，需要教养者经常做清洁工作，特别是夏季儿童出汗多，每天都应给儿童洗澡，冬季可以根据情况每周洗 2~3 次。

（3）漱口、刷牙

漱口和刷牙是保护口腔清洁卫生的重要措施。1 岁左右的儿童可以学习漱口，开始时漱不好，经常会把

---

① 高振敏 . 走进小儿智能［M］. 上海：上海第二军医大学出版社，2001.

漱口水咽下去，因此要用温开水漱口。1岁半左右的儿童开始学习刷牙，刷牙时要先顺着牙缝上下刷，里外都要刷，然后横着刷牙齿咬合面，直到将口腔里的食物残渣彻底清除干净为止。

（4）剪指甲

1~2岁的儿童喜欢用手到处触摸，很容易把一些污垢弄到指甲中去，再通过指甲将细菌等病原微生物带入体内。因此，要经常给儿童剪指甲，以减少病原微生物，有效地预防疾病。

（三）常见疾病与意外事故的预防

疾病是一种生理失调现象，儿童发生任何一种疾病，都会影响其生长发育乃至学习和生活。若能做到早发现、早治疗，便能很快使儿童恢复健康，若未及时发现，延误了治疗，就可能使小病酿成大病。因此教养者需要"预防为主"，采取有效的措施，消除不利于儿童健康成长的各种因素，以保证儿童的茁壮成长。

1. 1~2岁儿童常见疾病的预防

1~2岁的儿童由于年龄较小，生病时还不能用语言准确表达，因此，成人要细心观察，要善于从儿童日常生活表现中发现异常，并及时进行治疗。此阶段儿童常见的疾病以腹泻和龋齿举例说明。

（1）腹泻

① 主要症状

儿童腹泻多发于夏秋换季时节或天气时暖时热时，且以2岁以内的儿童多见，多发季节为10~12月份。1~2岁儿童腹泻的原因以感染最为常见，儿童胃肠功能不完善，对母乳或某些食物过敏，也会引起腹泻。轻度腹泻主要的表现是每天大便5~6次，多至10余次，蛋花样或水样，黄或黄绿色，有白色小块，可有低热，溢奶，精神饮食尚好或略减，体重不增或略降，无脱水。重度腹泻的主要表现是每天大便10次以上，水样便，黄色，呕吐，发热，尿少，食欲差，体重下降，迅速出现脱水和酸中毒，低钾、钙、镁血症等。

② 预防与护理

对于轻度腹泻不必禁食，调整饮食就可以，要给儿童补充水分，喝淡盐水或糖水。重度脱水的儿童应禁食几个小时，禁食一定时间后症状缓解，可以逐步恢复饮食。进食必须由少到多，由稀到干。防止腹泻需要注意儿童平时的饮食，食具一定要消毒，注意饮食卫生，进食要定时定量，循序渐进地添加辅食，切忌几种辅食一起添加。还要少吃富有脂肪的食物，多吃新鲜蔬菜，补充维生素B，改善儿童的胃肠功能。

（2）龋齿

① 主要症状

1岁以后儿童的饮食越来越丰富，一般的食物都可以吃，但是食物残渣往往会侵蚀牙齿而形成龋齿。1岁左右儿童易患龋齿的部位是上门牙；2岁时，磨牙的咬面凹凸不平，容易堆积食物残渣，易患龋齿。龋齿病变的进行一般都很缓慢，先是牙釉质发生龋蚀，牙冠龋坏的部位色泽变成灰暗，牙面上不光滑，易有牙垢堆积，牙齿的颜色由黄到黑。龋齿初期不感疼痛，当龋洞发展到牙本质时，遇到冷、热、酸、咸、甜的食物时才发生疼痛（一般是酸痛）。如果龋洞较深，与牙髓接近或蛀穿到牙髓，上述性质的刺激可引起难以忍受的酸痛。龋洞内经常有食物嵌入，发出腐败难闻的臭气。随着龋洞不断地扩大，牙冠就会一块块地崩溃，最后只留下残余牙根。

② 预防与护理

预防龋齿关键是要注意口腔卫生，尽早进行口腔卫生保健，帮助这个阶段的儿童养成餐后正确漱口、刷牙的好习惯。教养者要教会儿童正确的刷牙方法，可以用牙模做示范，监督儿童刷牙，也可观看录像等。定期给儿童局部涂氟，可以一个月擦一次。合理搭配饮食，限制儿童对糖和零食的摄入量，尤其注意控制吃甜食的量，不要多吃糖，每天吃糖果的次数应控制在1~2次。还可以多吃一些具有清洁牙齿作用的水果、蔬菜和零食，如洋葱、芹菜、香菇、葡萄干。教养者还要定期带儿童到医院做口腔检查，若发现龋齿要及早进行治疗。

2. 1~2岁儿童意外事故的预防

1岁以后的儿童会到处走了，这个阶段的儿童已经不再愿意听从成人的安排与摆布，开始自己不断地尝试与探索，表现为什么东西都想动一动、摸一摸。由于这个阶段儿童身体器官的生理功能尚不完善，免疫防护能力尚不健全，缺乏独立生活和保护自己的能力，所以非常容易发生意外，现以烧烫伤、摔伤举例。

（1）烧烫伤

1~2 岁儿童充满强烈的好奇心，是最容易受到烧烫伤侵袭的群体。烧烫伤可因炉火、火柴、电器、热水、热油、强碱酸等造成，1~2 岁儿童的烧烫伤几乎都是由于教养者的疏忽造成。主要预防措施包括以下几点：成人在端热的液体、倒开水时一定要远离儿童，热水瓶、热汤之类要放置在儿童拿不到的地方；不要让儿童在厨房、浴室玩耍，厨房的地板要保持干燥，以免儿童滑倒被热液烫伤；洗澡放水时要注意先放冷水再放热水，水温一般控制在40℃左右；使用电热毯、电热器或热水袋等高温物品，要注意温度及使用距离，以免皮肤因接触高温太久而造成烧烫伤。所有易燃物品如杀虫剂、汽油，要远离火源，最好放在室外。大人吸烟时要远离易燃物品，同时不要躺在床上吸，以免不小心烧到儿童，同时绝对不要让儿童玩火柴或打火机。

（2）摔伤

正常情况下，11 个月左右的婴儿能够独自站立，1 岁至1 岁 3 个月的儿童能够独立走路，1 岁半左右的儿童能够自己拉着玩具行走。一般来讲，儿童一开始练习行走时，由于腿部肌肉力量较弱，身体平衡能力和各部位动作的协调性也较差，所以会经常摔倒。预防儿童摔伤要注意以下三点。

① 注意地面。地面有水，地面不平或在房间的地板上有玩具、鞋子和其他物体，都有可能使孩子绊倒。教养者要保持地面的清洁与平坦，特别是孩子户外活动的路面最好是草地或土地。

② 注意台阶。台阶上不要放置任何东西，至少一边是有扶手的，上下楼梯成人要在旁边看好，注意为儿童购买合适的鞋子，大小要合脚、舒适，避免鞋子太大，松松垮垮很容易摔伤。

③ 注意不要让儿童攀爬凳子、桌子、床等家具，特别是注意窗台和阳台。窗户旁边不要放置儿童可以攀爬的桌子、凳子等家具，窗户上要有护栏栏杆，阳台栏杆也要足够高，以免儿童攀爬跌落而导致严重摔伤或死亡。

（四）1~2 岁儿童的心理健康

随着社会的进步，教养者对孩子的养育也更为科学。教养者不仅要关心孩子的生长发育和身体健康，还要同样重视孩子的心理健康。为维护孩子的心理健康，教养者应该了解儿童心理发展的特点和需求，多多发现他们的闪光点。接受、理解、尊重并且欣赏儿童，并找到适合其心理健康发展的教养方式。

1. 耐心接纳儿童的负面情绪

1 岁之前，多数儿童只会用哭闹行为来表达自己的负面情绪。1 岁以后，随着儿童自我意识的发展，儿童耍脾气的花样越来越多，如果家长违背了他们的意愿，他们可能会急得嗷嗷叫，甚至跺脚、坐在地上或躺在地上表示抗议。这时，教养者常常会采取两种错误的做法：一是把这种负面情绪与不恰当行为混淆起来，一概加以否定；二是马上拿出好吃的好玩的来哄儿童，目的只有一个就是不让儿童发脾气。教养者的这两种做法都是不科学的。

儿童的任何一种情绪都需要表达，也包括负面情绪。成人一味呵斥或顺从的做法，容易使儿童觉得不被理解，感觉孤立、沮丧，陷入更深的负面情绪中，而无力关注自身不恰当的行为。结果情绪得不到缓解，行为也得不到矫正。只有接纳儿童的负面情绪，恢复理性思考，这样，才能指导他认识和改正不恰当的行为。不良情绪的发泄也是儿童健康成长的基础。一句话，先处理情绪再处理事情，接纳情绪但不接纳行为。

2. 平等与儿童进行沟通

1~2 岁儿童的语言能力已经很强了，大部分的话语他都能听懂，而且有了自己的想法，喜欢别人听从自己的安排。这一阶段，“不”是儿童最喜欢说的字，“我”的意识也逐渐增强，虽然只有1岁多，但儿童自己决定一些事情的愿望非常强烈。随着儿童年龄的增长，教养者对儿童的期望也越来越高，儿童稍微做得不对，教养者就会觉得儿童不听话、太调皮。此时，教养者与儿童的沟通显得尤为重要。教养者应该尊重儿童的个性发展，尽可能地理解儿童，与儿童进行平等的沟通。1 岁以后的儿童特别想做点儿事，但却往往出现“成事不足，败事有余”的情况。这时，教养者应该多给儿童提供一些机会，让其好好表现和提高各方面能力，如可以让儿童自己穿脱衣服、收拾玩具、上厕所等，还可以主动提出要儿童帮忙做事情等。

3. 培养儿童的自尊心、自信心

1~2 岁的儿童不仅会延续之前吃喝拉撒玩等生理性的需求，还表现出明显的心理需求，即渴望他人的尊重。任何人的自尊心和自信心都是紧密相连的，对于儿童来说也是如此。这一阶段的儿童进入了自尊心和自信心发展的敏感期。教养者们要尊重儿童的劳动成果，对儿童所作出的劳动成果进行肯定与欣赏。如这个时期儿童会拍手、会将东西放进盒子或桶里，此时家长们应该说“做得非常好”这类的赞语，表达自己的赞美与欣赏，使儿童的自尊心得到一定的满足。对于任何一个年龄阶段的儿童来说，家长的关注和赞赏都是促使他自信心发展的动力。每个儿童都会有缺点，一名明智的教养者，从来不会在别人面前讨论儿童的缺点，只会有意无意地让儿童知道对他的关注和欣赏。

三、1~2岁儿童的潜能开发

1~2岁的儿童已经是一个会走路、会说话、爱发问、好探索的小家伙。伴随生活范围的扩大，这一阶段儿童的身体潜能、认知能力、语言能力、人格潜能都在快速发展。教养者需要根据这一阶段儿童的发展特点，对各个潜能的开发进行有效指导，促进儿童朝着更快、更好的方向发展。

（一）身体潜能开发

1~2岁儿童身体潜能的开发主要包括大动作与精细动作训练。1~2岁儿童总是非常活泼好动，一旦他们能独自站立，就期望从事大肌肉活动，如走、跑、滚等。这个年龄段的儿童也需要练习平衡、扔、踢、跳的技能。同时，他们也要学习使用小肌肉，用手和手指做更加复杂的事情。

1. 大动作潜能开发

1~2岁儿童的大动作潜能开发，主要是锻炼手臂、腿和身体肌肉的活动。这些活动包括走、跑、攀登、滚、踢、扔、平衡等。

（1）1~2岁儿童大动作发展的主要训练项目

① 走

10个月至2岁是儿童学会独立行走的年龄，是儿童从摇摇晃晃走几步到掌握身体平衡行走的阶段。在儿童刚开始学独立行走时父母的帮助起很大的作用，不管是心理暗示、语言鼓励还是实际的辅助，都能让儿童早点开步，但注意一定要帮儿童养成正确的行走姿势，这对于儿童将来的发育非常重要。慢慢地，儿童的平衡能力越来越强，走得越来越稳当，摔倒的次数也会逐渐变少。14、15个月的儿童走路已经比较稳了，向前走、向后退都比较自如。训练儿童走路的方法要遵循循序渐进的原则，可逐步做到移步行走、扶东西走、推小车走、跨越障碍走、用脚尖走，注意每次练习的时间要短，练习次数可逐渐增加。

② 跑

1岁半以后，儿童开始学习跑，跑步是身体灵活性和平衡性的综合考察。儿童最初跑得不太稳，常常会摔倒，慢慢地就能控制跑的动作，跑不稳时自己会停下来。教养者训练儿童跑时可以分小步骤进行。

抱着跑：成人抱着儿童变换不同的速度、不同的方向跑，刺激儿童耳内的半规管的适应能力。

牵手跑：成人和儿童面对面，牵着儿童的两只手，慢慢向后退，待其适应后只牵一只手，跑时不要用力握儿童的手，尽量让儿童自己掌握平衡。

追逐跑：用一只皮球或叮当作响的铁罐用力向前滚作为目标，成人与儿童一起抢那个东西。

放手跑：成人在距离儿童2米远的地方蹲下来，鼓励儿童快速跑过来，到达以后将儿童抱起来。

自动停稳跑：在儿童跑时喊口令“一、二、三、停”，使其渐渐学会将身体伸直、步子放慢，平稳地停下来。

③ 上、下楼梯

13个月时，大部分儿童开始练习用四肢向上爬楼梯。18个月时，可以自己爬楼梯，只是前后脚朝同一级台阶前进，还需要拉着成人的手或自己扶着楼梯的扶手上楼。24个月左右，虽然仍然前后脚同一台阶向上前进，但不需要扶手，可以随时停下来、转身。

④ 平衡

18个月的儿童能模仿家长向后退着走，拾起地上的东西，自己不跌倒，踢球时能保持身体平衡。24个月时，儿童会独脚站，能够在宽25~35厘米的两条平行线中间走，不踩线，并能在家长的帮助下，走过宽18~20厘米、高12厘米、长2米的平衡木。

⑤ 跳

与走和跑相比，跳的动作更难，需要更多的技能。儿童24个月时学会跳，双足能跳离地面，进而双足能连续跳，最多可连跳10次，但动作还不够协调。

表4–1 1~2岁儿童大动作发展内容

月 龄	内 容	训 练 方 法
12~18个月	独自走路	追着玩具走或拉着玩具走
	弯腰捡起物品	捡起地上的纸张并放入垃圾箱
	抛球	双手抓住球用力往外扔
	踢球	把球放在地上，抬腿踢着球走
18~24个月	跑步	追着玩具跑
	双脚跳	扶双手进行双脚跳→扶一只手进行双脚跳→独自双脚跳
	上下楼梯	双手扶栏上楼→一手扶栏上楼→独自上楼→双手扶栏下楼→一手扶栏下楼→独自下楼

（2）1~2岁儿童大动作游戏活动设计

1岁的儿童开始挣脱大人的双手迈出独立行走的第一步，最初可能只是摇摇晃晃地“走”几步，后来小家伙行动能力越来越强，开始四处欢跑。独立行走对儿童发展具有里程碑式的意义，这意味着儿童以移动的眼光和解放出来的双手探索周围的事物，而这是其他许多能力得以发展的基础。因此，教养者在惊喜孩子迅速变化的同时，应做好各项准备，迎接儿童成长带来的教养挑战。

游戏

① 12~18个月

游戏一：练习独走

【游戏名称】 拉火车

【游戏时间】 5~8分钟，户外室内皆可

【游戏方法】 教养者可以收集几个空的大肥皂盒，把顶盖切掉。用绳子将肥皂盒串起来，做成一列小火车。并提供一些积木或玩具，让孩子用自己的方式把盒子填满。鼓励他们拉着小火车在场地上面自由玩耍。这时教养者可以加上适当的语言进行引导，如“呜，呜，呜，××和他的泰迪熊火车开过来啦”。

【注意事项】 要保证活动的场地安全卫生宽敞，不要给孩子穿太厚、太紧和过长的衣服。教养者要适时给孩子一定的语言提示，以免孩子没有防备而受伤。

游戏二：练习平衡能力

【游戏名称】 走平衡木

【游戏时间】 5~8分钟，户外室内皆可

【游戏方法】 教养者可以将一块15~25厘米宽的木板放在草地或松软的垫子上。在孩子的注视下，教养者从板上走过，然后问问孩子是否也愿意试一下。如果孩子走得不是很稳，教养者需要扶住他的手。这时教养者可以加上适当的语言进行引导，如“××走得真不错，你走完了整块板，太棒了”。

【注意事项】 开始时教养者可以扶着孩子的手，逐渐鼓励孩子自己双臂张开，独立行走，活动内容要循序渐进，特别要注意孩子的安全。教养者在一旁看护孩子的时候，不要突然大声地赞美或者故意吓孩子，以免加深孩子的恐惧心。

② 18~24个月

游戏一：练习上、下楼梯

【游戏名称】走楼梯

【游戏时间】5~8分钟，户外室内皆可

【游戏方法】教养者在楼梯上面或者下面放一玩具，鼓励孩子去取。先由教养者牵着孩子扶栏上下楼梯，然后让孩子自己扶好楼梯扶手，一步登一台阶，两足都站稳后，再向上迈步，熟悉后可放手让孩子学习上楼梯，再学习一步一步下楼梯，在这个过程中教养者要注意保护孩子的安全。这时教养者可以加上适当的语言进行引导，如"××宝宝真勇敢，马上就要拿到玩具了"。

【注意事项】初学时一般以4~5阶为宜，台阶高度不要超过15~20厘米，无尖角、有栏杆扶手，训练贯穿在平常的生活中。教养者要随时站在孩子身旁，一面保护着孩子的安全，一面鼓励孩子勇敢前进，当孩子每站稳一步都要给予一定的祝贺和鼓励。

游戏二：练习跑

【游戏名称】猫捉老鼠

【游戏时间】5~8分钟，户外室内皆可

【游戏方法】教养者准备一只老鼠玩具，或者自己制作一个，由教养者牵着老鼠跑，让孩子扮演小猫，来捉老鼠。教养者可以根据孩子跑的能力来控制老鼠的速度。玩过几次之后，可以和孩子互换角色，把老鼠系在孩子身上，教养者来追孩子。

【注意事项】不管是在家里或者户外玩这个游戏，都要把场地清理干净，不要让一些物体把孩子绊倒，甚至弄伤。不要给孩子穿太厚、太紧和过长的衣服。

游戏三：练习跳

【游戏名称】跳得高

【游戏时间】3~5分钟，户外室内皆可

【游戏方法】教养者可以用一根长绳子将一个可爱的玩具挂在儿童头上20~30厘米的高处。鼓励孩子跳起来拍打玩具，并向他描述是怎么跳的，例如："××跳起来！跳起来！你跳得好高啊！你碰到可爱的小熊啦！"

【注意事项】玩具的高度可以根据儿童跳跃的情况适当调整，但尽量让孩子能够拍到玩具，以免产生挫败感。

2. 精细动作潜能开发

儿童双手精细动作是智慧发展的基础。1岁儿童的精细动作，主要是控制手和手指的练习。最初，1岁儿童控制小肌肉的能力很差，将玩具放在手上，一会儿玩具就会掉下来。很快，儿童开始有兴趣探索自己的手，并学会观察手的活动；并学着拿起物品又扔掉，从一只手换到另一只手，捡起小物品等。再后来，随着手眼协调能力的发展，1岁儿童开始喜欢镶嵌玩具、用油画棒涂鸦、自己吃饭等精细动作。

（1）1~2岁精细动作发展的主要训练项目

① 垒叠物品

1岁以后，儿童的手更加灵活，成人应帮助儿童进行锻炼，让儿童在摆弄玩具、实物的过程中发展手的精细动作。16~17个月的儿童是垒叠平衡能力产生发展的关键期，大多数儿童在这个阶段开始喜欢搭积木，不在大人的帮助下能用积木搭一些矮矮的塔。教养者千万别小看儿童的这种能力，对儿童来说这是一种高难度的动作，它对儿童的智力和手对物品的控制能力都有不可低估的作用。因此，在这一时期教养者可以提供各种积木或废旧盒子等让儿童进行垒叠。

② 涂鸦

1~2岁的儿童最爱涂鸦，他们会握着笔在画板上不停地划道道。1岁以内的儿童可以在纸上随意乱画，1岁半左右可以模仿画直线、方框等形状，这一阶段可以准备纸和笔让儿童涂涂画画。

③ 双手协调

进入1岁以后，儿童手的动作变得更加协调，教养者可以结合日常生活对其进行训练：双手抱物，如喝牛奶时让儿童自己两手握住奶瓶，自己送进嘴里，喝完后自己拿开；捏取练习，在给儿童添加固体食物时，可以把饼干、烤馒头片掰成小块，放在干净的盘子里，让儿童自己捏着吃；生活练习，做自己力所能及的事情，如打球、拍手、吃饭、喝水、穿脱衣服等；技巧练习，如让儿童捏起小糖丸放进直径约为3厘米的透明玻璃瓶内，训练手指的灵活性，准确地将东西放入瓶中的技巧。

④ 手眼协调

1~2岁儿童手眼协调能力的训练可以利用各种玩具进行。如穿珠子：让儿童把中间有洞的珠子，用一条线穿起来练习手眼协调；拼嵌板：为儿童提供一些简单的嵌板，按照相应的形状把小部件放入相同形状的孔中；组合造型：用长方形、正方形、圆形等不同形状的积木或积塑玩具，按照造型进行组装。在训练的过程中要尽量生活化、游戏化，时间不宜太久，同时也要注意手的卫生。

表4-2　1~2岁儿童精细动作发展内容

月　龄	内　容	训 练 方 法
12~18个月	取放物品	把篮子里的玩具取出放入盘子中
	垒叠物品	用2~4块积木进行垒叠
	涂鸦	用油画棒模仿拿笔姿势在纸张上自由画
	翻书页	翻纸板书（一次翻两三页）
18~24个月	拆物品	拆糖果包装
	倒水	把水从一只碗倒进另一只碗内
	匹配图形	拼嵌板
	穿孔	穿珠子、穿扣子

（2）1~2岁儿童精细动作游戏活动设计

1岁以后儿童的手更加灵活，能掌握一些基本的动作技能，如挤、拧、套、搭、捞等，手眼协调能力逐步发展。成人要有意识地给儿童创造宽松的环境，帮助儿童进行锻炼。可以有意识地围绕儿童吃饭、穿衣、洗澡等日常行为进行训练，或与儿童玩抓小物品的游戏，如把小珠子或是豆子等小颗粒物体捏起并放进盒子里，还可以让儿童在撕纸、穿珠、画画等过程中发展手的精细动作。不管是玩哪种游戏注意时间不要太长，对于大多数的儿童来讲5~8分钟较为适宜，记住这是一个仅供参考的时间，具体还要根据儿童游戏时的实际情况而定。

游戏

① 12~18个月

游戏一：练习垒叠物品能力

【游戏名称】 堆高楼

【游戏时间】 5~8分钟，户外室内皆可

【游戏方法】 教养者可以提供几块积木（6块左右），不必过多，鼓励孩子自由堆高楼，不限制或固定造型。这时教养者可以加上适当的语言进行引导，如："××，你有两块积木，你能把这两块

积木垒在我的积木上吗？这样我们的高楼会变得非常高！”

【注意事项】开始积木数量不要过多，等孩子掌握堆高技能后，可逐步增加积木的数量，当然也可以用其他的材料来练习，如食品的包装盒、一次性纸杯等。

游戏二：练习涂鸦能力

【游戏名称】信笔涂鸦

【游戏时间】5~8分钟，户外室内皆可

【游戏方法】教养者可以将一张大纸铺在桌上，并准备好一盒油画棒。出示这些材料后，引导孩子开始涂鸦。可以先示范给他们看，如何画长线、点、圆形和其他图形，鼓励孩子用他们喜欢的方式涂鸦。待孩子熟练以后也可以给孩子画出某一物体的基本部分，然后教他们在上面添一些点或直线，如给饼干画上芝麻，给梳子画上齿痕等。

【注意事项】重在培养孩子的兴趣，而不强迫孩子一定要达到什么程度。

② 18~24个月

游戏一：练习双手协调能力

【游戏名称】揉捏橡皮泥

【游戏时间】5~8分钟，户外室内皆可

【游戏方法】教养者可以把各种颜色的橡皮泥放在桌子上，让孩子坐在板凳上，两手配合，任意揉捏橡皮泥。可以把橡皮泥揉成圆球，也可以把橡皮泥捏扁。这时教养者可以加上适当的语言进行引导，如：“××真棒，做了一个大鸡蛋还有一块可爱的饼干！”

【注意事项】选择带有颜色的橡皮泥，颜色尽量要鲜艳。确保孩子不要吞食橡皮泥。

游戏二：练习手眼协调能力

【游戏名称】套圈

【游戏时间】5~8分钟，户外室内皆可

【游戏方法】教养者可以和孩子一起玩套圈，试着把套圈套在教养者的手指上、敲鼓的小棒上、把手上等。引导孩子一个一个往上套，套上一个，要给予鼓励。待熟练以后，便可让孩子按套圈的颜色或者大小顺序套圈。

【注意事项】刚开始不要担心套圈被套得乱七八糟，孩子熟练以后就可以有序进行。

（二）认知能力潜能开发

认知是儿童对外界物质刺激的综合反应。对于1岁儿童来说，感官体验是最自然的学习途径。许多1岁儿童仍然喜欢用舌头去品尝和探索事物，这种学习方式可能会一直持续到2岁左右。2岁之后，其他感觉器官才逐渐参与儿童的学习。此外，有关认知形状、大小和颜色等项目的活动，主要是在儿童探索玩具、图片和其他熟悉事物时，教养者向其描述事物的形状、大小和色彩等特性。等到18~24个月时，儿童的活动还涉及简单的匹配能力，如一到三片的拼图或嵌板等。

1. 1~2岁儿童认知能力发展的主要训练项目

（1）12~18个月

1岁以后，随着语言和动作的发展，儿童出现了人类思维的初级形式——直觉行动思维。这一时期，儿童的思维与对事物的感知和自身的行动分不开。

1岁到1岁半的儿童对熟悉的名称、人或物品，能够指认出来，记忆力等心理活动发育更加活跃。记忆的时间进一步延长，可以再认以前教过的动作、语言等，能记住10天前的事情，能认出10种以上常见的物品，并能指认。这一阶段，教养者要经常与儿童进行指认游戏，以培养儿童的记忆力。

15~16个月的儿童视觉器官发育得还不够成熟，不能清晰地分辨外界事物的各个组成部分，对事物总是作为整体来认识，容易记住事物的整个轮廓，而忽视细节。这一阶段儿童的注意力大约持续3~4分钟，主要还是跟儿童的兴趣密切相关。在教养者的帮助下，儿童能指认人体的眼、耳、鼻、口、手等5~7处身体部位。

17~18个月，儿童的视力在逐渐发展，到1岁末时，视力可达0.4，能看见较小的东西，还能区别简单的形状，如圆形、三角形、方形等。18个月的儿童，开始出现装扮游戏，如看到图片里的糖果时会假装拿起一块放进嘴里。

（2）18~24个月

18~20个月的儿童注意力不断增强，这个阶段已开始能够集中注意看图片、看电影、看电视、玩玩具、听故事等。但是集中注意的时间相对较短，一般在15分钟左右，以无意注意为主。与此同时，这一阶段儿童的记忆力也在增长，记忆的内容多是他们所熟悉的生活内容。他们只能记忆一些零散的片段，如玩玩具、看动画片、做游戏等，当看到熟悉的香蕉、苹果、小狗、小兔等图片时能记住并叫出名称。形象化、色彩鲜艳、新奇、强烈的刺激是这个阶段儿童注意和记忆的特点，例如玩玩具和做游戏是儿童最感兴趣的，能够引起他们的注意。

21~22个月，儿童记忆的保持时间逐步延长，能认出几个月前见过的亲人，能记住日常用品的名称和自己感兴趣的东西，能够回忆起某些特殊事件发生的细节，以及当初自己的感受等。这一阶段，大多数的儿童已经能够认识天气了，他们开始认识晴天、阴天、刮风、下雨和下雪，也已能够区分白天和黑夜，每当夜幕降临时，儿童会产生隐约的恐惧感，因此这时他们几乎一步也不肯离开爸爸妈妈。

23~24个月的儿童观察力进一步提高，儿童开始观察、模仿周围人的行为，主要表现在对大人动作和语言的模仿。他们常常会跟在父母后面，学着父母的样子扫地、抹桌子等，这些动作虽然对孩子来说有困难，但是孩子模仿做事的态度却很认真，而且兴趣也很浓，因此，这时应该为他们创造条件，多让他们做些力所能及的事情。这一阶段的孩子已能意识到周围人性别的差异了，他们知道与妈妈相同的阿姨们会留长发、穿裙子，与爸爸相同的叔叔们会留短发，穿衬衣……但孩子对性别的认识还是非常表面和笼统的。与此同时，他们也已经朦胧地知道自己是男孩还是女孩了。

表4-3 1~2岁儿童认知能力发展内容

月 龄	内 容	训 练 方 法
12~18个月	认识颜色	提供不同颜色的塑料玩具，从中找出红色玩具，认识红色后，再认其他颜色
	认识图形	将圆形、方形、三角形板放入相应的嵌板内，在学放形板的同时，找出哪一个是圆形，再进一步认识方形、三角形
	区分大小	提供不同大小的水果或玩具供其探索
18~24个月	认识性别	结合家庭成员认识性别，如“妈妈是女的……”，并表述女的会戴什么、穿什么等；也可以借用图画书上的人物认识性别
	数数	开始学习时用2个手指表示1和2，先教儿童竖起食指表示“1”，再教儿童竖起中指和食指表示“2”，口念手点数1~5，逐渐增加数概念、模仿唱数字歌
	配对	提供几对颜色、图形相同的玩具或图片放在一起练习配对

2. 1~2岁认知能力游戏活动设计

儿童的言语和思维都是建立在认知基础上的，儿童认知的发展是循序渐进的，这个时期需要通过游戏、阅读、玩玩具等形式对其进行认知能力的训练。但教养者需要注意儿童认知能力的训练要注重训练的过程，不要过分追求训练的结果，也不要过分看重儿童期的认知评价。以下列举一些认知能力的游戏活动，使教养者进一步明确培养儿童认知能力的具体方法，以便更好地促进儿童认知能力发展。

游戏

(1)12~18个月

游戏一：认识形状

【游戏名称】“圆”和“方”

【游戏时间】5~10分钟，户外室内皆可

【游戏方法】教养者可以给孩子提供皮球、核桃、碗等若干圆形物品，积木、扑克牌等若干方形物品。并和孩子一起玩游戏，教养者对照实物，教孩子认识“圆形”和“方形”，并说出诸如“皮球是圆的”“积木是方的”等句子。

【注意事项】先认识圆形，再认识方形，不要同时学习两种形状以免混淆。

游戏二：分辨大小

【游戏名称】各种轮子

【游戏时间】5~10分钟

【游戏方法】教养者可以给孩子唱《汽车轮子》的歌曲：“汽车轮子滚啊滚，滚啊滚，滚啊滚，汽车轮子滚啊滚，开过了所有的地方。”引导孩子观察、触摸各种玩具汽车上的轮子，并和他们谈论车轮的大小。

【注意事项】也可以带孩子外出时引导孩子观察小汽车、卡车或公交车上的车轮大小。

(2)18~24个月

游戏一：模仿动作

【游戏名称】模仿秀

【游戏时间】5~10分钟

【游戏方法】教养者和孩子面对面坐好，然后一起做各种动作。可以先由教养者做，然后让孩子模仿。比如做洗脸的动作，模仿小鱼游的动作、小鸟飞的动作等。

【注意事项】教养者所模仿的动作要简单、有趣，尽量与孩子的生活经验相联系，不要模仿一些危险动作。

游戏二：匹配

【游戏名称】拼图角

【游戏时间】5~10分钟

【游戏方法】给孩子提供几幅简单的拼图，鼓励孩子独立完成这些拼图，刚开始教养者只提供两到三片拼图，随着游戏的深入再提供比较难的拼图。这时，教养者可以加上适当的语言进行引导，如：“××，你在玩水果拼图，看见那个红红的圆苹果了吗？”

【注意事项】每隔几天就要更换拼图，孩子最喜欢的拼图可以保留时间长一些，让他多玩几次。

(三)语言能力潜能开发

过了1岁，儿童几乎没有无意识的发音了，儿童的语言含义越来越清晰，词汇量开始猛增，这时期是孩子最初掌握语言的关键期。1岁到1岁半是理解语言阶段，这个阶段孩子能够懂得成人说出的某些词，自己也能说出一些词，语言交际能力由此开始。

1. 1~2岁儿童语言能力发展的主要训练项目

1~2岁这一阶段的主要任务就是要扩大儿童的词汇量，要给儿童创造说话的机会，如果儿童仍用手势、动作表达意愿，父母一定要拒绝，并要教给他们正确的语言。

（1）13~15个月：单词句阶段

这一阶段儿童能听懂简单的句子，服从简单的命令，但是能说的只是一些由一个单词组成的句子。词汇开始增多，会说日常生活中常用的一些词语，如"谢谢""再见"等。对语言学习有一种特殊的热情，特别喜欢与成人说话或听别人说话。

语言理解方面：这一阶段儿童语言的发育还处在对语言的理解阶段，他们理解的词比说出的词要多很多。他能听懂一些常见日用品的名称，当我们说出某个事物的名称时，他能从周围环境中或图画中认出来；还能执行某些简单的指令，如"把水杯拿给我""把衣服放在沙发上"等。虽然在这一阶段对于这些较长的句子儿童能听懂，可以按照要求去做，但是他们还不能自己说出这么长的句子。

语言表达方面：这一阶段的儿童只能说出一个一个的单词，而且词汇量还不够丰富，一般有10~20个单词。他们会用一个单词表达多种意思，最初几个单词所表达的意思，不一定与我们理解的意思相同，到底是什么意思，我们需要结合具体的情境来分析。

这一阶段以及随后的几个阶段里，儿童学习语言的主要任务是扩大词汇量。词汇量的扩大与儿童语言的发展是紧密联系同时进行的。在户外散步、公园游玩时，家长要有意识地引导儿童认识与日常生活紧密相关的物品，如花草树木、交通工具、各种动物，并主动告诉儿童想知道的一切。指导时要注意加重语气，突出每次出现的新词汇，多说几遍，并鼓励儿童听懂并说出来。

（2）16~18个月：片语阶段

1岁半的儿童能够不断地从外界吸收新的信息并贮存起来，新掌握的词语层出不穷。某一天，我们也许会惊奇地发现儿童可以说出简单的句子了，并且主谓宾语成分都能全说了。例如："宝宝尿湿湿"，句子中的主语、谓语、宾语都全了，这属于儿童特有的语言。

语言理解方面：这一阶段主要是儿童理解语言即被动语言阶段，这时期的儿童对成人语言的理解能力在不断发展，能听懂别人说的话，并能进一步把语言和具体事物结合起来，还能用动作或表情对大人的语言作出反应。这个阶段的儿童能够听懂日常生活中的简单话语，对于有方向性的命令式语言，不用借助任何手势或面部表情就可以完全理解。

语言表达方面：这一阶段的儿童会对日常生活中一些常见的事物进行命名，会把狗叫做"汪汪"、把猫叫做"喵喵"等。但是在对事物进行命名时会出现"泛化"现象，比如，他会把所有圆形的物体都叫作"球"，这表明他们的语言已经发展到了一个新的阶段。儿童概括能力也增强了，懂得了"一名多物"，如能够知道不同的女人都是"阿姨"了；也懂得了"一物多名"，如一个儿童除了知道自己的名字以外，也知道"宝宝""乖乖"等都是指的自己。

为帮助这一阶段儿童的语言更加成熟，教养者仍需有意识地对儿童的语言能力进行训练。如日常生活中要经常与儿童进行交流，可以谈谈最近发生的或不久就要发生的事情；每当儿童接触新事物时，都要教他说说有关的词语，跟他谈谈他所看到的、听到的。总之，不要错过任何与儿童说话交流的机会。

（3）19~21个月：简单句阶段

18个月的儿童经常挂在嘴边的单词只有20个左右，而到21个月时，他将说出100多个单词，大约已掌握了300多个词，在这个阶段里出现了一个"词语爆炸"现象。

语言理解方面：儿童能够更好地用语言与成人沟通了，不仅如此，他们还非常喜欢否定成人的意见，而且特别喜欢与成人进行辩论。例如，天亮了，孩子仍然不肯起床，妈妈对孩子说："天都亮了，宝宝还不起床，真是个小懒虫。"这时孩子已能理解妈妈的语言，于是指着同样还在睡觉的爸爸说："宝宝不是，爸爸是小懒虫！"儿童自己玩玩具时，也会自言自语地说话，能够迅速说出自己熟悉物品的名称，会说自己的名字，会说简单的句子，能够使用名词和代词，还可以听懂很多描述事物特征的形容词，如"热、漂亮、脏"等。初步理解一些描述方位的词，如"在里面、在外面"等。几乎能全部理解描述日常生活基本动作的词语，如"坐、看、吃、睡、打开、关上"等。从这一阶段开始，已能摆脱情景单独理解成人的语言。如果成人什么都不拿对孩子说"来，我给你梳梳头"时，孩子也能准确地理解。另外，这一阶段的儿童开始不断地向成人提问，问"那是什么""那叫什么"等问题，总是想要成人告诉他们各种事物的名称。因此，教养者需要不厌其烦地把所有儿童感兴趣的东西都告诉他们，不过也要考虑儿童的理解与接受能力。

语言表达方面：这一阶段，许多教养者都会有这种感觉：孩子怎么会突然说这么多词语了呢？其实，在这一阶段儿童的语言表达能力发生了一个质的飞跃，他们以每个月平均说出20个新单词的速度发展着，掌握新词速度猛然加快，我们把这一表现称为“词语爆炸”现象。另外一个很大的变化是，儿童开始把单个的词按他们自己的方式进行组合，形成有特定意义的词组。如“走—再见”“大兔兔”“杯杯—水”等，这些话是由两个单词组成的句子，就像我们发电报时所用的简略语句，因此，又被称为“电报句”。如果家长在这一阶段能耐心地教他们数数、念儿歌，他们会很有兴趣地学，会根据成人的节奏说出每句儿歌的最后一个押韵的音。

（4）22~24个月：简单句阶段

这一阶段儿童将进入人生的第一个反抗期，表现在语言上的反抗行为就是经常对成人的要求说“不”。

语言理解方面：这一阶段的儿童能够理解300个左右的单词，还能听懂并正确回答“这是什么”“在哪儿”等问题。学会并能记住家中各个人物的称呼，开始学会用代词“你、我”，能说完整的句子，如“爸爸上班了”等。

语言表达方面：从20个月开始，儿童每个月所能说出的新的双词句以成倍速度增长着。21、22、23个月时，儿童所能说出的双词句分别为50、100、250句，而24个月时则可猛增到1 000多句。可以看出，这是儿童语言发展的又一个敏感期。在23个月时儿童词汇量成倍增长，能说出结构比较复杂的句子，会说主、谓、宾语齐全的句子，能够用两三句短语与成人对话，也能听懂成人更为复杂的语言指令。这一阶段儿童喜欢模仿与学习成人的一言一行、一举一动，因此，教养者要有意识地注意净化家庭语言，当好儿童的第一任教师。

表4–4　1~2岁儿童语言能力发展内容

月　龄	内　容	训 练 方 法
13~15个月	学说名词	指认游戏，认识自己：鼻子在哪里，眼睛在哪里，小手在哪里……；再教儿童指认其他物体，如电视、冰箱、汽车等
16~18个月	听从指令	让儿童按指令完成动作，如“宝宝，把杯子放到桌子上，把沙发下面的球拿过来”等
19~21个月	双词句练习	主语加谓语双词句训练，如妈妈手拿玩具对孩子说：“宝宝看”，让幼儿也说：“宝宝看”，然后让儿童手拿玩具对妈妈说：“妈妈看”
22~24个月	学用代名词	用“我”代替名字，日常生活中儿童拿属于自己的东西时，引导他说“我的衣服”“我的帽子”等，代替“宝宝的衣服”“宝宝的帽子”等。

2. 1~2岁儿童语言能力游戏设计

儿童的语言是在运用的过程中发展起来的。教养者需要做个有心人，经常与孩子一起看看、听听、说说，以发展孩子的语言智慧。

游戏

（1）12~18个月

游戏一：学说单词

【游戏名称】 图画书真好看

【游戏时间】 5~10分钟

【游戏方法】 选择一本画面清晰、色彩丰富的图画书，与孩子一起看书，一边用简练的语言给孩子讲述画面的内容，如“这是老虎”“这是大象”“这是狮子”。刚开始都以“这是某某”的形式来概括地介绍，等孩子有了初步印象后，再配合图书做一点动作加以说明，如“老虎在跳”“大象在吃草”“狮子在跑”等，以增加词汇量。

【注意事项】讲述的内容一次不要太多，尽量使用简短的话语，不要让大量多余的语言淹没了要教给孩子的新词。

游戏二：理解语言指令

【游戏名称】听听做做

【游戏时间】5~10分钟

【游戏方法】教养者提出一个指令，教孩子去执行，引导孩子将语言与实物联系起来。如“把桌子上的糖块拿来”“把你的积木拿来”“我们一起搭积木”“宝宝把门关上”“把爷爷的书拿过来”等简单的语言指令。

【注意事项】当宝宝完成指令时要马上给予肯定和表扬。

（2）18~24个月

游戏一：学习儿歌

【游戏名称】念儿歌

【游戏时间】5~10分钟

【游戏方法】教养者选择一首适合孩子的儿歌，如儿歌“小鸡吃米”：“小小鸡，叽叽叽，肚子饿，找食去，叽叽叽，叽叽叽，吃饱肚子笑嘻嘻。”一边教孩子唱儿歌一边打拍子，边配合一些动作，让孩子在快乐中学习。

【注意事项】儿歌不要太长，内容要选择与孩子生活接近并容易理解的。当孩子已掌握一首儿歌后，可以经常让他当众背诵，以复习巩固。

游戏二：学用代词

【游戏名称】“你”和“我”

【游戏时间】5~10分钟

【游戏方法】教养者可以根据日常生活中的内容，向孩子提问，比如“你叫什么名字”“你几岁”“你是男孩还是女孩”“你爸爸叫什么名字”诸如此类的问题。训练宝宝回答“我叫某某某”“我两岁了”“我是男孩”“我爸爸叫某某”。直到他不再说“你叫某某”，说明宝宝已经能将代名词“你”转换为“我”来回答问题。

【注意事项】提问要简单，要启发孩子回答问题，回答时可以给孩子一定的思考时间，不要让孩子过于紧张。

（四）人格潜能开发

培养身心健康的人是教育的根本目标，人格发展是儿童身心健全发展的重要组成部分，它与体格发展、智力发展构成儿童发展的三个重要方面。从现代教育观念来看，儿童期人格潜能的开发比智能的开发更为重要，完美的人格对一个人的智慧和能力的发展及事业的成功具有重要的促进作用，是儿童未来发展的重要基础。

1. 1~2岁儿童人格潜能发展的主要训练项目

1~2岁是孩子人格形成的初期，需要家长给予正确的引导和培养。除了培养孩子基本的生活技能，还要在孩子的人格培养上花些心思。1~2岁儿童人格潜能开发的主要内容是培养其健康的情绪和情感、自我意识、交往行为和社会适应行为。

（1）情绪和情感的发展

13~14个月，这个阶段的孩子内心世界更加丰富，面部表情越来越多，能够表达开心、难过、愤怒等情绪。

同时他们已经有了简单的同情心。他们的同情心看起来比较"泛滥",看到妈妈笑儿童也会笑,妈妈落泪他也会跟着伤心,虽然他并不能理解其中的原因。但这种情绪的产生是高级社会情感的基础,对儿童将来的社交行为会产生深刻的影响。此外,这个阶段的儿童既希望独立,又具有极强的依赖性,主要是因为这个阶段的儿童对世界有太多的未知,常常不能确信自己的安全性,这就使得他们不但具有冒险精神和探索愿望,还有对未知世界的恐惧和不安,所以就表现出对爸爸妈妈或看护人的依赖。这种依赖性比婴儿期更加强烈,直到4岁以后,这种依赖感才有所减弱。

15~16个月,这个阶段的儿童由于还不能用语言完全表达自己的意思,所以常常用手势或肢体语言来帮助表达自己的想法和愿望。同时,他们的想法也越来越多,思维开始活跃起来,变得越来越爱耍脾气。对亲近的人和自己的玩具会表现得非常自私,看到亲近的人抱别的孩子,他会大哭;如果其他孩子拿了一个很好玩的玩具,他就会竭尽全力地去争夺。

17~18个月,这个阶段的儿童开始向执拗期迈进。所谓执拗期是指,每个孩子在0~6岁的某个阶段都会经历的一个特殊时期,这一时期里的儿童主要表现为:没有任何理由地说"不"、拒绝家长的任何要求、家长说东他偏往西等。一般来说,大多数儿童的执拗期在1岁半左右萌芽,2~3岁时达到高峰。不难发现,儿童有了越来越多的自我意识,在很多问题上都想按照自己的想法去做,但很多家长却常常从自身角度出发,把自己的想法强加给孩子。久而久之,家长就把儿童身上的叛逆意识激发出来了,从而使儿童的行为既叛逆又执拗。家长不让儿童去做的事情,他偏偏会去做,常常把"不"挂在嘴边。

19~20个月,儿童内心已经有了丰富的情感世界,亲子之爱不再是单向的了,儿童幼小的心灵同样充满了对父母的爱,会把好吃的递到父母嘴边让大人吃。同时,也学会了如何安慰别人,看到别的小朋友在哭泣时,会走过去,伸出手,学着妈妈的样子去拍拍哭泣的小朋友。

21~22个月,儿童的情感世界开始丰富起来,如果电视画面中出现令人悲伤的场景,儿童也会收敛笑容,甚至会陪电视里的人物哭起来。这不是被吓哭的,而是儿童通过自己的感官,感受到了悲伤。这个月龄的孩子,仍然不愿意和小朋友分享玩具和食物,但开始学着谦让比自己小的儿童。如果年龄比他小的儿童抢了他手里的东西,他可能只是看看妈妈,并不去争抢。

23~24个月,这个阶段的孩子独立性不断增强,开始有了自律能力,并特别在意自己的感受。开始尝试做自己喜欢的事情,开始感受父母对他的情感。

(2)自我意识的发展

13~14个月,儿童的自我意识开始萌芽,陶醉于运用自己力量所带来的快乐,想自己动手吃饭,自己摆弄东西,到处实验自己的能力和体力。15~16个月,儿童已经会使用自己的名字,例如,他们想喝水、想出去玩时,会常常对家长说:"宝宝喝""宝宝走"。此时,儿童还没有形成"你""我""他"的概念,这只是对家长语言的一种模仿。随着月龄的增加以及自我意识的发展,儿童使用自己名字的频率越来越高。17~18个月时,儿童很快能分辨出自己的语言以及妈妈的语言中的"宝宝"都是自己。因此,有人叫"宝宝"时,他就知道是在叫自己,进而做出相应的反应,长此下去,儿童就真正知道并会使用自己的名字了。这一阶段的儿童往往不会轻易让别人动自己的物品,或给别人自己的物品。20个月以后,儿童"我的"意识逐渐减弱,不再把所有的物品都看作是自己的,这个阶段家长可以引导儿童与他人分享了。随着自我意识的发展,23个月左右儿童出现了"自尊心"。因此,家长在教育儿童时,要耐心引导,对儿童的每一点进步都要表扬,不要与其他同龄伙伴进行横向比较,要与孩子自己的点滴进步做纵向比较。

(3)交往行为的发展

社会交往能力是儿童适应社会、全面认识社会的基础,良好的人际关系能够促进儿童身心的健康成长。1~2岁儿童会走路、会说话了,接触的人和物的范围逐渐扩大,交往能力也随之逐步发展。2岁之前是儿童发展同伴之间社交态度的过渡时期,也是成人开始训练、培养其良好交往行为的最好时期。

13~14个月,儿童的户外活动时间增加了,开始喜欢与自己同龄的朋友玩。虽然他们还不能一起游戏,但是,他们能够相互笑、做手势,以此来代替语言,表达自己的感受。

15~16个月,儿童很喜欢参加社交聚会,在与别人接触的过程中,他们通过模仿掌握了一些最初的与人交往的技巧,当他看到别人用手轻轻拍打的方式来安慰哭闹的孩子,他会记在心里,下次就会模仿。开始对小朋友有亲近感,但并不主动与小朋友在一起玩,总是各自玩自己的,互相之间缺乏交流,这并不意味着他们对彼此不感兴趣,而是因为在这个年龄,他们还没有学会分享、合作。与其他小朋友在一起玩耍和彼此之间产生好感仍然是儿童社会化的重要途径。

17~18个月，到了这个月龄，有的儿童开始喜欢和小朋友一起玩耍，有的却仍然喜欢独自玩耍。在和别的小朋友一起玩耍的时候，让父母比较头疼的一件事就是他们总是表现得很自私，如玩具、吃的东西都不和别人分享。其实，这个阶段的儿童对别的小朋友并不感兴趣，与他们一起玩只是因为喜欢人家手里的玩具，对这个阶段儿童来说，他们头脑中还没有分享的概念。

19~20个月，儿童逐渐喜欢和小朋友一起游戏了，但是仍有很强的"我的"意识。不但对自己的东西不放手，可能还会对小朋友发起攻击，或抢走小朋友手中的东西。没关系，学会"侵吞"小朋友的东西，就离把自己的东西拿给小朋友分享不远了。

21~22个月，儿童能够叫出他熟悉的小朋友的名字，这是儿童与人交往能力的又一进步。当儿童离开他所熟悉的小朋友时，偶尔也会叫出那个小朋友的名字。随着儿童对周围小朋友的熟悉，他开始渐渐融入幼儿社会。伴随自我意识的完善，儿童不再把所有的东西都看成是自己的了，如果告诉他，那是小朋友的东西，他们很有可能主动把手中的东西递给小朋友，这也是儿童学会与人分享的开端。

23~24个月，儿童与亲近的大人关系很和谐，但是与陌生人以及不熟的亲友在一起就显得很怕生。更喜欢与比自己大的小朋友玩，慢慢地也敢跟着大孩子们跑来跑去，但一般还不会与比自己大的儿童主动交流。

（4）社会适应行为的发展

社会适应能力是儿童通过对自己表情、言语、活动、行为的控制，使其与社会相适应的能力。儿童从出生起，就是一个具有独立人格的人，同样有与人交往、独立、自尊的需求，又是一个处在生长发育过程中的人，其社会适应的发展需要有一个过程。1~2岁儿童的社会适应行为的发展主要体现在以下几个方面。

穿衣方面：1岁左右可以开始对孩子进行穿脱衣训练，最好从夏天穿背心、短裤开始，随着天气的变化，逐渐增加衣服并增加难度。15个月时孩子逐步学会脱手套、鞋子和袜子；24个月左右，在成人的帮助下能完成穿衣。

饮食方面：15个月左右，已能用杯子喝水；初步掌握用勺动作，但进食时，食物洒的到处都是，这时只要是他们自己一口一口吃，成人就应给予表扬，不要过分强调右手拿勺。

大小便方面：15~18个月，这个阶段的儿童裤子尿湿以后才会告诉家长；18个月以后，儿童在白天能够控制排尿，排尿前常会告诉家长；24个月时上厕所可以自己试着脱下裤子；在1~2岁这个阶段家长可以培养儿童主动坐便盆的习惯。

盥洗方面：儿童需要保持手脸干净，养成饭前便后、户外活动和玩耍后都要洗手的好习惯，1岁左右开始学习自己洗手，成人要给予示范。漱口和刷牙是保持口腔卫生的重要措施，1岁左右的儿童可以学习漱口，刚开始可能会把漱口水咽下去，因此要用温开水漱口。1岁半左右的儿童可以开始学习刷牙的好习惯，刷牙时要先顺着牙缝上下刷，里外都要刷，然后横着刷牙齿咬合面，将口腔里的食物杂质彻底清除干净为止。

表4-5　1~2岁儿童人格潜能发展内容

训练月龄	训练内容	训 练 方 法
12~18个月	爱护他人	抱娃娃：教养者当着儿童的面对娃娃进行爱抚，如亲娃娃、抚摸娃娃的脸等，然后让儿童也模仿教养者抱娃娃
	与同伴分享物品	经常讲小动物分享物品的故事给儿童听，在儿童情绪好的时候，给他两份物品，让他一份分给小朋友，一份留给自己
	穿、脱简单衣服	日常生活中，儿童睡觉、起床时，教养者边示范，边告诉儿童穿、脱衣服的每个动作，鼓励儿童自己穿脱简单的衣服
18~24个月	礼貌待人	打招呼：在日常生活中教儿童使用招呼语、寒暄语，如早晨要问早、问好，接受东西时要说"谢谢"等
	自我意识	照镜子：教养者把儿童抱坐在镜子前，对着镜子与儿童聊天、说话，引导儿童注视镜中自己、教养者及相应的动作；也可以让儿童也对着镜子说话，随意做动作
	自己吃饭	教养者示范一手扶碗，一手拿勺，然后引导儿童吃饭，并鼓励儿童自己用勺子一口一口地吃饭

2. 1~2岁儿童人格潜能游戏活动设计

为了开发1~2岁儿童的人格潜能，教养者应该根据该阶段儿童心理发展规律设计适合儿童发展需要的各种游戏活动，通过各种游戏训练儿童良好的情绪情感、自我意识、社会交往能力及生活能力。使1~2岁儿童的人格潜能获得整体性的提高。

游戏

(1)12~18个月

游戏一：培养情绪控制能力

【游戏名称】 变玩具

【游戏时间】 5~8分钟

【游戏方法】 家长提出游戏要求："我这里有一个好玩的玩具，你如果坐着不动，我数到3，玩具就会变出来。"家长故意拉长声音，慢慢数到3，再将玩具拿出来，表扬孩子听话，并将玩具给他玩。

【注意事项】 游戏中家长可以逐渐放慢数数速度，以延长孩子的等待时间。

游戏二：培养生活自理能力

【游戏名称】 喷水了

【游戏时间】 5~8分钟

【游戏方法】 教养者在饭后给孩子的水杯里盛些温开水，教养者的水杯里也盛半杯温开水。教养者喝一口水，不咽下，含水鼓动腮帮子并引导孩子看教养者的动作，然后对着水池把水超前喷出去，引起孩子的兴趣。然后引导孩子含一口水，将水吐出来，再鼓励孩子含一口水，在嘴里漱一漱再吐出来。教养者要及时夸奖孩子：如"你真棒，饭后漱漱口，牙齿不生病"。

【注意事项】 日常生活中不仅饭后要漱口，在孩子吃完甜食以后也要引导孩子漱口；孩子不会用水漱口，只要让孩子含水大约5秒钟左右就可以了。

(2)18~24个月

游戏一：锻炼社会交往能力

【游戏名称】 我会说

【游戏时间】 5~8分钟

【游戏方法】 教养者拿出两个小动物让它们互相问好，如"小鹿，你好"，并强调小动物很有礼貌。然后家长拿小熊，孩子拿小鹿，相互问好，引导孩子对小熊说："小熊，你好！"。接下来教养者可以再问："宝宝知道看见叔叔、阿姨应该说什么吗？"引导孩子说一说，鼓励孩子做个有礼貌的乖宝宝。

【注意事项】 日常生活中，教养者要经常提醒孩子向别人问好；并以身作则，给孩子树立好榜样。

游戏二：培养生活自理能力

【游戏名称】 搓泡泡

【游戏时间】 5~8分钟

【游戏方法】 教养者用肥皂洗手并搓出许多泡泡，让孩子观察，激发孩子洗手的兴趣。然后引导孩子把手放进盆里或水龙头下，把小手弄湿，指导孩子擦肥皂，把手心、手背、手指、手腕都搓搓，搓出许多泡泡。再教孩子把手放进盆里或水龙头下冲掉手上的肥皂，让孩子注意观察泡泡不见了，小手干净了。

【注意事项】 孩子如果自己动手开关水龙头，教养者应正确指导并从旁协助，如果孩子把水龙头开得很大，家长要提醒孩子节约用水。

育儿宝典

亲子时光，快乐阅读

不少专家认为，儿童阅读的关键期在1岁半左右。也就是说，如果儿童在1岁半以前建立起了对书的兴趣、对阅读的兴趣，那么以后很有可能终身对看书、阅读都充满兴趣。所以，爸爸妈妈在这个时候一定要抓紧时间多陪儿童读书，不要错过儿童阅读的关键期。下面就介绍几个亲子阅读的小技巧。

1. 准备色彩鲜艳、生动有趣的图书

家长可以给儿童准备一些图画书、小人书、画册、布做的书等，这些书的画面要色彩鲜艳，内容要生动有趣。如绘本《大卫不可以》、《猜猜我有多爱你》、《小公主故事》、《是谁嗯嗯在我的头上》等故事都可以讲给儿童听。家长可以一边讲述，一边握着儿童的小手指认。通过这样的方式可以锻炼儿童对语言、节奏、色彩的认知能力。

2. 家长搂着儿童为他读书

儿童都喜欢被爸爸妈妈抱在怀里，边听故事边玩弄书。家长可以让儿童坐在自己的腿上，用手臂轻轻围住他，给他讲故事。家长要注意图画书距离儿童眼的距离约为33厘米，不要让儿童养成趴着、躺着、歪着身体看书的不良习惯。

3. 读书时间和次数的把握

家长最好选择一两本简短的图画书，重复读给儿童听。一本书每天读一遍，读一段时间以后再换另外一本。另外，儿童读书、看书的时间不要太长，因为儿童注意力集中的时间还有限，每次读书最好不要超过10分钟。

家长沙龙

宝宝口吃需要纠正吗？①

妈妈发现宝宝有些口吃，特别是男宝宝。妈妈肯定会非常惊讶，就想纠正宝宝。宝宝出现口吃，即使不纠正，也会好的。最重要的是爸爸妈妈的乐观态度。如果把紧张的心情传染给宝宝就难治了。所以爸爸妈妈对宝宝的口吃，必须像是没事儿一样对待。宝宝说话时，不管是口吃或不口吃，最忌讳的是战战兢兢地看宝宝说话的嘴巴。宝宝不论是口吃还是流利，都要以宝宝没有口吃之前的态度对待他。要让他感到交流还保持着，让宝宝安心。让宝宝重新说一遍，宝宝会因此感到犹豫而更口吃。

宝宝为何用头撞地？②

有时候妈妈不答应宝宝的要求，宝宝就趴在地上“咚咚”地撞头。妈妈以为是宝宝撒娇打算置

① 查芙静.宝宝行为［M］，长春：吉林科学技术出版社，2012.
② 同上。

之不理，但他一撞头却不能不管了。妈妈过去抱起宝宝，宝宝哇哇大哭，直到满足了他的要求才停止。发现这种情况时一开始的处置很重要。在他第一次发生这种情况时，迅速抱起宝宝，将他带到户外或是到其他场所玩点别的，将宝宝的注意力从刚才的要求引开，让宝宝忘记撞头这件事。

如果宝宝用这种方法常常获得成功而成为他惯用的手段，就不好办了。要在房间的地板上铺上东西，使宝宝的撞头不起作用。撞头虽不会把大脑撞坏，但也不能让宝宝持续时间太长。

【反思与实践】

1. 1~2岁儿童的教养理念是什么?

2. 结合实际谈谈如何培养1~2岁儿童的饮食习惯?

3. 1~2岁儿童常见的疾病有哪些? 如何预防?

4. 1~2岁儿童常见的意外事故有哪些? 如何处理?

5. 自定月龄，从大动作、精细动作、语言、认知和人格潜能诸方面，任选其中两个领域，设计一套完整的亲子活动方案。包括游戏名称、适宜月龄、游戏时间、游戏方法、注意事项。注意游戏不能存在明显安全隐患，同时适合年龄的范围不能超过3个月(包括3个月)。

第五章 2~3岁儿童的教养

经常听到很多教养者抱怨“麻烦的两岁”，这是因为两岁儿童喜欢到处乱跑，坚持以自己的方式做事情。这个阶段的儿童是从家庭向幼儿园过渡的关键时期，他们处于人生的第一个反抗期，一旦开始做某件事情，就很难改变主意。2~3岁也是儿童优势潜能的萌芽期，教养者应为2~3岁儿童提供安全的探索环境，选择适宜的教育内容及游戏方法，让他们在温馨、和谐、生活化、游戏化的环境中，通过以自我为主的感知觉训练方法获得启蒙、愉快、有益的成长经验，促进其积极主动健康愉快的成长。

第一节 2~3岁儿童的身心发展特点

案例导入

2岁半的荣荣是个活泼、可爱的小男生，特别喜欢运动。每天下午4点，荣荣要和爷爷到小区的操场运动。荣荣在操场快乐地骑着自行车，熟练地避让运动的人群，显得轻松自如。有时爷爷在一旁打太极拳，荣荣也没闲着，在看台的台阶上走上走下，甚至还会一层一层地往上跳或者往下跳，一会儿冲着爷爷喊：“上来啦”，一会儿又边爬台阶边数“1、2、1、2”，反反复复，乐此不疲，根本不用爷爷操心，浑身上下充满了的运动的细胞。荣荣马上就快过三岁生日了，家人惊喜地发现荣荣会用“开心、高兴、冷冰冰、烫烫的”来表达自己的情绪和感知了，而且特喜欢模仿大人的动作，学得有模有样的。看到荣荣的表现，家人都非常开心，更愿意抽出时间让孩子到外界去观察、感知、体验、交往。

一、2~3岁儿童的生理发育特点

2~3岁的儿童天真、幼稚、纯洁、活泼，身心在迅速发展，各方面都发生着日新月异的变化。2~3岁儿童的小脑的发育已经基本完成，脑的功能日益复杂化，动作、语言、认知、情感和社会性等方面的发展更加成熟。

（一）体重与身长

2~3岁儿童的体格发育的速度与婴儿时期相比略为减慢，但体重及身高绝对值增加明显，仍处在迅速发展时期。这一阶段的幼儿在1年内体重平均增加2公斤，身长增加5~7.5厘米。3岁时儿童平均体重为14公斤，身长为97厘米。儿童的腿和上肢由于脂肪减少显得苗条了，就像小树枝条，虽略显瘦小但更强壮了。

（二）头围与胸围

这个阶段的儿童，从整体形态来看，头部发育速度开始减慢，头围和胸围增长不是很明显。2~2.5岁的儿童平均头围：女孩约为48.25厘米，男孩约为49.31厘米。2.5~3岁的儿童平均头围：女孩约为48.65厘米，男孩约为49.63厘米。2~2.5岁儿童平均胸围：女孩约为49.67厘米，男孩约为50.80厘米。2.5~3岁儿童平均胸围：女孩约为49.91厘米，男孩约为50.80厘米。

（三）大运动技能

2~3岁是人一生中动作发展最迅速的时期。这个时期的儿童的大动作发展更加协调和灵活。2~3岁的儿童总是不停地活动，跑、踢、跳、蹬，精力旺盛。2岁半左右的儿童基本上掌握了跳、跑、攀登等复杂的动作，会独脚站，还会独脚跳上1~2次，会两脚交替着一步一级地上楼梯，会骑小三轮车，能从大约25厘米高处跳下。3岁左右的儿童能较好地控制身体的平衡，会跳跃。我们应尽量提供安全、宽敞的场地，满足儿童运动和发展的需要。

（四）免疫能力

此阶段的幼儿虽然比以前健壮，但由于身体各组织器官十分柔弱，身体免疫机能差，对外界环境的适应能力较弱，易感染疾病。看护人员要多学习早期教育方面的知识，科学育儿，努力培养良好的生活和卫生习惯，如在固定的餐桌吃饭，不追着孩子喂食，睡前不进行激烈运动等；看护人员还应带儿童定期进行体格检查，积极配合，继续做好计划免疫和常见病、多发病、传染病的预防工作。

二、2~3岁儿童的心理发育特点

2~3岁儿童的感知觉、注意力、记忆力、语言能力、思维能力、情绪和情感等心理活动在这一阶段有了显著发展。

（一）感知觉能力

感知觉是人生最早出现的认识过程，是3岁前的儿童认识世界的最主要方式。对于儿童来说，运用视听嗅味触五种感觉器官是一个自然习得的过程。依靠感知觉，儿童获取身体内外的信息，积累经验，并适应周围的环境。教养者有必要对2~3儿童的感觉和知觉能力进行了解，并有针对性地加以训练，使其更好地发展，也为更高级的心理过程，如记忆、想象、思维的发展等奠定良好的基础。

1. 视觉

2~3岁儿童的视觉能力具有两个特点：其一，2~3岁儿童的视力发育标准约能达到0.1~0.6之间。一般2岁时为0.4，已经可以判别事物的远近，且视线跟得上快速移动的东西，并看得清楚。3岁时为0.6，视觉较为敏锐，喜欢观察，会借由眼睛来引导手去接触新事物，眼手协调更灵活，立体视觉的建立已接近完成。其二，2~3岁儿童比较偏爱鲜艳的暖色。颜色视觉是个体对光谱上不同波长光线的辨别能力，也是区别细微的颜色差别的能力，俗称“辨色力”，简称“色觉”。2~3岁儿童比较偏爱鲜艳的暖色，如黄和红。对颜色偏爱的顺序依次为：红色、黄色、绿色、橙色、蓝色、白色、黑色、紫色等。

2. 听觉

多数儿童在2周岁时能持久地注意倾听一些声音，如电视声、电话铃声等，可以分辨身后家庭成员的说话声音，能按指令同时做两件事，如把门打开，再把皮球放好；对书中人物或动物的动作，如睡觉、写字等，都能一一指出。在大人的引导下短暂地观看图片，进行初步的观察。这时期的孩子，家长要多让他们走出家门，除了让孩子学习运动、语言，以及与人交往的能力之外，也让他有充分的时间观察外界的花草树木，锻炼孩子视听和观察的能力。[①]

3. 其他知觉

2~3岁的儿童已出现了最初的空间知觉、时间知觉。两个东西分别放在不同的距离，他能知道哪个近哪个远。如果把他常玩的玩具改变存放的地方，开始时他仍会到原来的地方去寻找，这说明他对一些物体的空间关系有了一定的了解。时间知觉方面，2~3岁儿童知道“现在”与“等一会儿”“马上”与“很久”的区别。但这时候儿童的空间和时间知觉还是很不准确，表现在乱用“今天”“明天”“后天”等时间概念上，有时还会伸手要楼上窗口的妈妈抱。儿童能在大人言语指导下去感知事物，能粗略地感知物体的大小、形状、软硬等特性。

（二）记忆力

记忆是包括思维在内的一切智力活动的重要环节，是脑的重要功能之一。培养孩子的记忆应结合各种活动过程进行，充分运用直观性原则，充分利用视觉、听觉、触摸、运动等各种感觉器官，使活动、直观形象、词语在孩子的记忆活动中相互作用，这样才能提高记忆效果，促进孩子记忆力的发展。

1. 形象记忆为主

2~3岁儿童以无意记忆为主，形象记忆占主导地位。2~3岁儿童的记忆是以直观形象记忆为主的，凡是直观、形象的东西，儿童就容易记住。这是因为形象的东西具有直观、鲜明的特点，容易引起儿童的形象记忆。形象记忆带有很大的随意性，没有目的和意图，凡是感兴趣的、印象鲜明的事物，儿童就容易记住。可以采用形象生动、有声有色、颜色鲜艳分明的东西作为记忆材料。

2. 保留时间短暂

记忆内容在头脑中保留时间较短。据研究表明：儿童见过的事物重新出现在眼前时，1岁以内的婴儿只能认得几天前的事物；2岁左右的儿童只认得几个星期以前的事物；3岁左右的儿童可以认得几个月以前的事物。可以多次重复想让儿童记住的东西，并在语言中强调出来。

3. 易受情绪影响

儿童自我控制能力比较差，记忆活动很容易受情绪的影响而出现差异。心情愉快则记忆效果良好，心情沮丧则有可能什么都记不住。

4. 睡前记忆效果最好

儿童一天中记忆力最好的时间是在睡觉前，这时给他讲故事或讲一些生活常识，学习效果最佳。如果采取亲子游戏的方式进行记忆训练，能有效提高儿童的记忆力。

（三）语言能力

儿童语言的发展主要指对母语的理解和表达能力的发展。个体语言的获得是在出生后2~3年内实现的。3岁前是人一生中语言发展最迅速、最关键的时期。这一阶段是儿童学习语言和发展语言的关键时期，也是儿童学习口语的最佳年龄。儿童说话积极性特别高，尽管说的话仍然以简单句为主，但是说话的内容丰富了。他们已经掌握了与生活有关的最基本词汇和语言，会正确地运用代词“你”“我”，如会说“不要你了，我自己睡”，会用语言和人交往，还会说上几句儿歌。3岁左右时大多数的孩子能运用语言来与人进行一般的交往，说出的话不再完全是简单句，出现复合句，大部分的句子都有10个左右的字。3岁儿童的词汇量可达1 000左右，会用代词“他”，会说儿歌。

尽管他们已经掌握了最基本的词汇、词类和最基本的句型，所说的话也基本上符合语法，已经掌握了最基本的语言，有了初步的语言能力，但这种语言的水平还很低，经常是和活动相联系的，边活动边说话。

（四）思维能力

儿童的思维并不是在出生时就具备，而是在后面的生活中逐渐发生的。思维是复杂的心理活动，是在感知觉、记忆等心理活动基础上形成的。一般情况下，2岁到2岁半儿童的思维，更多依赖直观动作；2岁半到

① 王新良、窦志艳. 2~3岁宝宝养育天天读［M］. 石家庄：河北科学技术出版社，2005.

3岁儿童的思维，词、语言的概括调节作用开始变得比较明显。也就是说，2~3岁是语言调节型直观行动思维时期。此阶段是词的概括、概念，以及语言思维产生的阶段。但这个阶段仍然带有极大的情境性和直观行动性。一般说来，2~2.5岁与2.5~3岁的儿童的思维水平是有区别的，前者更依赖于直观和动作，后者却有较明显的词的调节。2.5~3岁，是儿童从直观行动思维向具体形象思维转化的关键年龄段。[①]

（五）情绪和情感

儿童出生后立即可以产生情绪表现，但它只是原始的情绪反应，是一种本能。2岁左右，儿童开始出现各种基本情绪。2~2.5岁的儿童开始会自主表达自己的情感和意识到他人的情感，同情感开始萌发，有简单的是非观念。此时的儿童喜欢参与同伴的活动，能和同伴一起玩简单的角色游戏，会相互模仿，有模糊的角色装扮意识，但还不能很好地控制自己的情绪，受到挫折会发脾气。2.5~3岁的儿童开始能较好地调节情绪，发脾气时间减少，能和同龄小朋友一起分享玩具，会整理玩具，可以遵守简单的规则和要求。例如，他会根据成人的要求不坐地、不玩土等，喜欢自己脱穿衣服、叠被子，尽管他还不会或不太会，但这种要求很强烈。

（六）社会性发展

社会性是作为社会成员的个体，为适应社会所表现出的心理和行为特征。儿童社会性发展，是在个体与社会群体、儿童集体以及同伴的相互作用、相互影响的过程中实现的，包括自我意识的发展和人际交往的发展等。

1. 自我意识

2~3岁时儿童的自我意识开始出现，儿童能区分“你”“我”“他”，并产生强烈地想摆脱大人的独立性倾向，什么事都要抢着自己干，尽管干不好也不要别人帮忙，对成功表现出积极的情感，对失败表现出消极的情感，同时会表现出“骄傲、羞愧、嫉妒”等复杂的自我意识。

2. 人际交往

2~3岁儿童容易接受成人的教育，告诉他什么事情该怎样做，他便会顺从地接受并记住，并且乐于助人、喜欢劳动。如妈妈刚扫地，他就去拿簸箕；爷爷拿起报纸，他会送来眼镜。该阶段的儿童开始知道自己的性别及性别的差异，喜欢玩属于自己性格的玩具和参加属于自己性别群体的活动。能和同龄小朋友分享玩具等，知道等待、轮流，有时不耐心，会整理玩具，能自己上床睡觉。

育儿宝典

遵循感知觉能力发展规律，创设感官统合协调发展的环境

许多家长为了让儿童从小“不要输在起跑线上”，急于进行智力开发，用各种刺激对儿童感观进行狂轰滥炸。众所周知，0~3岁儿童认识世界的主要手段是感知觉。但是，感知觉刺激并非“越早越好”“越多越好”。促进儿童感知觉能力的发展和感觉统合的协调发展，前提是遵循感知觉能力发展的规律。

2~3岁儿童的小脑的发育已经基本完成，脑的功能日益复杂化，各方面的发展也更加成熟，儿童对周围的一切事物都充满兴趣与好奇。家长要采用正确的方法进行培养，以促进儿童身心健康发展。

根据感知觉发展规律，2~3岁儿童对家庭成员之间的关系也越来越清晰，知道家里主要成员的简单情况。儿童喜欢用各种感官去寻找自己想要知道的答案；能跟随着大人学唱歌、数数；听着音乐摇摆身体做简单的模仿动作；会用简单的图形、线条及颜色来反映主观表象；能感受到物体之间

① 朱志贤、林崇德.思维发展心理学［M］.北京：北京师范大学出版社，1986.

的大小、多少、长短等差异比较明显的特征，并在成人指导下对大小、多少、长短等差异比较明显的物体进行归类。

大自然是儿童快乐成长最好的环境，是儿童感知觉训练最宝贵的资源，家长可以通过亲近大自然，来丰富儿童的感知经验。家长可以经常带儿童感受自然界万物，如：观赏公园中各种颜色的花，教儿童辨认红、黄、绿等常见的颜色；到动物园让儿童喂一喂小鸽子；引导儿童观察蚂蚁搬粮食的情景；和儿童一起抓蝴蝶等，让儿童在与大自然的接触中，丰富感知经验，开拓视野，发展观察力，并培养儿童爱护小动物的情感。

家长沙龙

收费越贵的早期教养机构就越好吗？

有的家长认为，只要是贵的就是好的，于是想方设法让儿童去读那些收费很高的早教育儿机构，对广告中宣传的什么可以取得立竿见影的效果的耀眼招牌很感兴趣，而忽略了孩子的成长发展规律。您认为这样做，对吗？

须知，儿童的成长是一个过程，这个过程包含着自然的、非人的主观意志可以任意控制和改变的规律。年龄越小，自然的规律就越重要。教育的作用就是给孩子的成长提供必要的条件，使得他们在每个年龄段应该发展的东西充分发展起来，而不是逼着他们去过早地发展下一个阶段才可能发展的东西。拔苗助长式的教育是不科学的和反教育的。

【反思实践】

1. 如何理解2~3岁儿童的生理发育特点。
2. 如何理解2~3岁儿童的心理发展特点。
3. 查阅资料，系统归纳促进0~3岁儿童感觉统合训练的方法。

第二节 2~3岁儿童的教养方法

案例导入

点点，男，2岁7个月了，体格达标，长得非常健康。该儿童进入亲子园后，与人交流，只会简单地说："要、好、不要、走"等几个常用字，有便意也不会和老师说。陌生人一碰点点，他就会大声喊叫，不会恰当表达自己的情绪。该亲子园老师家访后了解到，点点的家庭条件非常好，家里聘请了两个保姆，一个负责做家务，一个负责喂养点点，奶奶偶尔也会在家里协助照顾点点。妈妈是知识分子，爸爸经商，较少时间与孩子待在一块儿。长期以来，点点在家有任何需求时，无需说话，只需要一个眼神，保姆就知道点点的需求。过于悉心照料的结果是，点点主动说话的兴趣和权利被剥夺了，学习的机会也丧失了，习得语言的一些敏感期也没有好好把握。

一、2~3岁儿童的教养理念

（一）关注成熟规律和发展过程

发展是在生理成熟与新经验获得中实现的，对生命初期的个体发展来说，成熟是一个重要的前提。诸如儿童何时能够抬头、翻身、坐、爬行和站立行走，这是预置在个体生理过程中的程序展现。之所以提出成熟规律而不是发展目标，旨在强调儿童自身的生长轨迹，而不是成人为其发展预设的目标，以避免违背儿童身心规律的强制性做法。必须注意的是，成熟规律是指发展的内容及其发展的顺序，而不强调发展指标达成的确定时间，因为每个儿童都有自己的成熟时间表。

（二）关注多元智力和发展差异

早期潜能的开发，本质上是大脑潜能的开发，但由此引起的误解往往是脑力即智力。近年来的研究已经对此提出挑战，认为大脑的不同区域在功能上有明显的分工，而这种功能定位又呈现动态的变化，因而人的智力是多元的，包括语言、逻辑数理、空间、身体运动、音乐、内省、人际等多种智力，且每一种智力都以大脑的生理机制为依据。脑功能的动态定位特性以及智力的多元性，决定了智力是全脑功能状态的体现。因此，在发展的早期，重要的不是知识的灌输，而是提供或创造一种丰富、适宜的环境，促使儿童的整个脑以全面的方式成熟起来。

（三）关注经验机会和发展潜能

教养者在关注经验机会的同时，要认识到每一个机会中的经验只是今后发展的潜能，并不追求某种能力目标的即时达成，我们所做的永远是奠基的工作。例如为让孩子获得跳的经验，为孩子提供诱其跳跃的高低悬挂物，但不规定要在多少时间内一定要跳多高；提供跳的绳子，不强求能跳多少个。我们必须树立儿童可持续性发展的意识，注意经验的延续性、发展的潜在性，看到儿童早期经验与未来发展的关系，任何一种经验不仅显现眼前的发展状况，更潜伏着终生发展的能力，我们始终处在潜能开发的过程中。

二、2~3岁儿童的教养要点

（一）均衡营养，做好平衡膳食

2~3岁儿童的营养标准已经接近成人，但是，这一阶段儿童的胃容量小，乳牙虽已经逐渐出齐，但咀嚼能力较差，且消化能力仍然较弱，食物在胃内停留的时间较长，容易出现消化不良现象。同时，2~3岁儿童也比较普遍地存在挑食、偏食现象。这个阶段的儿童正处于生长发育的旺盛时期，特别需要全面、均衡的营养。长期的挑食、偏食势必会造成营养摄入不平衡，影响儿童生长发育。因此，应注意科学饮食、均衡营养，做好平衡膳食。

1. 饮食品种多样化

2~3岁儿童对食物已经有了基本喜好，但对健康和良好的饮食习惯却还一知半解，这样容易造成挑食、偏食的坏习惯。任何单一的食物都不能满足人体对多种营养素的需求，只有多种食物合理搭配，同时进食，才能做到均衡营养。家长应注意给儿童提供舒适的进餐环境，做到食物种类多样化，既有动物性食物，也有植物性食物，即日常膳食是由肉类、奶类、鱼类、谷类、豆类、蔬菜水果类等多种食物组合而成。同时，还要注意烹调方法的多样化，做到色、香、味俱佳，以刺激儿童的食欲，如食物的色彩、形态应多做变化，儿童食物的调味适宜清淡些。

2. 比例搭配适当化

2~3岁这一年龄段，儿童虽然生长速度减慢，但仍处在生长发育的快速期。因此，儿童对营养物质的需求较多，能量、蛋白质、脂肪、维生素及常量、微量元素的需求量已达成人的50%以上。只有多种食物混合食用，其营养素之间才能取长补短，提高食物的利用率和营养价值。为满足人体不同的生理心理活动需要，机体对各类营养素的需求量也应有一定的比例搭配。儿童食谱在安排上应考虑均衡供给六大类食品，即奶类，蛋、豆、鱼、肉类，五谷根茎类。人体所需的三大产热营养素也应有适宜的比例，如蛋白质应占一天总热量的12%~14%，脂肪应占一天总热量的25%~30%，碳水化合物应占一天总热量的55%~63%。

3. 饮食调配合理化

随着年龄的增大，儿童进食不再是被动的，而是有了自己的食欲，可能今天不想吃蔬菜，明天又不愿意碰鸡蛋。这时家长不必强迫喂食，应采取弹性的营养管理方法，为建立平衡膳食，儿童一日食谱应做到饮食调配的合理化，如荤素搭配、粗细搭配、干稀搭配和甜咸搭配。最理想的方法为，以一周为单位均衡地挑选各种食物来制定菜单，配合儿童的食欲和爱好，合理调整好一周的食谱，这样大致上亦能达到均衡营养的要求。2~3岁儿童每日食物摄取参考量：谷物类约170克，豆类20克，肉类40~60克，蛋类50克，蔬菜类100克，牛奶500毫升，水果100克。此参考摄入量为儿童所需营养量的平均值，而每个儿童所需的营养量有个体差异，应灵活掌握。一般来说，只要儿童生长发育达到正常指标，就说明营养供给恰当，不同食物的品种以及摄入量可参考下面表格。

表5-1　2~3岁儿童每日食物摄入参考量①

食物名称	单　位	2~3岁
谷类（粗、细粮）	克	125~150
豆类、豆制品	克	25~30
肉类（禽鱼肉肝血）	克	50~75
蛋类	个	1
奶类	毫升	250~400
豆浆	毫升	125~250
蔬菜	克	150~250
水果	克	40~60
植物油	克	10~15
食盐	克	1.5
食用白砂糖	克	10~15
零食或小糕点	克	15~20

注：蔬菜中至少有1/2是绿叶菜或2/3是橙黄绿色菜

（二）生活护理

1. 起居有常，实施“养成教育”

（1）睡眠习惯培养要求

针对这一阶段儿童特点，家长应培养儿童良好的睡眠习惯，让儿童具有独立生活的能力，并且安排有规律的生活，保证儿童一般每晚睡眠10~12小时，白天小睡1~2小时。

（2）饮食习惯培养内容

注重良好的饮食习惯的培养，能促进儿童健康发展。良好饮食习惯的培养包括：饭前做好就餐准备，懂得收玩具、入厕、洗手；进食要定点，能够在饭桌旁自己进食或喂食；饮食定时，每次进食应在一定时间内完成，不边吃边玩；学习自己正确使用杯、勺、碗；尽量吃多样食物，不挑食、不偏食、不贪食，多喝白开水。

（3）大小便习惯培养要领

2岁以后，多数儿童已可以不再使用尿布，大小便之前也知道及时叫大人帮忙。2岁半以后可以训练儿童大小便了，如自己去厕所找便盆，褪下裤子坐下。这个年龄的儿童一般都开始穿满裆裤，但为了方便儿童

① 中国关心下一代工作委员会儿童发展研究中心专家组、中国国际人才开发中心．儿童早期教育专业教程［M］．北京：新星出版社，2011.

大小便，应该穿松紧适宜、容易穿脱的裤子，并且把便盆放在固定的位置。儿童此时比较贪玩，常常憋到非尿不可或非拉不可的时候才想起来去厕所找便盆，如果裤子不好脱，儿童就会憋不住，弄脏衣裤。儿童都是先学会脱裤子，要想让他自己把裤子提好，就不那么容易，还需要大人帮忙。儿童的成长变化是阶段性的，父母一定要有耐心，学会关注儿童的点滴进步。

2. 自理能力的养成

（1）独立吃饭能力的培养

儿童开始自己吃饭的时间早晚，很大程度上取决于教养者的态度。有些儿童1岁半就能自己握匙熟练吃饭了，还有的儿童到了2岁还不会独立吃饭，这是父母过度溺爱的后果。多数儿童从1岁左右开始就有持匙的愿望，有了初步学习用匙的愿望，如果教养者能把握住时机，充分给予儿童练习的机会，许多儿童到了这个年龄就能完全凭自己的能力吃饭了。假如你的孩子这时还不能持匙的话，父母应找找原因。孩子学会自己吃饭后，应该完全让他自己吃饭。父母不要再插上一手，至于饭桌上的规矩，暂时不去管他，随着孩子年龄的增长，吃饭技巧的逐渐掌握，孩子会慢慢按你的规矩去做的。

（2）穿脱衣服培养要领

让孩子自己穿、脱衣服，是培养孩子生活自理能力的一个重要内容。儿童2~3岁开始，教养者应鼓励儿童自己穿脱衣服。儿童刚开始可能穿不好，裤子穿反了或两条腿伸在一条裤腿里。有的孩子着急，一次没穿好就没有兴趣了，甚至哭着不学了。在这样的情况下，家长要鼓励孩子，穿不好重穿，要从容易到复杂，最好是从夏天开始，因为夏天穿的衣服简单，而且慢慢穿也不易受凉。为了鼓励儿童自己穿脱衣服的兴趣，防止把衣服穿反，给儿童买衣服的时候，可以买些有前后标记的衣服，如上衣胸前有他喜欢的小动物，裤子前面有口袋或膝盖上面有图案，使儿童容易识别前后。儿童开始学穿脱衣服时，主要是要教他掌握基本的方法。如穿上衣，衣服的前襟朝外，双手提住衣领的两端，然后从头上向后一披，把衣服披在背上，再将手伸入衣袖。系纽扣时，先把两侧门襟对齐，从最下面的纽扣系起，以免错位。教孩子穿裤子时，先让孩子分清前后，双手拉住裤腰，坐着将两腿同时伸进裤筒，当脚从裤筒中伸出时，便可站起来，把裤子往上一提，就穿好了。脱衣服比穿衣服容易，如脱裤子，让孩子双手拉住裤腰两侧，向前一弯腰，顺着把裤子拉到臀部下面，然后坐下来，把两腿从裤筒里脱出来就行了。这样反复学习、实践，孩子掌握了穿脱衣服的技巧，慢慢就熟练了。

（三）常见疾病与意外事故的预防

2~3岁儿童的抵抗力比较低下，其免疫系统的机能发育还很不完善，容易受各种因素的影响产生疾病，给他们的生长发育带来不同程度的负面影响。因此，预防儿童常见疾病是这一时期的重要任务。这个阶段的另一突出问题是儿童容易发生意外事故和伤害，只有加强防范才能减少事故的发生，保证儿童的生命安全和身体健康，以及正常的生长发育进程。

1. 2~3岁儿童常见疾病的预防

（1）肥胖症

① 主要症状

肥胖症可由饮食过量、喂养不当，缺乏运动和遗传等因素引起，主要表现为儿童脂肪过剩，体重超过正常的20%以上；动作发育相对缓慢，动作笨拙，行动受到一定影响；成年后容易诱发心血管疾病。

② 预防与护理

主要防治的方法有饮食疗法，这是一项有效的方法，可控制儿童食量，减少主食，少吃油腻的食物。在儿童产生饥饿的情况下，可适当增加蔬菜、水果的补充，还可以增加豆腐制品以缓解饥饿感。平时要加强儿童锻炼，促进脂肪燃烧，注意在运动时逐渐增加运动量，以免儿童出现头晕、气短等现象。

（2）屈光不正

① 主要症状

屈光不正：屈光不正共有三种，即远视、近视和散光，是儿童期的常见病。如果发现孩子看电视眯眼、歪头看东西或者要走得很近才看清物体，就要到医院检查孩子有没有屈光不正。儿童期的屈光不正必须尽早治疗。2~3岁儿童除少数有先天性近视，多数为远视或远视散光。而儿童眼球尚在不断发育之中，可塑性大，本身有一个正视化的过程。

② 预防与护理

如果是低度远视的话，可以恢复，不过要先戴眼镜，因为眼球毕竟还在发育，戴眼镜让孩子看清楚，可以消除弱视的发生。有时，通过戴镜、物理治疗等系列治疗后，视力多数可以得到矫正。因为儿童屈光不正治疗较为复杂，一般眼镜店不具备进行治疗的专业技术和条件，如果孩子视力有问题，应去医院请专科医生检查后，再进行配镜治疗。有弱视的要遵医嘱进行正规治疗。

2. 2~3岁儿童意外事故的预防

儿童到了3岁正是一个活泼的阶段，刚学会走路不久的他一定会经常运用并炫耀一番。而且这个阶段的儿童正处于对外界很好奇的阶段，什么东西看到了也会去逗一下。因为儿童不具备分辨能力，所以有些危险品就构成儿童健康的威胁。许多地方都会成为儿童发生危险的地方。因此我们要做的是积极预防，以防为主。

（1）溺水

溺水是儿童时期常见的意外伤害，发生溺水的主要原因是由于儿童学会走路以后常在水池边、小河边玩耍，导致不慎跌入水中而发生意外；在家里，也可由于在水桶、水缸等地方看水中的影子而发生意外。因此大人要注意，不可让儿童独自到河边、水池边玩耍，儿童到户外活动必须由成人看护。家中的水桶、水缸必须加盖，以防儿童溺水的发生。

（2）车祸

儿童2岁后，走路像跑一样，他们不顾及有无车辆，直接奔向自己的目标，非常容易发生危险。家长在抱儿童乘坐车辆或让他们自己坐在位子上时，如果没有配备儿童保护装置，儿童可能会因刹车或车辆颠簸而跌落。家长在骑自行车带儿童外出时，儿童可能不慎将腿伸入车轮中，造成挤压伤甚至跌落。因此家长要重视，要加强对以上意外情况的防范意识，避免由于疏忽导致严重后果。对于这一年龄段的儿童，加强安全防范是家长需要特别注意的事项。

三、2~3岁儿童的潜能开发

2~3岁儿童的小脑的发育已经基本完成，脑的功能日益复杂化，动作、语言、认知、情绪和情感和社会性等方面的发展更加成熟。这个年龄段的儿童能维持身体进行走、跑、跳、平衡等运动，大动作发展更加协调和灵活；手部精细动作的准确性有一定的提高；会介绍自己和家长的姓名，喜欢念儿歌；对外界事物的认识不断扩展，知道常见物品的名称和用途；希望自己的行为得到认同而不受限制和干涉。开始萌发自我意识，有时会表现出一种"抗拒行为"，开始进入心理发展的"第一反抗期"。对此，需要采用科学的教养方法进行培养，以促进儿童的身心健康发展。

（一）身体潜能开发

2~3岁儿童喜欢肢体活动，每天会不知疲倦的四处奔跑，看上去非常快乐和投入。对这个年龄段的儿童来说，每天进行必要的户外运动是非常重要的，前提是要保证安全。2~3岁儿童的大动作发展包括手臂、腿和身体肌肉的锻炼，诸如行走、跑、跳、扔、攀登、身体平衡等。大动作练习不仅可以掌握肢体运动的技巧，还会逐渐掌握方位关系，如上下、里外、远近等。2~3岁儿童的精细动作发展包括手和手指的动作控制，同时进一步发展手眼协调能力。具体包括尝试组装玩具、扣扣子、拉拉链、拼拼图、独立吃饭、握笔涂鸦等。

1. 大动作潜能开发

2岁到2岁半的儿童掌握了更多的动作技能。他们能双脚交替走楼梯，能后退、侧着走和奔跑，能用脚尖走路，能轻松地立定蹲下，会双脚交替着一步一级地上楼梯，会迈过低矮的障碍物，会手脚基本协调地进行攀爬，能双脚离地跳，会骑三轮车和其他大轮玩具车，能滚球、扔球，会举起手臂有方向地投掷，能从大约25厘米的高处跳下。

2岁半到3岁的儿童开始能双脚交替灵活地走楼梯，能双脚离地连续跳跃2~3次，能较好地控制平衡，走直线，跨越一条短的平衡木，单脚能站立5~10秒，能将球扔出2~3米远，能随口令做简单的操，会骑小三轮车。

（1）2~3岁儿童的大动作发展的主要训练项目

① 跑的动作

24个月时，儿童能连续跑5~6米；30个月时，儿童跑得较稳，动作较协调，起跑时手姿势正确，但不能保持到最后，半分钟能跑25~35米。36个月时，儿童跑步姿态基本正确，半分钟能跑35~40米。

② 跳的动作

24个月时，儿童开始学习跳，双脚能跳离地面，先是双脚原地跳，陆续学会双脚学小兔子向前跳，最多可连续跳10次。30个月时，能双脚连续向前跳1~2米。36个月时，双脚连续向前跳3~4米，原地跳10~20次，儿童还能从楼梯最末级台阶跳下来，并学会独脚跳。

③ 上下楼梯动作

24个月左右，儿童仍然前后脚同一台阶向上前进，不需要扶手，可以随时停下来，转身。30个月左右，儿童慢慢地能每阶一步地迈上楼梯，下楼梯时还得两脚同一级台阶下。等下到最下面一阶时，只要台阶不是很高，儿童都喜欢并拢双脚往下跳。36个月时，儿童上楼可以一步一个台阶，下楼两步一个台阶。

④ 攀登动作

24个月时，儿童能够独自上下77厘米高的攀登架，但动作不协调。30个月时，儿童手脚动作基本协调，能翻过高133厘米的攀登架。36个月时，儿童能先移动脚，后移动手，灵活地翻过高133厘米的攀登架。

表5-2　2~3岁儿童的大动作发展内容

月　龄	内　容	训 练 方 法
25~30个月	双脚交替独自上楼梯	楼梯上放玩具，成人先拉着儿童手练习→儿童自己拉住扶手练习
	能后退、侧着走和奔跑	选择开放、有柔软草坪的地方，将球抛出，追球跑或小伙伴追逐跑
	爬过障碍物	将几个大靠垫和枕头叠放在一起，或者准备一些大箱子，鼓励儿童爬过障碍物
	能双脚离地跳	将球放进一个枕套或包中，扎起来，用绳子掉在头顶15~20厘米高的地方，跳起来拍球
31~36个月	沿直线走	用宽胶带贴在地面上形成一条长的直线，示范走直线，鼓励儿童沿着直线走
	双脚离地连续跳跃2~3次	鼓励儿童模仿袋鼠的样子练习跳跃
	能跨越一条短的平衡木	将一块平坦比较宽的木板平放在柔软的草坪上，练习平衡能力

（2）2~3岁儿童的大动作游戏活动设计

在条件允许的情况下，室内、户外都应为2~3岁儿童开辟进行大动作锻炼的活动场地，地面上应有柔软的地毯、草坪、沙子等保护材料。同时，活动设备不应太高，也不能有危险因素存在。

游戏

① 25~30个月

游戏一：练习跑的游戏

【游戏名称】 天黑黑

【游戏时间】 5~8分钟，户外草地或平地皆可

【游戏方法】 教师带着小朋友以四散站立的方式表演闽南童谣《天黑黑》：一方面，教师将儿童带入游戏情景，用动作表现老爷爷拿着锄头要去干活的样子、表现奶奶和爷爷“争执”的样子，另一方面，儿童要活动全身肌肉，为运动做好准备。教师在转换环节用事先录制的“打雷声音”和“小雨声音”，提醒儿童：“要下雨啦，快跑呀！”儿童在教师引导下，绕着游戏场地逆向进行四散追逐跑，最后用缓慢乐段提醒儿童：“雨停了，我们出来游戏吧！”

【注意事项】 活动通过音乐和语言的引导，让儿童融入游戏中，在准备动作—跑的练习—放松三个环节中达到练习跑的目的。每次游戏时，要注意运动的节奏，循序渐进，并做好热身和放松环节。家庭中没有音乐没关系，只要在适宜的场地都可以开展，可以用言语进行引导，主要是调动儿童的积极性，以游戏的形式，达到锻炼目的。

游戏二：练习上下楼梯

【游戏名称】 我会数数

【游戏时间】 5~8分钟，在户外有楼梯的地方进行

【游戏方法】 将儿童带到楼梯上，以儿歌的形式带儿童练习上下楼梯，"一二一二"，边爬楼梯，边数数，达到一举两得的目的。教养者一开始可以拉着儿童的手练习，逐渐让儿童学着自己拉住扶手。这个过程需要足够的时间，不要去催促儿童。如果要儿童快速上下楼梯，可能会吓到他并让他摔倒。当儿童准备好后，放开手，让他用自己的速度上下楼梯。

【注意事项】 爬楼梯有困难的幼儿，则不需要数数，只要他扶着栏杆能独立上下楼梯即可。

② 31~36个月

游戏一：练习跳

【游戏名称】 小白兔跳跳跳

【游戏时间】 5~8分钟，户外室内皆可

【游戏方法】 组织者以"兔妈妈"的角色，儿童以"小白兔"的角色进入游戏情景中。组织者引导儿童将双手放在头顶竖起来当作兔子的耳朵，也可以放在胸前当作兔子的爪子，还可以放在屁股后面当作尾巴，通过各种动作表现兔子的可爱。组织者边念儿歌边鼓励儿童双脚离地跳起来："小白兔，白又白，两只耳朵竖起来，爱吃萝卜和青菜，蹦蹦跳跳真可爱！"组织者可以根据场地特点进行引导："小白兔，快到这里来吃青草吧。"于是，儿童在组织者的引导下，可以从一块场地跳到另一块场地，达到练习跳的目的。

【注意事项】 活动前要做好准备运动，可以说："今天天气真好，兔妈妈要带你们到草地上去玩！"然后做准备运动："太阳咪咪笑，小兔们起得早，一二一二来锻炼，来锻炼……"让儿童在自然的环境中融入游戏情景，轻松开展跳的练习。

游戏二：练习跨越障碍

【游戏时间】 5~8分钟，户外

【游戏名称】 小马过河

【游戏方法】 组织者以"马妈妈"的身份，交代扮演"小马"的儿童进行游戏任务："小马们，你们长大啦，能帮妈妈做点事情吗？请你们帮忙妈妈到磨坊里，把空的米袋拿回来给妈妈，好吗？"在交代游戏目的之后，组织者要继续介绍游戏规则："磨坊比较远，要经过一条河、爬过一座山、走过大草坪才会到，小马们一定要注意安全。"然后在儿童要经过的地方，事先设置好低矮的障碍物，以儿童能轻松跨越为宜，并进行动作的示范，然后引导儿童随意地按一定的方向开始练习跨越障碍的游戏，达到运动目的。

【注意事项】 障碍物高度适当，宽度也要考虑，以儿童能轻松跨越为宜，如废旧的自行车轮胎、汽车轮胎等。要注意安全，家长在户外有现成的障碍也可以引导儿童随机进行跨越的练习，主要是要激发儿童的积极性，鼓励儿童大胆尝试。

2. 精细动作潜能开发

2岁到2岁半的儿童能用积木搭桥、火车等简单的物体，会转动把手开门，旋开瓶盖取物，会用手指一页一页地翻书本，会临摹画直线、水平线和交叉线，尝试用剪刀剪东西，会自己洗手、擦脸。2岁半到3岁的儿童，会用积木或积塑拼插成较形象的物体，叠9~10块积木，会用剪刀剪一下东西，会折纸。总之，2~3岁的儿童开始学习自己洗手、系扣子、用筷子吃饭等更加复杂的精细动作，教养者应多给予儿童练习的机会，促进其

精细动作潜能的发展。

（1）2~3岁精细动作发展的主要训练项目

① 握笔涂鸦动作

24个月左右，儿童能用拇指跟其他手指拿笔，不像以前那样大把抓握，握笔姿势比较成熟；能模仿画直线和圆圈。27个月以后，逐步或模仿画竖、画圆、画十字等。36个月时，懂得用左手扶纸，模仿画气球、栏杆等，姿势较正确。

② 折叠动作

24个月时，儿童能将一张纸折成两折或三折，但不成规则形状。30个月时，儿童能将纸张折叠成方块，边角基本整齐。36个月时，儿童能将纸折成正方形、长方形、三角形，边角整齐。

表5–3　2~3岁儿童的精细动作发展内容

月　龄	内　容	训 练 方 法
25~30个月	拇食指配合，练习剥、包、拧	将橡皮泥事先包好做成“糖果”，练习包糖果、剥糖果、拧纸等动作
	拧开瓶盖取物	示范双手配合拧瓶盖取出里面物体，鼓励儿童自己练习拧的动作
	模仿画直线	示范用画笔在纸上画直线，鼓励儿童自己模仿练习
	折纸	随意折→比照印痕折→自己折纸
31~36个月	拼摆图形	将一幅图片剪成5~6块，示范拼成完整图片，鼓励儿童自己拼
	穿珠子	提供塑料绳子、木珠或扣子，练习穿珠
	捏橡皮泥	准备无毒卫生的橡皮泥原材料，鼓励儿童随意操作，如抓握、搓长、团圆、压扁等动作

（2）2~3岁精细动作游戏活动设计

手是儿童感知外界事物的一个非常重要的感觉器官。2~3岁儿童的心智发展与生活自理能力，也来源于手部精细动作的探索与实践。通过训练手部精细动作和手眼协调能力，可以促进儿童中枢神经系统的发育。因此，教养者要针对2~3岁这一年龄段的特点，主要围绕手部动作进行完善训练。

游戏

① 25~30个月

游戏一：练习涂鸦能力

【游戏名称】 呲呲一下，蚊子死光光

【游戏时间】 8~12分钟

【游戏方法】 给儿童准备一张A4大小的纸张，上面画有大小不一的简笔蚊子底图，每人一盒油画棒，根据自己喜好，对着蚊子进行涂鸦，边涂鸦，边说：“我是灭蚊器，呲呲一下，蚊子死光光。”要求儿童能把蚊子覆盖住，就算蚊子死了，儿童当小小灭蚊专家，在开心的游戏中，动手快乐练习涂鸦能力，效果很好。

【注意事项】 活动前，除了准备好必需品，还要最大限度地利用蚊子让人很讨厌，我们要消灭它，编排一个有趣的故事，激发儿童的动手欲望，达到主动学习的目的。

游戏二：练习拼搭能力

【游戏名称】 盖高楼

【游戏时间】8~12分钟
【游戏方法】教养者准备足够数量的积木或积塑，让儿童按照自己意愿进行盖高楼的游戏，练习拼搭能力和手的控制力。教养者与儿童一起：“看，这里有这么多材料，我们一起盖高楼吧！”然后引导儿童大胆动手进行搭建，搭建完，引导幼儿观察高楼有几层？自己想住在哪一层？爸爸妈妈又住在哪里等。
【注意事项】一定要按照儿童自己的意愿进行游戏。

② 31~36个月

游戏一：练习摁扣能力

【游戏名称】摘果果
【游戏时间】5~8分钟
【游戏方法】教养者准备好暗扣、魔术贴，贴在用布自制的各种水果，自制的果园丰收背景图，这些都是用布来做的。背景是远山，近景是一棵棵果树，然后我们在果实的背面和果树的正面都贴一些魔术贴和暗扣，让儿童在采摘和放回去的过程中练习摁扣能力。
【注意事项】如果针线活不好，这个就不一定用布来自制，也可以用有摁扣功能的积塑，利用已有的学习卡，进行拼搭和摁扣能力的练习。

游戏二：练习穿珠能力

【游戏名称】好饿的毛毛虫
【游戏时间】5~8分钟
【游戏方法】组织者出示穿绳，告诉儿童，这是一条好饿的毛毛虫，它想吃各种各样的东西，然后组织者穿一个珠珠，表示毛毛虫吃一个食物，引导儿童说出穿的是什么物品。可以根据珠子的颜色进行想象力的引导，如红的是草莓，黄的是橘子等，增强穿珠子的趣味性。穿好之后，引导儿童说：“我的毛毛虫吃饱啦。”然后进行分享，可以反复尝试穿珠珠的游戏，也可以引导儿童给芭比娃娃穿项链等游戏情景，主要是激发儿童的兴趣，引导儿童专注地穿。
【注意事项】组织者事先准备好各种水果形状的木珠（可以用不同形状或颜色的木珠或塑料珠代替，大小适宜，以1厘米大小为宜，不宜太小），用来穿珠子的软绳，绳子不宜太细，尾巴打结，开头穿的部分用透明胶缠绕几圈，起到固定使穿绳硬挺好穿的目的（能力强的可以用软的头穿珠珠）。家庭里，可以用大小不一的纽扣替代珠子。

（二）认知能力潜能开发

适合2~3岁儿童的认知能力活动，包括让他们探索户内外的自然物品，学会观察日常生活中的事物，短距离的户外散步，用沙土和水来玩耍，寻找并认识动物和植物。儿童还可以通过照顾植物和小宠物，以及收集相关物品来增强认知活动乐趣。

1. 2~3岁儿童认知能力发展的主要训练项目

（1）25~30个月

整体看，24~30个月大的儿童具备以下认知能力：记得东西放在哪里；在成人演示下，搭垒3~6块积木，连接2~4节玩具火车；能按照正确顺序垒几块积木、堆积圆圈；知道常用物品的用途；按要求将熟悉物品与声音或图片匹配；别人问及，能分辨“大小”“多少”“上下”；成人示范，能画好圆形、三角形、方形；认识常见的物体，能用积木搭建桥、火车，会折长方形。

具体训练项目举例如下：感觉能力方面，对于2~3岁儿童，运用视听嗅味触五种感觉器官是一个自然习得的过程，他们能通过感觉从外界环境中学习许多知识和能力。知觉能力方面，如形状知觉，2~3岁儿童能认识简单的几何图形，此阶段儿童可以用配对的方法匹配圆形、正方形、长方形、三角形图板；再如大小知觉，2~3岁是儿童辨别平面几何图形大小能力快速发展的阶段。儿童首先学会辨别的是同样形状的两个圆形、正方形和等边三角形的大小，然后才会辨别两个同样形状的椭圆、长方形、菱形、五角形的大小。思维能力方面，2岁到2岁半儿童的思维，更多依赖于直观和动作。

（2）31~36个月

整体看，31~36个月大的儿童具备以下认知能力：在成人示范下，儿童能对简单的颜色和形状进行分类；有人问及，儿童能正确回答哪种颜色是红的，哪种是黄的，哪种是蓝的；知道身体各个部位的用途；尝试模仿别人数数；当别人说出一个物体用途时，能说出这个物体的名称；按要求会指认图片中的六个身体部位；知道“两个”是多少，能用手比划表示年龄；记得自己的东西放在哪里。

具体训练项目举例如下：大小知觉方面，3岁儿童喜欢把小盒子放进大盒子，玩大套小的游戏；思维能力方面，2岁半到3岁，是儿童从直观行动思维向具体形象思维转化的关键年龄段；形状、大小和颜色方面，教养者应让形状、大小和颜色成为2~3岁儿童日常活动的主题。

表5-4　2~3岁儿童的认知能力发展内容

月　龄	内　容	训 练 方 法
25~30个月	认识大小	呈现大小不同，颜色、形状相同的积木、杯子或球，引导儿童认识大与小，要求儿童拿出大的球、小的杯子等进行练习
	认识长短	出示长短不同的物体，引导儿童认识“长”与“短”
	感知数、量、形及其关系	数一数：数一数见到的任何物体 比一比：比一比多与少、大与小 说一说：说出物体是什么形状
31~36个月	能认识和区别常见的颜色和形状	成人示范、引导儿童认识红色、黄色、蓝色，匹配圆形、三角形和长方形
	尝试分类	引导儿童运用学到的词汇对日常生活物品进行分类，如“吃的”“用的”“玩的”等
	知道数字代表数量	认识5以内的相邻数；建立初步的集合概念，如大于、小于和等于

2. 2~3岁儿童认知能力的游戏活动设计

通过对日常生活中的，儿童经常接触的物品进行比较，引导儿童探索事物之间的简单关系。还可以通过快乐涂鸦发展儿童的想象力，在反复说唱中，让儿童感受旋律，发展儿童的音乐表现力。结合生活中的实物学习数数，培养儿童对数的感受能力。

游戏

（1）25~30个月

游戏一：搭垒积木

【游戏名称】 动物宝宝的家

【游戏时间】 8~10分钟

【游戏方法】 组织者准备好各种积木，放在小篮子里。与儿童面对面坐着，然后取出各种毛绒或者塑料小动物，激发儿童给动物宝宝盖房子的兴趣。组织者取出篮子里的积木，引导儿童观察，用儿歌把方法传递给儿童：“小小积木真神奇，一块一块搭起来，轻轻放、对对齐、连连好，我的新家盖好啦！”盖好后引导儿童观察，有几层？要给哪个小动物住？鼓励儿童自己动手盖高楼，搭垒积木。

【注意事项】 要尊重儿童的意愿，尽量让儿童自己动手搭垒积木进行盖高楼的游戏，及时鼓励儿童，大胆，不怕失败，体验成功的快乐，增强儿童的自信心。

游戏二：感知数字

【游戏名称】快乐的生日分享会

【游戏时间】8~10分钟

【游戏方法】组织者以“今天要给小熊过生日”为由，激发儿童的兴趣。小动物给小熊送来了各种礼物，可以看看有哪些礼物，每个礼物有多少个，引导儿童感知数字。接着小熊要请来的客人吃饭啦，给小兔吃胡萝卜，给小猫吃鱼，给小狗吃肉骨头等，到底吃几个，请根据数卡要求，进行分配。全部分好后，一起唱生日歌，感受快乐的氛围。

【注意事项】数卡可以根据儿童的能力设置，能力较弱的可以家长帮忙引导。组织者要引导儿童正确的点数，感知数字的意义。

(2)31~36个月

游戏一：匹配形状

【游戏名称】图形宝宝找家

【游戏时间】5~8分钟

【游戏方法】教养者以带儿童到“图形王国玩”为由，让儿童用镶嵌的形式，给各种常见的图形如三角形、圆形、正方形、长方形等图形进行匹配，可以用引导语：“瞧，这些贪玩的图形宝宝都找不到家了，请你帮帮它们好吗？”激发儿童的兴趣。成功匹配一个就闯关成功一回，得一个贴纸，最后闯关成功，到达图形王国，大家一起玩游戏进行庆祝，分享成功后的喜悦。

【注意事项】如果没有办法实现镶嵌材料的准备，可以用黑色阴影和实际图形覆盖的方式进行匹配，效果也不错。

游戏二：识别身体部位

【游戏名称】碰一碰

【游戏时间】5~10分钟

【游戏方法】儿童在组织者的带领下，到户外场地四散站好，先玩“指器官”游戏，儿童根据组织者的指令，完成指器官任务，达到认识器官名称的目的。如：“鼻子鼻子眼睛”，最后一个指令是眼睛，儿童就要将手指放在眼睛上，“鼻子鼻子耳朵”，最后一个指令是耳朵，儿童就要将手指放在耳朵上。待儿童熟悉身体各器官、各部位名称之后，组织者请儿童边唱歌曲边玩游戏《碰一碰》：“找一个朋友碰一碰，碰哪里？小手碰小手！（膝盖碰膝盖……）”游戏可根据实际情况进行反复玩耍。

【注意事项】这个游戏刚开始是用手指器官，后面是要求两个小朋友进行碰身体部位的游戏，如果没有办法两个小朋友一起玩，可以降低难度，儿童跟组织者或教养者一起玩。

（三）语言能力潜能开发

1. 2~3岁儿童语言能力发展的主要训练项目

2~3岁儿童处在语言发展的敏感期。各种心理带有明显的直觉行动性，学习语言的效率是一生中的极点。教养者要多创设学习环境，通过具备动作性与形象性的学习活动过程，来提高儿童学习语言的兴趣。

（1）25~30个月

25~30个月的儿童不再咿呀学语，而是表达清晰，会用日常生活中的一些常用形容词，开始用“你”等代名词，会说完整的短句和简单的复合句，会念简单的儿歌，能区分书中的图画和文字，愿意独自看简单的图画书。

2岁以后，大人不能再用简短的语句来教儿童说话，要用完整标准的语句来教儿童正确说话，如见到汽车后，不能再对儿童只说“汽车”两字，要告诉他“这是一辆红色的汽车，那是一辆绿色的小轿车”等。教养者平时通过给儿童讲故事，朗读儿歌，看图说话来丰富儿童的词汇，帮助儿童练习说话。这时期儿童的语言还不能脱离环境和活动，因此，发展儿童的语言能力还要注意丰富儿童的生活，让儿童广泛接触周围的人和事，在和人的交往说话中，发展和丰富语言。

（2）31~36个月

31~36个月的儿童能回答简单问题，喜欢问“这是什么？那是什么？”等问句，词汇量增多，能说出物体及其图片的名称，理解简单故事的主要情节，知道一些礼貌用语，并知道何时使用这些礼貌用语，会“念”熟悉的图画书给自己或家人听，能说出5个字以上的复杂句子。

2岁半以后儿童的语言能力发展迅速，接受能力也强。家长在教时，不能再只限于教儿童说物体的名称，而是要教会儿童物体的作用，对物体外部特点的描述，例如大小、颜色、形状、轻重等，扩展他对物体的理解。利用提问题的形式，鼓励儿童多说话，表达自己的感受、对物体的形容。平时利用讲故事，看图书，背儿歌的形式，让儿童学会说完整的句子，帮助儿童逐渐积累词汇量，学习使用词汇，学会对事物的描述以及表达自己的体验。

表5-5　2~3岁儿童的语言能力发展内容

月　龄	内　容	训 练 方 法
25~30个月	简单句练习	成人指某物问：“这是什么？”让儿童回答
	开始用“你”等代名词	观察并鼓励儿童说话时使用“你、我、他”等代词
	会念简单的儿歌	朗朗上口的儿歌，通过重复的节拍、生动的语言再配合一些夸张的动作以吸引儿童进行练习
	会说完整的短句和简单的复合句	成人根据情境讲一句复合话，包含6个字以上，让儿童重复模仿
31~36个月	能回答简单问题，会问“这（那）是什么”等问句	创设情境，引导并鼓励儿童提问题或回答问题
	能说出物体及其图片的名称	鼓励儿童说出5个字以上的复杂句子
	礼貌用语练习	家长树立良好榜样，多在平时教儿童使用礼貌用语，如“你好”“谢谢”“不客气”等
	理解故事，会“念”熟悉的图画书给自己或家人听	借助图画书如《婴儿画报》，和儿童一起看图书、讲故事，就故事情节提问题，并引导儿童为别人讲故事

2. 2~3岁语言能力游戏设计

2~3岁是儿童的词语快速增长期，也是口语发展的关键时期，教养者须为儿童创设良好的语言环境，多给儿童提供一些使用所学词语的机会。倾听、谈话、提问、适时添加扩充儿童说话内容，这些方法都会很好帮助儿童掌握会话能力。此外，教养者还需要充分利用书籍、图片和日常生活的其他材料帮助2~3岁儿童学习新词语并表达思想。在每一项活动中，教养者必须帮助儿童说出所看到的、听到的、想到的和感觉到的信息。

游戏

（1）25~30个月

游戏一：扩大词汇量

【游戏名称】 捉迷藏

【游戏时间】 5~10分钟，户外场地

【游戏方法】 事先收集一些毛绒小动物玩具，然后藏在户外场地的各个地方，如滑滑梯上面、大树背后等地方。游戏开始时，组织者以“带动物宝宝去郊游”为由，组织儿童结合场景，丰富词汇；然后以“跟小动物捉迷藏”为由，让儿童去找小动物，找到之后告诉组织者，他在什么

地方找到的。这样来发展儿童的口语表达能力，同时扩大词汇量。

【注意事项】儿童如果说不出来，组织者可以引导儿童进行观察并解答。也可以在室内，利用有情景的挂图，让儿童在情景中直观地学习各种词汇，也可以通过儿歌、故事、童话剧等形式接触到丰富的词汇。

游戏二：理解语言能力

【游戏名称】我说你做嘿嘿嘿

【游戏时间】5~8 分钟

【游戏方法】组织者与儿童两人一组进行游戏，引导儿童学习执行成人简单的语言指令，如“我说你做嘿嘿嘿，赶紧去喝水！”“我说你做嘿嘿嘿，赶紧去拿书”。在互动中，提高儿童的理解语言能力。

【注意事项】可在游戏中互换角色进行指令性游戏，有简单的动作和道具辅助游戏的开展。

(2)31~36个月

游戏一：口语表达能力

【游戏名称】拍手游戏

【游戏时间】3~5 分钟

【游戏方法】组织者与儿童一起盘腿面对面坐着，然后进行拍手游戏，边念儿歌边进行拍手：“你拍一，我拍一，一个孩子坐飞机，你拍二，我拍二，两个孩子肚子饿，你拍三，我拍三，三个孩子爬高山……”

【注意事项】儿歌、童谣可以激发、鼓励儿童大胆进行口语表达能力的培养，但是不一定是在室外或室内，可以带到周边去，边观察边进行引导，也可以创设角色游戏情景，引导儿童在交往的过程中培养口语表达能力的发展。

游戏二：早期阅读能力

【游戏名称】亲子阅读

【游戏时间】5~10 分钟

【游戏方法】首先选择合适的读物，在适宜的地方开展阅读。一般 2~3 岁的读物分为图片和图书两大类。图片要颜色鲜艳，线条和形状清楚，主题选择儿童比较熟悉的生活中的事物或自然科学，激发幼儿兴趣。

【注意事项】要合理安排好合适的阅读时间，每天 2~3 次，每次 5~10 分钟，在儿童精神饱满的前提下进行阅读。

（四）人格潜能开发

儿童人格潜能的发展，要求教养者应与儿童建立亲密的情感联结，为其安排好生活作息，养成良好的生活习惯，注重早期教养，使儿童感受到积极的情绪、愉快的情感和对人友好的态度。

1. 2~3 岁儿童人格潜能发展的主要训练项目

2~3 岁的儿童处在依恋发展的重要时期，是自我意识产生的时期，是情绪和情感社会化的阶段。他能表达自己的情绪，会用快乐、生气等词谈论自己和他人的情绪。这个阶段的儿童的自信心开始萌发，对成功表现出积极情感，对失败表现出消极情感。儿童有一定的自我服务能力，会整理玩具，能自己上床睡觉。开始有性别意识，知道自己的性别及性别的差异，开始学习跟自己性别吻合的行为。2~3 岁儿童开始出现亲社会行为，在成人的引导下能与小朋友分享玩具。

（1）情绪和情感的发展

27~28个月的儿童开始有了比较复杂的情绪体验，喜欢同亲密的人交往，同时产生了一些不良情绪和情感，如嫉妒、无缘无故发脾气等。这个时期儿童的情绪和情感不稳定，一会儿哭、一会儿笑。31~32个月，儿童对别人情绪的认知与理解能力有了较大提高，逐渐学会用更多的词语表达自己的情绪，如高兴、害怕、难受、喜欢、讨厌等。33~34个月，儿童能理解并初步体会别人的情绪，移情能力开始发展。3岁左右，随着语言能力的发展，儿童已经能用口语表达的方式使用各种策略来调控自己的情绪，比如和小伙伴发生争执时，儿童会说"我不喜欢你""讨厌你"之类的话。

（2）自我意识与交往行为的发展

27~28个月，儿童的意识继续发展，不再那么顺从大人了，学会了赞成与反对。有时候儿童表现得很急躁，有时又很贴心。独立性迅速发展，突出表现为模仿，喜欢模仿自己感兴趣的人和事。自主意识不断增强，渴望独立活动，对环境充满积极探索的兴趣。33~34个月，在自我概念、自我评价发展基础上，儿童自尊也开始发展起来。总之，2~3岁的儿童，其自我意识发展到自我中心阶段，一个比较明显的特点是随着自我意识的发展不再像以前那样"听话"了，显得比较"独立"，喜欢说"不"。

29~30个月的儿童开始出现社会性行为，学会慢慢理解父母的立场和想法，与小伙伴相处，慢慢懂得让步和忍耐。33~34个月，儿童依赖行为和执拗行为交替出现。

（3）社会适应行为的发展

29~30个月，儿童可以自己吃饭了，用杯子喝水不会把水洒出来，能离开父母半小时到1小时。31~32个月，随着动作技能、认知水平和自我意识等方面的不断发展，儿童这时期能够完成一些基本的自我服务，如能自己穿衣服、自己学着用筷子吃饭等。在大小便控制能力方面，24~30个月的儿童，上厕所时能够自己脱下裤子，36个月时，大约有75%的儿童夜里不再尿床。

表5-6　2~3岁儿童的人格潜能发展内容

月　龄	内　容	训 练 方 法
25~30个月	喜欢参与同伴的活动	走出家门，鼓励儿童多和小伙伴交往
	开始能表达自己的情绪	观察儿童情绪，引导他学会在适当场合用声音表达喜怒哀乐等情绪
	生活自理能力练习	练习独立吃饭、梳头洗脸刷牙等能力
	练习做家务	鼓励儿童做一些力所能及的家务，如擦桌子、收拾玩具、摆放鞋子等
31~36个月	调节情绪，减少发脾气时间	引导儿童在排队时要学会耐心等待
	用词谈论自己和他人的情绪	用"快乐、高兴、害怕、难受、喜欢、讨厌"等词汇，表达自己的情绪
	会穿脱衣服	鼓励儿童自己穿脱衣服和鞋袜
	学会分享	鼓励儿童把食物、玩具等同其他小朋友分享

2. 2~3岁儿童人格潜能的游戏活动设计

教养者在这一阶段要积极回应儿童的信号，与儿童建立安全性依恋，让儿童在学习辨别和理解别人的情绪过程中，合理表达自己的情绪。鼓励和赞赏儿童，帮助儿童建立自信心，提供自我服务的机会，初步培养儿童的生活自理能力。创造机会与同伴交往，培养儿童的交往能力，抓住契机，培养儿童关爱、分享等亲社会行为。认识自己和别人，培养儿童与性别相吻合的行为，同时引导儿童了解简单的社会规则，培养儿童良好的规则意识，养成遵守规则的良好行为习惯。

游戏

(1)25~30个月

游戏一：识别和表达情绪能力

【游戏名称】扮鬼脸

【游戏时间】3~5分钟

【游戏方法】在儿童情绪愉快的状态下，和儿童进行一对一的“扮鬼脸”的表情游戏。引导儿童学会在日常生活中觉察并辨别人的面部表情，理解不同表情所代表的情绪。

【注意事项】允许儿童通过唱歌、表演、涂画来表达自己高兴的情绪，通过哭来表达自己不高兴的情绪。要求儿童正确表达自己的情绪，不要随便发泄自己的负面情绪。

游戏二：建立自信心

【游戏名称】你真棒

【游戏时间】5~10分钟

【游戏方法】组织者经常让儿童从事搭积木、涂鸦、串珠珠、唱歌等各种活动，提出合理要求，及时用竖大拇指等动作和“你真棒”“画得真好”等语言进行表扬和鼓励。

【注意事项】千万不要当着他人的面将儿童与其他小朋友做比较，更不能因为儿童某方面“赶不上”其他小朋友而批评嘲笑他。

(2)31~36个月

游戏一：互动和交往能力

【游戏名称】找朋友

【游戏时间】5~8分钟

【游戏方法】组织者引导儿童向其他小朋友发出交往信号，如微笑、请求、邀请等，从而尝试练习社会交往技能和策略。游戏以《找朋友》形式开展，当小朋友不接受时，要用“好吧，那下次我们再一起玩”来表达对小朋友的理解，不能打小朋友。

【注意事项】交往是双方的，要观察同伴的社会行为，同时也要观察同伴的语言和行为，学习良好的社会交往能力。

游戏二：与自己性别相吻合的行为

【游戏名称】照镜子

【游戏时间】5~8分钟

【游戏方法】在日常生活中告诉儿童男孩女孩的不同外部特征，知道自己是男孩或者是女孩，知道男孩女孩的不同服饰、发型。提供相应的服饰，道具，如男孩的解放军帽子，女孩的花篮等，培养儿童的性别意识。

【注意事项】可以用不同性别的布娃娃让儿童学习给娃娃打扮。

育儿宝典

巧妙控制儿童过度吃零食

2~3岁的儿童普遍喜欢吃零食，零食也是一种辅助正餐的进食方式。很多妈妈不敢给儿童吃零食，是因为孩子一吃起零食就没完没了，零食吃多了，也就不好好吃正餐了。究竟在吃零食方面，如何把握好一个度呢？

原则1：不要让零食喧宾夺主

许多儿童零食不离口，走路时吃、做作业时吃、看电视时吃、聊天时还吃。这样吃零食不仅影响了正餐，甚至还以零食代替了正餐。儿童如果整天吃零食不离口，会使胃液分泌失调，消化功能紊乱，食欲不振，对正餐不感兴趣。而且即使是营养再丰富的零食，含有的营养素也不全面，如果儿童因为吃零食过多而不想再吃正餐，必需的营养素将得不到保证，甚至会导致儿童营养不良。

原则2：合理安排吃零食的时间

吃零食的时间安排在两餐之间，如上午九十点钟和下午三四点钟，离正餐时间已有2个多小时。由于儿童代谢较成人快，此时，他们可能会出现轻微的饥饿感。如果能够让他们适量地吃些零食，就会起到防止饥饿和增加营养的作用，也不会出现影响正餐进食的情况。

原则3：选择有营养的食品

新鲜的、天然的食品才是最好的。要选择富有营养的食品作为零食，如奶类、果蔬类，坚果类，这些食品既好吃，对儿童来说又有营养。因此，不要只凭个人的口味与喜好，营养价值和是否有利于健康才是要首先考虑的。

原则4：不能将零食作为奖励品

父母或长辈不要将零食作为奖励、惩罚、安慰或讨好孩子的手段，让孩子养成以吃零食作为“交换条件”的坏习性。长此以往，孩子会形成一种错觉，以为奖励的东西都是好东西，无形之中在心理上产生一种认知感，这些食物是应该吃的，而且很好吃。

家长沙龙

应对儿童第一心理反抗期，专家支招

2岁儿童的自我意识开始萌发，“我”字当头，总想尝试反抗大人权威，表现为和教养者对着干，这是儿童心理发展上的第一反抗期。当然，每个儿童的表现都不同，有的儿童表现得比较激烈，有的则表现得比较温和。如何应对儿童的第一心理反抗期，帮助儿童顺利渡过这一特殊阶段呢？专家提出以下几点建议。

首先，教会儿童一些基本技能。孩子老做不好一件事，心里着急，就容易发脾气。你可以教他怎么做。比如，积木老是滑下来，可以教他怎样取得平衡；投球老投不准，接球又接不住，可以教他投掷，接应时，手的放和收的技能等。

其次，拒绝的同时适当给予安慰。孩子提出的要求，能满足的就尽量满足。比如夏天他想吃冰淇淋，你就让他吃一个，但冬天冷，他想吃就不能给。成人认为冬天吃冰淇淋是无理的要求，但孩子却认为冬夏吃冰淇淋是一样的，没有无理和合理的区分，因此成人要教他区分。比如，当他提出无理要求时，可以用眼神，手势、简单否定等方式让他懂得，这个要求妈妈不同意。不过，在拒绝他

这个要求的同时，要给他合理的东西满足他。比如，冬天不让他吃冰淇淋，但可以给他一块小蛋糕。只是拒绝，没有给予，较难达到教育目的。

最后，不要指望儿童能反思自己的行为。儿童发脾气时你完全置之不理，想用无声让他懂得"错了"，这对2~3岁的儿童来说不合适。你事先告诉他不能发火，否则就不让他玩玩具或者要把玩具送人，这个方法也不会起作用。因为2~3岁的儿童还不懂得"否则"是什么意思，还不会对比地想问题：发火会导致没有玩具玩，不发火就有玩具玩。因此，教养者还是要进行正面教育。

【反思与实践】

1. 2~3 岁儿童的教养理念是什么？
2. 结合实际谈谈如何培养 2~3 岁儿童良好的饮食习惯？
3. 2~3 岁儿童常见的疾病有哪些？如何预防？
4. 2~3 岁儿童常见的意外事故有哪些？如何处理？
5. 自定月龄，从大动作、精细动作、语言、认知和人格潜能诸方面，任选其中两个领域，设计一套完整的亲子活动方案。包括游戏名称、适宜月龄、游戏时间、游戏次数、游戏方法、注意事项。注意游戏不能存在明显安全隐患，同时适合年龄的范围不能超过3个月（包括3个月）。

第六章

早期教养机构的家长指导

“早期教养机构”是指学前教育机构，包括托儿所、亲子园、早教中心等。目前的早教机构分为两类：一类是公立性质的早期教养机构，如招收0~3岁儿童的全日制托儿所、附设于幼儿园内的亲子园或者内部的托班或小小班；另一类则是非全日制早教机构，由家长带着孩子来接受早教服务，这类早教机构有单独开设的，也有集团连锁的。本书中的早期教养机构没有特别限定公立或私立机构，重点指向所有面向0~3岁散居儿童为主，对其家长及看护人员提供科学育儿指导、咨询，并提供儿童教养活动场所的机构，是普及学前教育的重要服务形式，其目的是提高科学育儿的水平，促进儿童身心和谐发展。①

随着0~3岁早教工作的深入推进，各类早期教养机构的功能定位经历了从专门针对0~3岁儿童开展“早教”到面向家长提供“早期教养指导”的认识转变。须知，0~3岁儿童的教育主要在家庭中实施，家长才是早期教养中的核心因素，承担早期教养的主要场所仍然是家庭，首要和主要责任人是家长。“只有通过对家长的科学育儿指导，提高家庭教养质量，才能有效促进0~3岁儿童的发展。”这已经成为早教工作者的一种共识。因此，早期教养机构应该承担起指导家长的重任，通过多种形式向家长提供早教指导。本章中的家长内涵并不仅仅限于家庭中的爸爸和妈妈双方，它涵盖了在儿童生活中具有重要影响力的其他人。

第一节 早期教养机构中指导家长的内容

案例导入

0~3岁儿童最重要的生活场所是家庭，教养者的观念、态度、方法以及家庭环境都将直接影响儿童未来的发展水平。早期教养机构应建立完善的0~3岁儿童科学教养指导体系，采取多种指导形式，开展灵活多样、内容丰富的早教指导活动，以普及科学育儿知识，提高0~3岁儿童的家长及其他看护人员的科学育儿水平，有效促进儿童的全面发展，为提高儿童综合素质奠定良好的基础。具体来讲，早教机构指导家长的内容主要包括什么呢？正如两位早教机构教师所言：“教师应指导家长注意增进

① 上海市教育局、卫生局、民政局.上海市民办早期教养服务机构管理规定，2006.

亲子之间的关系，比如家长对一岁之前的宝宝，多给他做一些抚触按摩操，或者妈妈拿着宝宝的小手做一些小游戏，我们也会写这样的一些游戏方案交给家长"；"教师指导最重要的是应该帮助家长将机构中学习和领悟的一些知识延伸到家庭中去，比如家长会把机构中的光盘或课堂中播放的音乐刻制出来，带回家里。宝宝在家的时候，家长要主动播放这些音乐，孩子一听到这个音乐，他就会小手叉腰，走线了，就能养成动和静互换的习惯。"

0~3岁儿童早期教养机构的一项重要任务是通过指导家长来提高家庭教育的总体水平，进而通过家长来指导儿童的发展。通过不同形式为家长提供不同内容的早期教养指导，实施按月龄分期进行的阶段性亲子活动方案，将儿童教养与家长指导并举。

早期教养是一种直接针对0~3岁儿童开展的教与养的活动，以0~3岁儿童为直接指导对象，以其身心发展的各个方面为选择内容和指导依据，以是否促进儿童发展与否作为设计目标和评价标准，关注的是0~3岁儿童个体的发展；而早期教养指导不同，它是由接受过专业培训，同时又具有丰富经验的教师，面向家长开展的如何进行早期教养的指导活动，以提高家长科学教养儿童的能力，转变家长错误的教养理念，掌握必备的教养知识，实践正确的教养技能，从而更有效地促进儿童的长期发展。

一、掌握科学的0~3岁儿童教养理念

早期教养机构不是幼儿园向学前年龄段的简单延伸，它与3~6岁学前教育机构有所不同，首先表现为教养理念的不同。《上海市0~3岁婴幼儿教养方案》中对教养理念阐述为："亲爱儿童，满足需求；以养为主，教养融合；关注发育，顺应发展；因人而异，开启潜能。"

当教育研究指向0~3岁儿童这一特定年龄段时，就有必要根据研究所依据的理念，以"早期关心"取代"早期教育"。"关"即"关爱"，它反映在对婴幼儿的照料中，以一颗爱心来照料婴幼儿的健康和生活，包括营养、发育、卫生、保健等方方面面；"心"即"留心"，它表现为对婴幼儿成长轨迹的注意和重视，以一种耐心去观察婴幼儿的行为和需要，包括动作、语言、感觉、情绪等方方面面。[①]0~3岁儿童教养，教养者要淡化教育的痕迹，突破传统意义上的"教育目的"的狭隘范畴。

（一）杜绝功利化，把幸福童年还给孩子

随着社会的发展，家长们普遍意识到早期教育的重要性，也认识到出生后的头三年时间是儿童大脑发育和个性形成的敏感期，在敏感期内为儿童提供适应的教养，能收到事半功倍的效果，也有助于儿童有一个较好的人生开端。重视的同时，众多教师和家长们可能又走向了另一个极端——千方百计提早提前让孩子学习各种"才艺"，以防孩子输在起跑线上。一些早期教养机构为迎合家长这种需求，开设了各种兴趣班、特长班和才艺班等。原本鼓励儿童参加一些自己感兴趣的活动课是可取的，但诸如此类兴趣班的内容只是让儿童提前学习某些识记知识。家长为了满足自己的虚荣心和攀比心理，一味将关注点放在让儿童认识多少字、做多少算术题、背多少英文单词等。如此功利化的做法违背了儿童认知和身心发展规律，既不利于儿童的健康成长，又掠夺了儿童无忧无虑的幸福童年。

改变这种功利化和小学化的学习方式，还给儿童一个幸福快乐的童年，成为一件刻不容缓的事情。教师和家长应该认识到，早期教育的根本目的是对儿童的身体、语言、认知、人格等潜能的开发，是为了让儿童拥有幸福的人生打基础。0~3岁的童年时光，"成长指数"与"幸福指数"缺一不可。为提高儿童的童年幸福指数，教养者一定要讲究科学的教养方法。对此，可以借鉴维果斯基的"最近发展区"理论：先找到每一个孩子现有的发展水平或最佳起点，在符合孩子身心发展的最佳阈限内，设置一个"跳一跳"能够达到的目标，顺应孩子自身的发展规律和学习特点，提供科学适宜的教养方法。这就要求我们掌握科学的教养观，既不能"急功近利、拔苗助长"；亦不能"拖延滞后、压苗阻长"。

---

① 华爱华．"早期关心与发展"的内涵与0~3岁婴幼儿教养理念［J］．学前教育研究，2004.

（二）身心并重，强调心智和谐发展

众所周知，影响儿童成长乃至成才的两大心理因素为智力因素和非智力因素。早期教育不仅仅限于早期智力开发，儿童心理发展既包括语言、认知等智力领域的发展，也包括情绪情感、意志品格、人格个性以及社会化等非智力因素的发展。可以说，非智力因素在关键时刻起着决定性作用。但是目前，仍有不少家长误认为早期教育就是智力开发，让儿童从很小开始就背唐诗和儿歌、学数数和拼音，忽略儿童其他方面的和谐发展。须知，除了这些显而易见的“收获”外，我们更应重视培养、发展儿童的良好行为和个性品质，如学会控制自己的情绪、做事情要有始有终以及坚持到底的行为习惯等。著名科学家爱因斯坦曾说过：“智力上的成就在很大程度上依赖于性格的伟大，这一点往往超出人们通常的认识。”

“三岁看大、七岁看老。”在三岁前人之初的教育奠基工程中，除了对儿童进行智力教育潜能开发外，还应重视健全人格的塑造。《福建省0~3岁儿童早期教育指南（试行）》中提到0~3岁儿童教育工作的基本原则包括“顺应、关爱、生活、活动、融合、差异”，其核心思想是：在早期教养过程中，最根本的目的不是传授系统的知识技能，而是着重培养儿童诸如“全面和谐发展；满足成长需求；丰富知识和经验；在快乐的游戏中开启潜能；把儿童的健康、安全和养育工作放在首位；更多地实施个别化的教育，促进每个儿童富有个性地发展”。

（三）全面与富有个性发展并重

从心理学发展视角看，儿童心理的各个组成部分都是相辅相成、相得益彰，每一种能力水平的发展都会直接影响其整体智力水平的高低。此外，某一种能力水平的发展状况还会影响到其他组成部分的水平。因此，科学的早期教育一定要注重全面，不能仅仅重视思维、记忆、语言等与认知能力密切相关的因素，还应重视人格个性与社会适应等相关因素。众所周知，作为未来社会的一员，如果一个人只会读书学习，性格孤僻，欠缺与人交流合作的能力，智商再高也难成大器。因此，家长要充分利用各种机会对儿童进行随机教育，培养其从小养成自信、坚强、乐观、独立的性格，以及关心他人、宽容大度的品质，促进其全面发展。

在强调全面发展教育的同时，新世纪教育改革与发展的主旋律是“让每个人的个性得到充分自由的发展”，个性化教育是当代教育发展的主要特征。教师与家长必须根据每个儿童的兴趣爱好、能力特长和个性特点等方面，根据每个儿童现有的能力水平和经验因人施教，随时观察并不断调整教养方法，以满足其成长需要的知识和能力需求。由于遗传因素和成长环境的不同，个性化教育尤其强调尊重儿童个体之间的差异性。每一个儿童都是世界上独一无二的一本书，都有着独特的个性，或安静内敛、或好动外向，既有性格特点的差异，亦有能力特质的不同。教养者应理智对待这种差异性，平等客观对待儿童成长过程中的不同，不要以统一标准为儿童打分数、定等级。教养者应用心发现儿童的点滴进步，为其成长喝彩，承认并尊重差异，认可并善待个性。根据每个儿童不同的个性，给予科学适宜的个性化教育，促进每个儿童都获得富有个性的全面发展，是每一位早教工作者必须深入学习的课题。

（四）结合日常生活，遵循游戏活动的原则

每天的日常生活照料与护理是接触和教育儿童的最好时机，舒适的生活照顾、充满爱心的温柔逗引，会使儿童得到心理和情感上的满足，进而产生信赖和安全感。教养者要多多利用儿童的好奇心，如外出时，引导其观察周围的事物，发展其注意力、记忆力、想象力和认知能力；还可以培养他与周围人互动交流，培养其人际交往和社会适应能力。

在结合日常生活进行教养指导的同时，要遵循游戏化的活动原则。应该说，幸福快乐的童年始终应有游戏的相伴，游戏能满足婴幼儿喜欢动手和探究的需要，可以促进其身心各方面能力全面协调发展。在游戏过程中，孩子自由动手操作，锻炼了大小肌肉，促进了其血液循环和呼吸系统发展，情绪上感受到愉快和兴奋。因此，成人要尽可能为孩子的游戏提供充足的活动空间和时间、丰富的游戏材料、宽松的游戏氛围和及时的经验指导。同时，教养者还要采用多种手段激发婴幼儿参与到游戏中，使其积极性、主动性和创造性都在游戏中获得有益发展。

实践证明，只有提高家长科学育儿的意识，改进他们的教养方式，才能保证他们在教养子女时少走弯路，

少进误区，从而保证儿童的健康成长。①

二、共享多元的0~3岁儿童教养知识

0~3岁儿童教养知识的要求非常全面，既覆盖了从新生儿到36个月儿童的所有月龄，也覆盖了从早期教养机构到家庭的所有教养内容。“为了提高家庭教养指导的针对性和实效性，不仅要从儿童成长发展中存在的实际问题出发，更要从家长对待儿童成长发展存在问题的认识、态度和教育行为上的问题出发，去选择对家长进行指导的内容。②早期教养机构的组织管理者和教师不仅要“读懂婴幼儿这本书”，还要“读懂婴幼儿家长这本书”。

有调查显示，家长回答目前最需要的三种知识分别是：婴幼儿智力发展训练（80.0%的人选择，排在第一位）、婴幼儿营养的知识（58.8%的人选择）、婴幼儿疾病的知识（41.7%的人选择）。可见，家长对于早教内容的兴趣明显集中于智力发展，仍然存在偏向训练的问题。同时表明，家长对养育问题仍然很重视，最需要的养育知识包含关于幼儿营养和疾病等的身体健康方面的知识。③

（一）0~3岁儿童生理发育的特点

家长要顺应0~3岁儿童的生理发育特点。心理发展的前提是生理成熟，任何一种新行为的产生都有赖于骨骼肌肉、神经系统和感觉器官的成熟。儿童是带着先天的成熟时间表降生的，出生后各种能力的掌握都是预设程序的展现，如大动作领域，儿童遵循“二抬（头）四翻（身）六坐八爬十站周会走，二岁跑三岁独立跳”的规律。儿童略过爬行直接会走，看似厉害，实则这种超前的训练不仅徒劳，甚至有害。

因此，家长要关注儿童的生理成熟时间表，掌握不同月龄段身体发育的特征，逐步培养其有规律的生活作息习惯，如有规律的哺乳、进食和睡眠，及时添加生长所需的营养补充剂。按月龄逐步添加辅助食品，逐渐形成定时喂哺的习惯。逐渐提供各类适宜的食物，让婴幼儿初步适应咀嚼、吞咽固体食品，尝试用杯喝水、用勺喂食。提醒儿童饭前洗手、饭后擦嘴。吃饭时儿童自己学用小勺进食，形成定时、定位、专心进餐的习惯。鼓励婴幼儿养成用餐时吃一口、嚼一口、咽一口和口渴时喝水的习惯。鼓励儿童用小勺吃完自己的一份饭菜，愿意吃各种食物，自主地用杯喝水（奶）。在适宜时间内进行适宜的户外活动和户外睡眠，让儿童多多接触阳光和新鲜空气。

（二）0~3岁儿童心理发展的特点

呱呱坠地的新生儿开始了全新的生命历程，在接下来的3年时间里，婴儿的身心将发生巨大的变化。伴随身体的发育，儿童心理的发展更是日新月异。0~3岁儿童心理发展包含许多方面，其中感知觉能力、记忆能力、思维能力、想象能力、交往能力、注意特性、情绪和情感特点、意志特征、气质特点、自我意识水平等都是发展的重要方面。与上述诸多方面密切相关的语言发展状况、动作和行为发展状况对儿童心理的发展也有重要作用。④

0~3岁，不仅是许多心理现象和动作从无到有并初步发展的时期，也是发展最迅速的时期。人的发展有一个先快后慢的规律，年龄越小年龄之间的差异越大，月子里的乳儿天天长，一岁内的婴儿月月变，一岁半以后的学步儿半年显差距，3岁以后一年一个样，跟上孩子的发展步伐及时调整养育方案，是极其重要的。⑤教养者注意要提供便于抓握、带声响、色彩鲜艳、无毒卫生的玩具，帮助新生儿练习俯卧抬头、目光追视、抓握、侧翻等动作。为儿童提供喜欢的玩具，让其进行摆弄和装扮等活动，提供儿童辨认周围生活环境中的人、物和事的机会。鼓励儿童辨别周围生活环境中的常见物，让他对物体的形状、冷热、大小、颜色、软硬等差别明显的特征有充分的感知体验。

---

① 郑健成．0~3岁早教社区服务现状与示范性幼儿园作用的发挥［J］．学前教育研究，2008（1）.
② 李洪曾．幼儿家庭教育及其指导的意义［J］．山东教育，2001（12）.
③ 高向东、牟宇峰．大城市社区0~3岁婴幼儿教养现状及对策思考［J］．上海教育科研，2009（7）.
④ 丁昀．育婴师职业资格培训教材［M］．北京：中国劳动社会保障出版社，2006.
⑤ 华爱华．学前教育改革启示录［M］．上海：上海社会科学院出版社，2009.

（三）0~3岁儿童的日常教养常识

当今社会，家长在关注日常教养知识方面仍存在一些误区，如过于注重身体健康和智力发展，忽视婴幼儿情绪体验、情感教育和审美情感的培养。仍然有大部分家长认为教养儿童最重要的是让儿童获得更多的知识，掌握各种技能技术。须知，0~3岁儿童的日常教养常识涵盖的范围很广，诸如不同月龄段的饮食需要、安全和科学喂养、不同月龄段的睡眠和饮食特点、常见疾病的预防与护理、日常行为习惯的形成过程与指导策略、儿童认知风格和行为发展特点以及儿童常见的一些特殊行为和不同月龄段应该重点关注的教养重点。

三、具备操作性的0~3岁儿童教养技能

掌握了系统的教养知识并不意味着同时具备扎实的实践技能，也就是了解了0~3岁儿童教养知识不等于会教养儿童。只有能运用的知识才是有效的知识。教养技能强调的是实际教养生活中的操作能力，技能是知识掌握后的有效转化，更是建立科学教养的必需。因此，除了教养理念和教养知识外，还必须将家长教养技能的掌握作为一个重要目标。

（一）明确0~3岁儿童教养技能的内涵

对家长实施早期教养指导，其根本目标是提高家长科学教养儿童的能力，转变家长错误的教养理念，帮助家长逐步具备操作化的0~3岁儿童教养技能。这些教养技能主要包括以下方面：根据不同月龄的睡眠和饮食特点，将所掌握的知识有效转化为行动，为儿童创设最佳的教养环境；帮助儿童学习社会交往能力，积极有效促进儿童良好行为习惯的形成；根据儿童各方面发展的特点，有效应对儿童的个别特殊行为；找到自身教养特点与儿童发展的最佳切合点，从而更有效促进双方的发展等。教养者还应清楚，儿童的发展不仅需要"教育"，更需要"游戏"和"生活"。尤其是0~3岁儿童，他们的学习和发展更加依赖于日常的游戏活动和生活活动。因此，家长和教师实施教育时，不能仅仅为儿童提供各种用来传授知识和技能的"教育活动"，而且更要为他们提供丰富多彩的"游戏活动"和"生活活动"，以便促进0~3岁儿童的全面发展。

（二）掌握0~3岁儿童发展水平的观察要点

0~3岁儿童发展水平的"观察要点"，由发育与健康、感知与运动、认知与语言、情感与社会性等四方面组成。教养者应掌握0~3岁儿童不同发展水平的内容，并自如地运用至日常教养中，促进每一个0~3岁儿童健康、快乐地成长。由于遗传、营养、教育等因素的影响，0~3岁儿童的发展存在个体差异，表现为发展的速度不同、特点不同。就个体本身而言，儿童的发展也存在不平衡性。教养者在观察儿童的行为时，一方面应注意分辨其是正常行为还是异常行为，对异常行为，应及时就诊、及早矫治；另一方面，应注意分辨其是偶发行为（发展中正常的新行为）还是稳定行为，对发展中正常的新行为，应及时提供刺激，促使其向稳定行为发展。①

（三）运用多元智能理论评价0~3岁儿童

尊重儿童个体差异。儿童心理具有不均衡性特点，除了体现在心理活动各个方面发展的不平衡上，也体现在发展的个体差异上。例如，有的孩子刚刚1岁2个月就会说话，有的孩子已经2岁多了，还没有开口。教养者要根据儿童的特点因材施教，在发展的长项上提供更多更好的机会，以促进儿童的发展。绝不能看到别的儿童会唱歌，也希望自己的孩子唱得好；看到别的儿童会背诗，就回家天天教自己的孩子背。对某个领域发展稍晚的儿童，教养者要学会耐心等待；而对于早慧型的儿童，教养者要及早创设条件。对于安静的儿童，既要提供更多可供安静游戏的材料，也要适当带儿童走出家门与人接触，教儿童学会与人交往。总之，教育既要与各年龄儿童发展的特点相适应，又要考虑儿童个人发展的特征，为儿童发展提供适宜的早期教育。

---

① 上海市教育委员会文件［S］. 上海市0~3岁婴幼儿教养方案 .2008（5）.

育儿宝典

您家宝宝“爱打人”吗？

有的宝宝生气时打人，有的宝宝高兴时打人，有的宝宝不仅打人还咬人，有的宝宝既打小朋友也打爷爷奶奶……如果养成习惯，他将来怎么与别人友好相处呢？父母真为宝宝的这种“暴力”行为担心呀！不满3岁的宝宝打人，其实是用这种攻击性行为来表达自己的愿望或感情，但认为“孩子小，不懂事，大了自然就会改”的说法是完全错误的。幼儿期“打人”的习惯会影响宝宝一生！曾有心理学家对600名受试者进行了长达22年的追踪研究发现，无论男性还是女性，3岁半时的攻击性记录能有效地预测成年以后的攻击性行为。宝宝攻击性的强弱将对他的一生产生影响，当小宝宝第一次有攻击性行为时，父母就要想方设法来制止他，因势利导来消解他的攻击性行为。

宝宝越小，这种“打人”的表达模式就越容易固定，而且不容易纠正。我们除了教宝宝基本的生活技巧和知识，更要教给宝宝正确的情感模式，例如教宝宝亲吻家长、轻轻抚摸家长，以表示对家长和别人的爱。当宝宝打人时，家长当时的态度和做法相当重要。无论什么原因引起的打脸，都可以直接把他们放在地上，双手按住孩子的肩膀，严肃而平和地告诉他：“爸爸妈妈不喜欢打人的孩子！”保持1分钟，讲明谁也不要抱孩子，几次以后，宝宝的攻击性行为就消减了。另外，反应快的家长可以设法转移宝宝的注意力。如，当他刚举起手时就和他做击掌的动作，嘴里可以有节奏地说“你拍一，我拍一”，时间长了，孩子就会改了抬手打人的习惯，抬起手来，他的惯性就是要玩那个拍手游戏！

家长沙龙

早教，家长您如何看？

为了孩子的成长，父母把襁褓中的孩子送到了早教机构，希望通过早教机构的教育，促使孩子的发展。0—3岁儿童的生活环境主要是家庭环境，在家庭这个主要的生活环境中，父母作为重要他人与儿童发生相互作用，帮助儿童学习积累生活经验，学习作为社会成员的行为方式，并形成性格特征。因此，父母与儿童的交往活动对儿童心理的形成与发展具有极其重要的作用。父母是孩子最好的老师，专业教师或专业机构很难替代家庭教育。早期教育中，父母的影响最大、效果最好。父母对孩子的挚爱，父母与孩子的亲情关系是孩子成长的基础。

家长应该以平常心态看待早教。早教的收获在于做一个合格的家长，能够让自己的孩子在他成长的每一个阶段获得他需要和适切的环境及教育的支持。家长的重要任务就是承担起家庭教育的责任，用时间、爱心去陪伴、了解自己的孩子。在日常的生活照料中，在浓浓的亲子关系中，您一定会体悟并享受到作为父母的快乐和幸福！早教，并不只是要教孩子，其重要意义还在于教育家长如何在孩子成长的敏感期，采用科学、系统的教育方法对孩子良好生活习惯的养成、性格的形成及学习能力的发展等进行全方位的指导和帮助。我们所提倡的0~3岁婴幼儿早期教育，更贴切地可以称为亲子教育，它是家长和孩子共同成长、建立和谐、温馨、健康的互动关系，提升家长的教养能力，从而更好帮助孩子在以后的生活和学习中更好发挥潜能。

【反思实践】

1. 结合实践谈谈“早期教养”与“早期教养指导”内涵的异同。
2. 如何把握科学化的0~3岁儿童教养理念?
3. 结合实际谈谈0~3岁儿童教养知识包括哪些方面?
4. 如何掌握操作性的0~3岁儿童教养技能?

第二节　早期教养机构中指导家长的形式

案例导入

一所亲子园利用周末时间组织了一次教养咨询活动。活动结束后,一位妈妈忧心忡忡地过来问老师:“老师,我们家宝宝快1岁1个月了,不会有意识地喊爸爸妈妈,也不会喊别人的称呼,教他说冰箱、电视、灯这些东西的名称,总也学不会,贴在墙上的识图水果卡片也不喜欢认,孩子运动等其他方面都没问题,就担心他学习能力,这正常吗?有方法能帮助他么?”

这位妈妈的教养困惑应该是很多家长所关心的。须知,儿童才刚刚1岁,仍处于语言准备期。此时的他还喜欢听他人说话,能逐步理解说话者的意思,但还不太会用语言表达自己的意愿。儿童一般1岁半以后,开始逐渐能够表达自己的意思。但在实际中,每个儿童的语言发展情况不尽相同,开口说话的早晚也各不相同。一般在18~24个月,儿童会出现语言发展的爆炸期,表现为一下子会说很多话。因此,建议这位家长平时多和儿童说话交流,日常看到的生活物品,正在做、想的事情都可以说给他听,并逗引他咿呀发音说话。最后,老师又给家长推荐了几本育儿书籍,帮助家长熟悉了解儿童的发育水平和年龄特征。

研究指出,早期教养机构指导家长的形式应多样化,包括室内外亲子活动中的集体指导和个别指导、发放科学育儿手册、现场咨询、专家讲座、家长交流会或谈论小组、网络指导、上门服务等,但能够提供上门指导的很少,还有少数早期教养机构未曾提供任何形式的早教指导。此外,当前大多数早教指导只针对2~3岁儿童的家长,尚未普及2岁以下儿童的家长。

一、以室内外亲子活动为载体实施教养指导

早教机构教师的一个主要责任是对家长进行科学教养指导,相应地,教师应根据儿童发展水平与家长教养的不同选择适宜的指导形式。教师在对教养者实施指导过程中,不能扮演高高在上的专家角色,要突出互动性,并强调相互尊重、相互理解、平等互动的指导理念,树立“帮助者”和“支持者”的意识,让教养者平等介入早期教育服务的指导过程,在享受亲子同乐的同时,提高科学育儿水平。

当今的早期教养机构,排在首位的是以室内外亲子活动为载体实施的教养指导。这种指导形式是指在有准备的亲子活动室内或室外,围绕儿童教养各个发展领域的内容,遵循预先设计的活动,早教教师与教养者展开面对面的直接交流。更多以儿童活动时的真实情况为交流主题,发现儿童的成长特点、动作水平、气质性格等,同时了解教养者的教育特色、教养误区,分析亲子关系的类型和适配度。在此基础上,双方通过对话、示范、实践等方式寻找解决问题的对策,重建科学适宜的家庭教养环境。室内外亲子活动流程大致分为

活动准备阶段、活动新授阶段和活动结束阶段，现将室内外亲子活动中教师常用的指导方式归为两大类，即集中指导和个别指导。

（一）集中指导

集中指导是指借助集体游戏的形式将儿童和家长集中起来，一名教师同时指导两个或两个以上的家长。集中指导可以节约时间成本，在有限的时间里指导更多的家长，提高教师指导家长的普及率。通过集中指导，让家长在集体活动中更好地了解儿童的发展特点、发展水平、方式和认知风格；同时也对游戏本身如何促进孩子的发展有更深的把握，更为家长将教养信息向家庭环境的延伸奠定了基础。[①]

集中指导具有效率高、普及领域广、难以细致化的特点。

1. 活动准备阶段——蒙氏走线、互动问好、亲子律动操

亲子活动开始前，教养者通常会提前10~15 分钟带儿童到达早教中心，让儿童在游戏区自由玩耍，以尽快适应环境。亲子活动正式开始时，往往会有儿童不愿意进活动室还想在游戏区继续玩耍。因此，教养者会在这一阶段调整儿童的情绪，吸引他们的注意力，并以一些亲子游戏为载体调动教养者与儿童进行互动。这一阶段又包括以下三个环节。

（1）走线环节——舒缓儿童情绪

亲子活动时间快到时，教师会播放一段音乐，教养者和儿童听到音乐后进入活动室，围成弧形状自由坐下来。有的早教机构会在地面上标注出蒙氏线，教养者和儿童坐在一侧蒙氏线上，教师则坐在对面蒙氏线上，先做好的儿童和教养者跟着教师随音乐拍手，一直到全体儿童和教养者就位。

走线环节开始了，教师播放舒缓的走线音乐，在前示范走线动作，如手叉腰、手放头顶、手臂平伸、变成小蝴蝶飞起来并转一圈等动作。教养者与儿童有秩序地跟着教师一起走线，教养者引导儿童小脚丫尽量踩在蒙氏线上，脚跟并脚尖跟随音乐，做走线动作，最后像小蝴蝶轻轻飞到自己的位置上坐好。

（2）问好环节——自我介绍和才艺展示

等全部人到齐，大家安定好以后，指导教师对儿童与教养者进行集体打招呼，然后邀请儿童依次上前来进行自我介绍。这个环节的目的主要包括鼓励儿童大胆在众人面前说出自己的名字、尝试挥手与其他人打招呼、鼓励儿童结合自身能力表演一个节目。

教师：“让我们伸出双手，互相认识认识吧，欢迎宝宝们，欢迎我们的家长们。”大家有节奏地拍手说道：“欢迎，欢迎，欢迎大家！”然后，教师张开双臂，微笑着说：“今天谁先上来向大家问声好呢？”儿童陆续走到教师身边，面向大家问候“大家早上好，我叫××”，接着自己（或在成人的提示下）说出自己的名字和年龄，如果儿童愿意，还可以展示一小段才艺。当儿童说完“谢谢大家”走回位置时，其余人都有节奏地拍手说：“××，××，欢迎你，欢迎！”

问候、自我介绍和才艺展示环节应在一个自然和平等的氛围中进行，让来自不同家庭的儿童和教养者相互了解，帮助儿童建立一种安全感。同时，教师也可以向教养者示范鼓励儿童在大家面前大胆表现、培养自信心的方法。这一活动环节对教养者的指导作用不可忽视，同时也为儿童礼貌习惯的养成和在众人面前学会表达提供了一个机会，教师要提示教养者多多注意儿童礼貌习惯的养成。

（3）亲子律动操——调动儿童和教养者参与活动的积极性

在走线、问好环节相互寒暄问候之后，教师会带领儿童和教养者进行 5分钟左右的亲子律动操。律动操的内容一般是复习以前学过的歌曲或儿歌律动，培养儿童的模仿能力和音乐节奏感，并感受音乐带来的乐趣。

教师：“请宝宝和家长一起站到中间，我们一起来唱‘小鸡出壳’，宝贝们准备好了吗？我们要和小鸡一起跳舞啦！”儿童和教养者面对面，一边听音乐，一边和教师共同模仿小鸡出壳的动作，如此反复2~3 次。

小鸡出壳（儿歌）

鸡蛋鸡蛋圆溜溜，小鸡宝宝住里头，小鸡宝宝要出壳，它要怎么做？
小脚蹬一蹬，蹬一蹬，蹬一蹬；屁股顶一顶，顶一顶，顶一顶；
翅膀推一推，推一推，推一推；小嘴啄一啄，啄一啄，啄一啄；

---

① 徐小妮 .0~3 岁婴幼儿早期教养指导模式初探——上海市某早期教育指导与服务中心的个案研究［D］. 华东师范大学硕士学位论文，2006.

哇！小鸡出壳啦！

为保证活动效果，教师要做好相应示范和适时指导。教师应放慢速度，一边念儿歌一边示范律动操动作，让儿童和教养者理解动作与语言的联系。教师要鼓励每一位教养者站起来，陪伴儿童一起跟随音乐做律动操动作。对不愿意参与进来的儿童，教养者应边鼓励边逐步引导，允许儿童适度地从事他正在积极关注的活动，同时对体力不济的祖辈教养者提供额外帮助措施。这个环节过后，儿童和教养者参与活动的积极性会被调动起来。

总之，活动准备阶段为儿童和教养者以愉快的心情参与接下来的活动打下基础，教师、儿童、教养者三者之间也在互动中增进了了解。在这一阶段，教师不仅要引导活动流程的顺利开展，同时还要及时向教养者解释每个活动环节的意义并随时解决活动中出现的问题。

（4）教养指导策略分析

活动准备阶段最主要的价值在于为儿童提供一个安全、宽松、温馨的环境氛围，而不是为了学习礼貌用语、展示才艺、学习律动操动作。重点强调儿童正面情绪的引导，至于学会或掌握了什么，这是次要的。在活动准备阶段结束时，教师还要根据儿童和教养者的表现做出相应的解释。

比如走线环节，活动结束后，教师提醒教养者不必要求儿童一定按照老师的动作走线，也不能强求每个儿童都必须跟随教师走线，还应提醒教养者在日常生活中给儿童下达指令时，要多重复几次，让儿童听得懂，锻炼儿童听指令做动作的能力。针对问候环节中出现的个别问题，指导教师讲解如何在集体的氛围中去培养儿童最基本的礼仪规则，如个别儿童不愿意与大家打招呼时，教养者不要一味强迫，可以和儿童一起问候大家，以身作则起到示范的作用即可，当儿童在教养者示范后能与人打招呼时，就要立即通过动作和语言给予鼓励。亲子律动操环节，若儿童不能按照教师的示范做动作，但是他能跟着大家的情绪而一起互动，能够体验集体活动的乐趣，这个活动环节的开展就有了意义。

2. 活动新授阶段——教师集体教授示范，介绍每个新活动的内容和玩法

经过活动准备阶段，儿童和教养者的情绪、注意力都被调动起来，教师开始进入活动新授阶段。根据0~3岁儿童教养领域的内容，一般情况下，每次活动课会安排2~3个领域的新游戏活动，做到领域兼顾、动静结合，活动中间会有10~15分钟的休息时间。新授阶段由教师集体教授示范和亲子互动个别练习两个环节组成。首先介绍集体教授示范环节，亲子互动个别练习环节放在个别指导部分进行阐述。

（1）集体教授示范活动——活动的名称和目的、活动的操作要领、教养误区

活动开始，教养者、儿童和教师面对面坐着。教师出示提前准备好的活动材料，依次介绍本次活动的名称、目的，示范活动玩法。第一遍完整示范整个活动流程，第二遍重点示范并讲解给教养者，包括指导儿童开展活动的方法要领、活动过程中可能存在的教养误区等。这一环节在集体教授示范阶段中占的时间比较少，大部分时间留给亲子互动个别练习。

放豆入瓶

亲子律动操环节结束，儿童和教养者开始陆续坐在活动室中间，等待教师组织开展下一个活动。教师开始介绍今天的游戏活动——《放豆入瓶》。

教师："我们今天准备的精细动作活动是放豆入瓶。这个活动主要锻炼宝宝拇指食指相互配合捏取物体的能力，手指肌肉的灵活性、手眼协调能力，并鼓励宝宝尝试数一数豆子的数量。需要用到的活动材料有托盘、矿泉水瓶和豆子。"

教师以游戏口吻询问儿童："摸一摸自己的小肚子，早饭是不是吃得饱饱的？今天，瓶宝宝要和大家交朋友，可是它的肚子还饿得咕咕叫呢，我们做个勤劳的小厨师，来喂瓶宝宝吃饭吧！"

接着，教师出示操作教具——托盘和10粒豆子。教师示范放豆子方法，拇指食指中指配合捏起豆子，30秒钟内将豆子一粒一粒放入瓶子里面。捏取豆子过程中，手口一致数一数豆子的数量。同时告知教养者可以根据儿童各自的情况，回到家中练习时自主增加或降低这个游戏的难易度。如果儿童手部精细动作发展较好，可尝试教用木质夹子夹起豆子，在初期练习阶段，可从练习夹起较大的物体开始，如从夹积木开始训练。

（2）教养指导策略分析

每一个新游戏活动的引入，教师都要向教养者详细介绍活动目的和价值、游戏材料的操作方式、儿童在活动中的表现，教养者应掌握的活动指导策略以及家庭延伸的方法。只有教养者明确活动的意义，才有可能

有意识地去指导儿童。此次活动中，教师使用了示范操作和讲解说明的指导方式。“示范操作”直观明了，方便儿童和教养者了解材料的操作方法；“讲解说明”让教养者了解活动对儿童发展的意义，丰富教养者关于儿童发展特点的知识。具体指导策略的使用，对教养者来说更具有实际意义，如活动中提醒教养者要注意引导儿童一粒一粒将豆子放入瓶中、锻炼儿童在规定的30秒钟内将全部豆子放完、将精细动作“捏取”和“数数”认知能力相结合。

3. 活动结束阶段——放松活动、告知告别活动

集体教授示范和自由操作活动材料两个新授活动结束后，教师会带领大家做下比较舒缓的亲子操，结束本次活动。活动结束阶段与准备阶段的亲子游戏活动环节相似，只是内容不同。

（1）放松活动

教师可以拿出大大小小的按摩球，伴随舒缓的音乐节奏，请教养者用按摩球

有节奏地分别在儿童的头、脸、肚子、四肢、手足和后背上划圈滚动按摩。或者借助儿歌，如《摇啊摇》，教养者盘腿坐好，双手抓住自己的脚踝，让儿童坐在教养者怀里，随着音乐进行左右摇晃，儿童通过惯性前后摇摆做放松运动，当听到“外婆叫我好宝宝”时，家长盘腿躺下通过惯性再起来继续左右摇晃，以此促进儿童与教养者之间的感情。

摇啊摇（儿歌）

摇啊摇，摇啊摇，船儿摇到外婆桥；外婆好，外婆好，外婆对我嘻嘻笑；
摇啊摇，摇啊摇，船儿摇到外婆桥，外婆好，外婆好，外婆对我嘻嘻笑；
摇啊摇，摇啊摇，船儿摇到外婆桥，外婆说，好宝宝，外婆给我一块糕；
摇啊摇，摇啊摇，船儿摇到外婆桥，外婆说，好宝宝，外婆给我一块糕。

（2）告知告别活动

活动结束环节，教师告知教养者下周亲子活动的内容，对一周的教养注意事项进行个别提醒，提醒教养者要有意观察儿童一周的新表现，并做好下次活动的准备工作。

最后，是教师与儿童和教养者的告别时间。教师起身对大家说：“今天的活动到这里结束了，宝宝们、家长们再见。”教师主动拥抱儿童，亲亲脸庞，说“下次再见”，家长可以引导儿童主动跟老师说“再见”，请儿童与教师和小伙伴拥抱告别，

总之，活动结束阶段虽然简单，但其教养指导的价值不容忽视。一方面，教师可以提出活动过程中发现的教养者和儿童之间出现的问题，让教养者思考；另一方面，教师鼓励教养者主动提出教养困惑和问题，可以针对儿童在活动中出现的行为，也可以针对教养者在此次活动中的教养方式。

（二）个别指导

个别指导是指在早教机构中，教师贴身指导一对亲子，教师和家长之间是一对一指导。教师集体教授示范活动结束后，引导儿童自己过来拿取活动中需要的操作材料，人手一份拿到后，提醒儿童对教师说“谢谢”，将文明礼貌行为习惯的培养渗透在每个活动环节中。随后，儿童和教养者一起动手操作练习“放豆入瓶”，这就进入了亲子互动个别练习阶段。

个别指导的特点是时间最佳，指导要求最高，指导效果较有针对性。

1. 儿童和教养者自由操作活动材料——教师一对一随机指导

自由操作活动材料环节属于平行活动时间，即在同一时间里，所有儿童和教养者都在玩同样的游戏。在分散活动过程中，教师的任务是巡回观察和指导，采用个别指导的方式，与儿童和教养者沟通交流，解决自由活动时间中教养者出现的问题，或者主动发现一些需要及时解决的教养问题。

一：倒米

借助托盘、杯子和大米，教师示范完毕精细动作活动“倒米”。宝宝们领完操作材料后，开始兴高采烈地操作练习起来。多多双手握住杯子，按教师的示范慢慢将米倒入托盘上的杯子里，妈妈在旁边夸奖道：“多多真能干！”来回练习几次后，多多突然一只手拿起杯子快速地倒向另一个杯子，米瞬间撒出来一半。多多“哈哈”大笑起来，陶醉于自己的创意。妈妈赶紧抓住多多手中的杯子，说：“不能这样乱倒。”然后帮助多多把托盘里的米倒回杯子里面。多多又试着一只手倒，这次撒出来的少一些，多多又兴奋地大笑。如此重复几次，妈妈无奈地边收拾米边说：“这孩子，真捣乱，怎么这么不听话！”

指导教师走过来盘腿坐下，解释说："这位妈妈，没关系的，多多不按照老师的要求去做，从一定程度上表明她有了自己的想法。多多这个年龄的孩子已经有了自己的主见，她想知道自己到底可以做什么。当练习完几次双手握住杯子倒米后，多多发现了一个新的倒米方法，仅用一只手倒米，虽然洒出来很多，但是自己同样可以倒米。她很满意自己的力量所产生的效果，于是就会一次又一次体验这种乐趣。她这样做，不是捣乱、搞破坏或者故意要惹大人生气，而是在展示自己的力量呢！面对这种情况，我们不能一味制止孩子进行新方法尝试，可以给多多提出新的要求，试试看，一只手倒米可不可以不把米洒出来，以此鼓励孩子挑战新的练习难度。"

这位妈妈听了教师的指导和解释，豁然开朗。原来，她误解了多多的行为，差点阻碍了孩子的大胆尝试。这位妈妈第一次觉得，以后确实有必要认真学习并了解孩子行为背后的心理特点，以采取更为科学的教养方式。

二：点画草莓

教师拿出提前准备好的草莓图画，今天的美劳活动是让儿童用棉签沾颜料给草莓图画点画草莓籽。教师看到依依的奶奶正在给她擦手，询问"怎么了"。奶奶说："不画了，颜料弄得到处都是，很难洗。"教师拿来一块湿布帮依依擦了擦，说："没事的，这颜料用水一擦就没了。""小孩嘛，不可能像我们大人一样注意，弄脏了大人就麻烦下，辛苦下，帮孩子洗洗就好了。"教师让依依继续点画，经过观察后发现，原来是依依拿棉签的姿势不对，沾颜料的时候手也碰到颜料碟子，一高兴手舞动时候就碰到衣服上了。于是，教师纠正了依依拿棉签的姿势，并对奶奶说："奶奶，您看，依依拿棉签的姿势不对，所以才把颜料弄到了衣服上，您注意纠正指导下孩子拿棉签的姿势就可以了。"

2. 教养指导策略分析

整个自由活动时间，教师会在活动室巡视，观察亲子之间的游戏互动，当发现儿童游戏有困难时，或者当发现教养者指导儿童活动的不适当行为时，教师就会介入其中。教师一边通过指导儿童向教养者做示范，一边向教养者解释儿童的行为，告诉教养者应当如何做。教师最主要的是就教养者的指导行为与其交谈，帮助其掌握游戏活动的玩法和家庭延伸活动的设计。

活动实例一中，多多的行为不仅让妈妈不理解，也扰乱了教师预先的活动安排。有时，往往是这种无法预知的儿童行为成了教师指导的契机。当教师发现了多多的"异常"行为，就发现了对家长进行教养指导的机会。教师耐心地讲解可以解除妈妈的教养困惑，让她认识到自己教养观念的错位。一对一的个别指导也尊重了教养者的自尊心。

活动实例二表明，祖辈教养者参与亲子活动时，通常会对儿童的限制比较多。当问题出现时，教师采取了帮助加指导的教养策略。教师首先帮助依依奶奶解决麻烦，提供湿布擦洗依依手上的颜料，然后引导、鼓励奶奶让孩子自由参与活动。经过教师自己的观察后，指导奶奶注意观察依依手拿棉签的姿势，对儿童进行相应的指导。教师采用的这一策略非常实效，既免除了奶奶的担忧，又为奶奶指导儿童的活动提供了具体、可操作的指导策略。

早期教养机构中的教师普遍反映个别指导的指导效果最佳，指导效果较有针对性。但是，亲子互动个别练习时间的指导对教师能力的要求很高，教师需要有敏锐的观察力，观察儿童与教养者的互动，发现教养者指导行为中出现的问题；同时需要有准确的判断力，这个问题是怎样的问题，是方式不对，还是观念不对；还需要有敏捷的思维，及时想出指导教养者的策略。

二、以教养延伸活动为辅助形式实施教养指导

教养延伸活动指导是相对于前两种指导方式而言的，是指离开亲子游戏活动现场，预先确定教养专题，教师进行入户指导、开展家长沙龙，以及借助网络资源与儿童护理专家、教育学和心理学专家对教养者进行教养指导的形式。有研究人员将教养延伸活动指导归纳为两种类型，即互动式指导和传授式指导。

互动式指导主要包括入户指导、育儿沙龙、亲子活动俱乐部、社区早教活动等。互动式指导主要由专业人员与儿童家长进行个别化的交流与研讨，其优点是能调动双方的积极性，帮助教养者解决急于想了解的问题；缺点是科学育儿的知识不系统，有一定的组织难度。传授式指导主要有邀请早教专家的主题讲座与咨询指导、电话咨询指导、利用网络指导、借助资料宣传指导等，主要由专业人员向教养者宣传科学育儿的意义，

并传授具体的教养指导内容与方法，为教养者提供咨询、解惑答疑等。本书各自选取两种指导类型的其中一种予以详细阐述——入户指导和邀请早教专家的主题讲座与咨询指导。

（一）教养延伸活动指导的内容

教养延伸活动指导致力于解决集中指导和个别指导时发现但未能给予解决的共性或普遍存在的问题、教师个体难以顾及的特殊问题或儿童教养中存在的个别化问题。

1. 儿童教养中的普遍或共性问题

借助现场组织的室内外亲子活动进行指导，教养者获得儿童各个领域发展的基本知识，以及相关的教养支持策略。但由于亲子活动时间有限，很多教养问题很难在现场给予全面概括和解决，这就需要通过教养延伸活动进行指导。从教养者提出的问题比重看，教养中的共性问题中，护理保健知识、科学教养观念和实用教养技能三个领域的问题较多。

（1）身体护理保健知识

教养者最关心的是身体护理保健方面的知识，也就是将儿童的吃喝拉撒睡放在首位。最基本问题解决后，教养者才会关注到科学环境创设、玩教具提供以及亲子游戏活动设计等领域。保健护理知识领域，教养者经常咨询的内容包括常见疾病的预防和护理，常见发育和行为问题及预防措施，意外伤害的预防与处理，饮食和营养保健，哺乳期、离乳期和长牙期的特殊护理等。

（2）科学教养观念

科学教养，观念先行，观念会引领教养者的育儿行为。这些观念涉及儿童破坏性行为、攻击性行为以及叛逆行为的解读，培养塑造儿童良好的行为习惯，3 岁前儿童如何选择亲子园，收费越高的早教机构是否质量越好，父亲在亲子教养中的作用，祖辈、父辈如何形成一致的教养态度等。

（3）实用教养知识和技能

教养者把握了科学教养理念，接下来还需要掌握实用的教养知识和技能。如早教机构可以在哪些方面促进儿童发展，了解并掌握儿童各个领域发展的敏感期，科学合理添加辅食和促进语言发展的密切关系，利用日常生活培养儿童感官能力，感知生活中的数学知识，家庭早期阅读的开展等。

2. 儿童教养中的独特或个别化问题

（1）独特心理现象

0~3 岁儿童存在很多独特的心理现象，以敏感期予以阐述。婴儿刚出生时喜欢看黑白相间而非彩色的图案；婴儿喝了糖水后会拒绝再喝白开水；2~3 个月的婴儿喜欢“津津有味”地吃手；儿童扔掉手里的东西，你捡起来给他，他会再扔掉；儿童可以一动不动趴在地上看蚂蚁搬家；对非常微小的物体感兴趣，并捏起来摆弄……这一切现象的背后，是一个非常重要的心理现象——敏感期。

（2）个别特殊心理和行为问题

儿童在成长过程中总会出现一些特殊心理及行为，这些问题虽然极具个别性，但对教养者来说，却是十分重要的。诸如好动与多动症、沉默与缄默症、孤僻与自闭症等，这些教养问题往往是指导教师本人无法解决的。儿童因特殊经历造成的心理和行为问题，发现与教养干预措施，都是由特定的主客观因素造成的。早教教师无法从专业角度给予解答，这就需要借助其他领域专业人士的介入来共同处理。

（二）教养延伸活动指导的形式

在教养延伸活动指导方式上，早教机构教师更多采用入户指导、家长沙龙和借助专家的帮助对家长进行指导，指导内容涉及早教观念、早期教养和保育技能方面的知识。可以看出，这些内容一般源于集体指导和个别指导中未满足的家长需求。通过教育延伸指导，帮助教养者对儿童成长中的难题有深入和透彻的了解，借机充分发挥教养者的主动性，提升其教养技能。

1. 入户指导

入户指导是由教师和专业人员深入儿童家庭提供上门服务，这种方式可以对家庭环境，尤其是教养环境和教养者的育儿行为进行近距离观察和评估。它不仅能对儿童发展的相关领域给予科学解释，也可以根据评估的结果，对教养者的育儿行为进行有针对性的调整，以期达到优化家庭教养环境，促进儿童全面和谐发展的目的。

（1）入户指导内容

入户指导的内容主要涉及儿童居住条件、家庭教养环境创设、家庭成员类型（核心家庭、单亲家庭、复合型或大家庭等）、玩教具数量与质量、儿童生活作息规律（饮食、睡眠、大小便规律等）、教养者的育儿风格（民主型、溺爱型、严厉型等）、教养者对儿童个性和性格特点的评价、教养者的育儿需求（最急需获得帮助的教养问题）等。

（2）入户指导案例分析

教养者将近期育儿中的各种问题，包括饮食营养、卫生保健、安全防护、心理发展等向教师询问，教师根据这些问题提出针对性的解决方法和建议。如一个2岁半儿童的妈妈抱怨自己的孩子最近总是因为一些小事儿哭闹，哭闹的原因让大人感到莫名其妙。如离开亲子园时，爸爸妈妈开车来接。因为妈妈手里拿着东西，爸爸就随手将车门打开，孩子忽然大哭起来："不对，让妈妈开车门。"爸爸赶紧把车门关上，妈妈重新打开了车门，可孩子就是不上车，在妈妈怀里挣扎着："不要现在打开车门，要妈妈刚才打开车门！"爸爸妈妈无奈地等着，直到她情绪稳定了，才上车回家。

听完妈妈讲述，教师得知，之前去接孩子时有一套固定程序，先由妈妈打开车门，三人一起上车，爸爸再开车回家。可以看出，孩子的哭闹源于这一固定程序被打乱，这正是秩序敏感期的表现。教师告诉这位妈妈，儿童秩序敏感期呈现螺旋式上升的三个阶段：第一个阶段，为了秩序的破坏而哭闹，秩序一旦恢复就会安静下来；第二个阶段，为了维护秩序而说"不"，自我意识开始萌芽；第三个阶段，为了维护秩序而执拗，一切要重新来。这一敏感期可能会让教师和教养者很苦恼，因为执拗的要求具有不可逆性，让人感到无奈。但尊重儿童这一生命现象是首要的，所要做的就是：① 成人放慢速度，注意观察和倾听孩子；② 已经发生了，就陪伴孩子，准许孩子把恼怒哭出去，让孩子把情绪哭出去，孩子就会接纳已发生的事实。①

（3）入户指导注意事项

入户指导前，教师必须与教养者提前预约好时间，并确定家庭详细住址。事先做好"备课"事项，如了解家长姓名、工作、联系电话；儿童姓名、性别、月龄；相关的测评工具、鞋套等有关材料。

入户指导时，戴上自备鞋套；洗干净双手；如有需要填写家庭问卷；交代指导事项；征询育儿需求和教养问题；评估咨询、为儿童制定个性化成长方案；整理自带的物品。此外，指导教师要铭记，一个好的指导者应是一个好的倾听者，不仅耐心倾听教养者对其所困扰问题的讲述，而且善于敏锐捕捉一些有用的信息，帮助教养者有效利用这些信息，促进儿童发展。

入户指导结束后，指导教师要记住定期或不定期进行电话回访，如询问教养指导方案的落实情况；了解教养者还有哪些方面需求；再次提供帮助措施；定期整理指导档案，做好统计和回访等工作。

2. 早教专家主题讲座与咨询指导

早教咨询与讲座指导常常结合在一起，是目前一种流行的活动指导形式。它是指早教机构聘请0~3岁儿童教养相关领域的专家，包括儿童保健专家、教育学家、心理学家或经验丰富的早教指导教师，针对教养者关心的教养内容或主题，采取专题讲座或与专家面对面交流的形式，将教养者集中在一起进行的交流指导活动。

（1）主题讲座与咨询指导内容

大部分早教机构会定期开展讲座，或者至少每月开1次讲座或咨询。但是小部分早教机构出于成本的考虑，会根据家长的需求不定期开展。主题讲座的内容可结合早教机构不同年龄段儿童和教养者的需求而定，如1岁内婴儿常见疾病与预防护、如何科学合理地添加辅食、如何把握儿童感觉统合训练敏感期等；还可根据当下儿童常见教养问题确定主题，如秋季腹泻预防措施、手足口病的预防与治疗、特定心理及行为问题的诊断等。

（2）咨询指导案例分析

有一次专家咨询活动，一位教养者提出困惑："我家孩子叫洋洋，平时一分钟也安静不下来，总是上蹿下跳，比如在椅子上不能安静地坐着，喜欢晃椅子，经常惹旁边坐的小朋友，注意力不集中，东张西望，批评他后会有一定效果；与小朋友一起时好搞'恶作剧'。在家里比较任性、冲动，想办的事情若不能满足，便大喊大叫，甚至在地上打滚，精力特别好；喜欢看电视，碰到爱看的节目，能一连看上一两个小时，但做其他事情

① 孙瑞雪．捕捉儿童敏感期［M］．北京：中国妇女出版社，2004.

时注意力难以集中。洋洋父亲比较粗暴，看到孩子好动、不听话，烦了就骂，急了就揍；我对孩子比较宠爱，给孩子买的玩具比一般家庭的儿童多好几倍，而且有不少是高级的电动玩具，但孩子玩不了几天就弄坏了，有时碰到孩子发脾气，新买的玩具拿起来就摔，洋洋是不是患有多动症呢？”[①]

如何判断儿童是否真的存在心理障碍？面对这些特殊心理及行为问题，又该如何解决呢？针对以上问题，指导教师无从解答，更不能不负责任的轻易定义儿童为多动症。通过与专家面对面咨询，心理学领域的专家给予了咨询解答。“洋洋具有多动行为，如注意力不集中，爱搞‘恶作剧’，好冲动，精力特别旺盛，活动过度等。但洋洋的行为又与多动症有着明显区别：① 当他收到家长批评或暗示后，一般能控制自己的行为，有所收敛，而患有多动症的儿童这一点却很难做到。② 洋洋对自己感兴趣的电视节目能够持续观看较长时间，这说明他的注意力并无障碍，只是由于多动的特点影响了注意效果，而多动症儿童的无意注意和有意注意都具有明显的缺陷，特别是不能持续地将一项活动进行到底，注意的有意性和坚持性很差。[②]”根据以上分析，我们认为，洋洋属于一般性的好动行为，而不是患有儿童多动症，这种行为可以随着儿童发展和教育的影响逐渐改善。最终，在专家咨询帮助下，教养者的这一问题解决了。

（3）专家咨询与指导注意事项

早教专家主题讲座和咨询指导的主体是专家，教养者会对医疗部门、教育领域、心理领域或者特殊教育领域的专家信赖程度高，参与积极性也比较高，会主动配合指导活动。开展专家主题讲座和咨询指导活动时，早教机构要记住不是根据专家开讲座，而是根据教养者的需求，在讲座内容和形式上都要考虑儿童和教养者的需求。

此外，邀请专家前来咨询与指导时，要注重创设安静、自然、舒适的活动环境氛围。注重采取多元化的互动方式，如分组交流、集体讲解、个别提问等，以保证高效率的指导效果。同时，为避免专家讲座和咨询指导的枯燥和空洞，还应避免说教式指导。时刻记住要以教养者的需求为中心，同时兼顾不同儿童的身心发展特点，这种做法符合早期教育指导出发点——“提升家长教养能力”。

三、调动多方力量参与，构建早期教养指导共同体

为保证0~3岁儿童早期教养指导工作的长期有效性，仅仅依靠早期教养机构的管理者和教师远远不够。当前，0~3岁儿童早期教养指导工作发展的瓶颈在于尚未构建起一个各方主体共同参与并积极合作的平台，建立一个由政府和社区各部门组成的早期教养指导共同体或许是一条有效的途径。在当今社会，0~3岁儿童散居社区，早教资源分散在社区内的各个组织和部门，如何整合优化各方早教资源，建立健全早期教养指导网络，完善管理与运行机制，成为当前0~3岁儿童早期教养指导工作中亟需解决的大问题。借鉴社会学的“共同体”概念，构建“0~3岁儿童早期教养指导共同体”或许可以为解决这一问题提供新思路与新方法。

（一）早期教养指导共同体的界定

1. 共同体的内涵

“共同体”一词译自德文“Gemeinschaft”，其英文“Community”兼具“共同体”与“社区”之意。“社区”一词由德国社会学家斐迪南·滕尼斯最早引入社会学领域，其英文释义有三种：一是由同住于一地或一国的人所构成的社会和社区；二是由同宗教、同种族、同职业或其他共同利益人所构成的团体；三指共享、共有、共同、相同。[③]滕尼斯在《共同体与社会：纯粹社会学的基本概念》中指出，共同体的概念旨在表达人与人之间所形成的亲密关系、共同的精神意识以及对特定社群的归属感和认同感。它主要是通过建立在自然基础之上的群体（家庭、宗族）来实现的，建立在有关人员本能、习惯与思想的共同记忆的基础之上。共同体是持久的和真正的共同生活，其本身应该被理解为一种生机勃勃的有机体。[④]由此可见，当今社会的“社区”强调对象的地域性，而“共同体”概念更加注重精神层面的统一、思想和行动上的一致。

---

① 文颐．婴儿心理与教育［M］．北京：北京师范大学出版社，2011.

② 同上书．

③ 牛津现代高级英汉双解词典［M］．北京：商务印书馆，1988.

④ ［德］斐迪南·滕尼斯．共同体与社会：纯粹社会学的基本概念［M］．林荣远译．北京：北京大学出版社，2010.

2. 早期教养指导共同体的主体界定

要发展0~3岁儿童早期教育，就要充分整合各级各类教育资源，0~3岁儿童早期教养指导共同体正是实践这一理念的理想途径。建立0~3岁儿童早期教养指导共同体，可以很好地整合零散分布的早期教育资源，充分发挥共同体各主体的资源优势和承担社会责任，为0~3岁儿童发展创造良好的环境氛围。①

0~3岁儿童早期教养指导共同体包括早期教养机构（幼儿园、早教机构或亲子园）、社区、家庭，以及教育、妇联、计生等政府组织和部门。这些共同体的各个主体在各自的位置上充分发挥自身的专业影响，以推动这一共同体的良性有效运转。其中，作为实践主阵地的各种类型的早期教养机构应切实发挥其专业性，有责任从封闭走向开放，为社区内的0~3岁婴幼儿及其家长提供早期教养服务和指导；各级教育部门要充分发挥自身的行政职能，联合其他政府组织与部门，为早期教养指导共同体创造良好的制度和政策环境；社区作为基层管理机构和居民自治组织，要在整合社区教育资源方面提供适当帮助，努力推动0~3岁婴幼儿早期教养指导共同体的良性运行。

（二）构建早期教养指导共同体

构建0~3岁婴幼儿早期教养指导的共同体，就必须形成一个由早期教育机构、家庭、社区、其他职能部门等多方密切配合合作的一个系统。

1. 构建早期教养指导共同体的现实障碍

在当今实践层面上，早期教养机构与其他部门的互动还存在一些阻碍，一是其他部门对0~3岁儿童早期教育的重视不够，认为这是家庭和教养机构的事情。认识上的不到位导致实践中行动力的缺失，致使早期教养指导这一重要任务单单留给机构中的老师们，这大大加大了机构开展早教指导的难度。二是管理体制不健全。参与教养指导主动性不强的根源在于教育和卫生等部门没有充分发挥自身的行政影响和政策支持力度，各个主体间缺乏协调沟通与合作。受资源和人力影响，导致其他部门参与早期教养指导的积极性和主动性不强，其实践效果和影响范围有限。三是各个早期教养机构在管理和教学等方面缺乏可借鉴的理论成果和实践经验，处于摸着石头过河的境况，其实施的科学性和规范性不足都影响了早期教养指导工作的实践效果。

2. 构建早期教养指导共同体的措施

鉴于未来早期教养机构与其他部门密切合作的发展趋势，我们有必要构建一个参与早期教养指导的合作体系，这一体系的主体应包括由决策层、管理层和操作层等相关组织部门。为充分发挥这一体系的合力作用，努力发挥各个部门联络协调的作用，需要采取以下措施。

首先，决策层面处于领导小组地位，主要由卫生局、教育局、妇联、计生委等政府相关部门充分发挥自身的组织影响，统筹早期教养各类工作，积极进行价值和行为引领，推进早教指导工作的顺利开展。同时，政府还应组织相应的教研部门、儿童保健部门对早期教养机构进行业务指导和培训，为老师提供专业支持和双重教养指导。

其次，管理层包括各区妇婴保健院和儿保科、各个社区街道妇联和早期教养机构。每一家早期教养机构总是坐落于一定的社区当中，与社区各个组织单位以及社区成员都会发生千丝万缕的联系，因此，对教养者的指导工作不应该是封闭的，而应该向整个社会开放。其他部门也应发挥积极作用，如社区要积极提供大型设施、设备和宽阔的活动场地。调动社区各部门、各家庭的积极性，为早期教养指导活动的开展创造良好的环境氛围。

最后，操作层包括社区内的儿保医生、社区干部和各个具体的亲子指导站（分布在街道社区或者附设在托幼机构）。0~3岁儿童早期教养机构主要是充分发挥自身的人力和资源优势，具体承担本社区内对教养者的指导工作。为充分发挥这种教育和指导作用，早期教育机构：一要充分认识到0~3岁儿童教养领域的一项重要任务是对教养者实施教养指导；二要壮大对教养者进行指导的专业队伍；三要加大机构中对教师的在职培训，教师同时要积极拓宽其指导教养者的渠道和途径。

此外，从现实状况看，家长自身参与早期教养的意识还比较薄弱，孩子送到机构后，自己就成了一个无责任的"局外人"。这要求家长应从儿童的健康发展出发，加强对早教工作意义的认识，积极主动地参与到儿

① 陈红梅.0~3岁婴幼儿早期教育共同体的建构与保障［J］. 学前教育研究，2011（8）.

童早期教养活动中。

（三）相关活动方案借鉴与评析①

晋江市早教研究与实践示范基地、灵源街道早教指导服务中心
灵源街道人口早期教育暨独生子女培养示范基地
早教全覆盖——英塘社区宣传活动方案

1. 主办单位：
灵源街道计生办
灵源街道计生协会
灵源街道妇工委
灵水中心幼儿园
灵源街道英塘社区
2. 活动时间：2014年5月16日
3. 活动地点：灵源街道英塘居委会
4. 活动对象：英塘社区0~3岁婴幼儿家庭
报名电话：××××××　　联系人：××老师
5. 现场活动
（1）针对教养目标对儿童进行发展水平评价（泉州幼儿师范高等专科学校早期教育研究所专家）
前期针对目标幼儿按年龄组进行发展指标的分析，制定合理的发展目标表格，活动现场专家对目标幼儿进行的系统评价及指导。主要指标包括：体格发育、动作发展、语言发展以及认知发展等方面。
（2）幼儿体格发育测量及评价（晋江市灵源街道卫生服务中心）
对婴幼儿体格发育进行测量及健康评价，对评价结果进行家庭护养指导，同时对婴幼儿营养及常见疾病的预防及护理方面进行解答。
（3）科学育儿知识咨询区（泉州幼儿师范高等专科学校专家）
主题：幼儿科学喂养、生活行为习惯、入园衔接及适应问题、早期阅读指导、幼儿心理发展及个性培养、家庭养育方法指导等。
（4）奖品发放区：领取奖品、纪念品
6. 其他准备及人员安排
（1）社区辅导员于5月10日上交该社区0~3岁适龄幼儿花名册，并通知适龄幼儿家长参加活动。
（2）早教组指导教师分组对目标幼儿进行发展指标的分析：
×××：0~3岁幼儿体格发育指标。
×××：0~12个月幼儿动作发展、语言发展以及认知发展指标。
×××：13~24个月幼儿动作发展、语言发展以及认知发展指标。
×××：25~36个月幼儿动作发展、语言发展以及认知发展指标。
（3）问卷调查：×××
（4）现场拍照：×××
（5）签到及礼品发放：×××
（6）幼儿园行政、年段2名老师协助
各负责人员提前一天做好场地布置的有关准备。

评析：本活动方案是2014年福建晋江市灵水中心幼儿园早教进社区活动方案之一。该方案明确了组织机构、活动时间、名额分配、活动分区以及职责分工，具有很强的实操性。实践证明，此处社区教养咨询与指导活动取得圆满成功。

① 活动方案来源：福建晋江市灵水中心幼儿园早教进社区活动方案

育儿宝典

如何为儿童挑选安全有效的玩具?

面对市面上众多的玩具,爸爸妈妈们要怎么挑安全的玩具呢?

一、选择适合儿童年龄的玩具

从安全角度考虑,几个月婴儿的玩具最好不要有毛,因为此时宝宝的呼吸道脆弱,毛质的东西容易掉毛被吸进去堵在呼吸道上,容易造成窒息。从年龄角度考虑,任何时期儿童的喜好都不一样,玩具太简单对于大宝宝来说没什么意思,可对于小宝宝来说正好;玩具太过复杂,可能大宝宝能玩得来,可超出小月龄儿童的智力水平和活动能力。正确选择适合儿童的玩具才能真正做到玩乐和学习两不误。

二、选择适合儿童性别的玩具

一般女孩子喜欢娃娃类或者颜色比较偏红色的玩具,还有一些比较美的东西,而男孩子则比较热衷于汽车、飞机等。如果给女孩子买汽车、飞机,女孩子可能不爱玩;给男孩子买个娃娃抱着玩吧,男孩子会被笑话成女孩子。因此,买玩具要考虑一下性别。

三、选择卫生、安全、结实的玩具

应该选择一些无毒材料制成的玩具,而且玩具上的色彩要不会脱落,表面最好不要有棱角,最好是光滑的,这样不会割伤宝宝。最好不要选择需要用嘴的玩具,如口哨之类的,这样卫生没有保障。玩具最好也不要太小,儿童容易误食导致窒息。会发声的玩具最好播放声贝不要过高,会损害儿童耳膜。

为做好早教工作,爸爸妈妈会买很多益智玩具让宝儿童玩,不要在乎对或错,让儿童自己玩。有时候也不一定要通过玩具开发儿童的智力,身边的废旧物品对儿童来说也是兴趣点,爸爸妈妈们要通过仔细观察,从中了解儿童比较喜欢什么。

家长沙龙

三维一体——早教机构的功能定位

1. 家庭维度

早教机构承担着指导家长提高科学育儿能力的功能,这充分表明了家长在儿童的早期教育方面应该而且必须主动积极承担一定的责任。家长在孩子的社会化过程中不断地与儿童、教师进行交流和沟通,共同建构知识和社会文化。

2. 儿童维度

儿童不再仅仅是受教育者,而是作为一个有潜力、主动地、富有竞争性地、参与社会生活的、不断被认知的主体,享有一个公民应该享有的权利和义务。对儿童,早教机构承担着促进儿童自主发展,潜能得到开发的功能。美国著名心理学家、芝加哥大学教授布鲁姆在追踪1 526名婴幼儿多年后得出了一个结论:如果把17岁时的智力看成100%的话,4岁之前个体已经获得了50%的智力。由此可见,早期潜能开发对个体一生的发展极其重要。

3. 社会维度

从社会维度考察,0~3岁早期教育涉及多个政府部门、非营利组织的管理和参与,如教育机构以及妇联和社区等。早期教育是国家教育大系统的一个子系统，其存在应该为国家的教育事业作出一份贡献，服务于社会文化教育的发展，为社会发展提供智力支持和技术支持。

家庭维度、儿童维度、社会维度三者虽有各自的内涵，但是是相互结合的，构成一个整体。早教机构彰显其中的一维，否定或排斥另两维中的任何一维都是片面的。

总之，与其说早教机构承担着知识的传递、临时的父母或教育者的职责，不如说它是一个有效环境的提供者，一个研究和思考者，一个具有反思意识的实践者。

【反思与实践】

1. 结合实践谈谈早期教养机构中指导家长的形式包括哪些？
2. 以室内外亲子活动为载体的教养指导形式，每个活动环节的独特教养指导价值是什么？
3. 如何调动多方力量参与，构建早期教养指导共同体？
4. 本章涉及的教养指导形式，各自的优势与不足是什么？
5. 查阅资料，归纳总结教养实践中其他类型的指导形式。
6. 任选一种指导形式，设计一份指导活动方案并进行课堂模拟。

第七章

0~3岁早教师资培养

早期教育是奠定人一生发展的基础，是人成长过程中最基础、最重要、也是最不可或缺的教育。科学的早期教育能为儿童的身心健康成长打下良好的基础。人们在重视早期教育的同时，也开始关注早教教师的发展，一名合格的早教教师是保证早期教养科学实施的关键。那么，作为一名合格的早教教师应具备哪些专业素质？合格早教师资的培养途径有哪些？本章将对这些问题进行详细探讨。

第一节 早教师资的专业素质

案例导入

在一次亲子活动中，老师拿出玩具正要讲解时，一个男孩跑到老师跟前去拿老师手里的玩具。当老师耐心地说："宝贝，先坐回去，老师讲完后会给你玩的。"只见这个男孩使劲地推了老师一下，奶奶看见也没管。于是，老师就示意奶奶去管管儿童，可是她却说："我这个有经验，我的孩子都是研究生，还到国外留学，我们应该学习美国的孩子，提倡自由。"

户外活动开始了，老师让小朋友手拉手，开小火车，一边走一边唱歌。老师扭头又没看见这个孩子，再一看奶奶已带孩子出去了，在院子里自由活动，对老师组织的户外活动从不参加。吃饭时，奶奶从头帮到尾，还把孩子抱在自己怀里喂饭。老师实在看不下去了，便对她说，最好让他自己吃饭。奶奶却说："小丫头，你没有孩子你不懂，孩子肠胃不好，不爱吃饭，让他自己吃更不会吃了。"作为一个20多岁的年轻老师，面对一个已培养两个研究生的老人，从经验上看比不过，怎么办呢？到底一名从事早期教养的老师应该具备哪些素质与能力，才能灵活地解决教养实践中遇到的各类问题呢？

从呱呱坠地到呀呀学语，0~3岁儿童处于成长的最初阶段，这个阶段的儿童最弱小、最需要保护同时又孕育着最巨大的发展潜力。在人生的起步阶段，需要具有专业素质和经验的教师引导，以提高早期教养的质量。目前从事0~3岁儿童早期教养的合格教师十分缺乏，他们基本上既没有经过系统的早教职前培养，也没有经过正规的职后继续教育培训，人员素质和职业水准良莠不齐。因此，提升早教人员的整体素质，促进早教事业人才开发，显得格外重要。

新世纪，伴随着时代提出的教师职业专业化的要求，目前很多的中外学者与行业专家已从不同的角度探讨了早期教育专业人才应具备的能力与素质。

（1）意大利瑞吉欧教育体系创导者马拉古兹对早教教师的定义：① 促进幼儿在认知、社会、生理以及情感方面的学习；② 班级经营；③ 环境的准备；④ 养育以及引导；⑤ 与相关的人员沟通（如家长、同事、行政人员、民众）；⑥ 专业成长的追求。

（2）意大利幼儿教育家蒙台梭利对早教教师角色的描述：早教教师的作用在于引导儿童的心理活动和他们的身体发展，因此他应该是一位教师，同时还应该是一位心理学家。蒙特梭利认为，只有受过训练的早教教师才能够创设适宜的环境，而“教师和儿童之间的积极关系是教育成功的唯一基础”。

（3）中国关心下一代工作委员会儿童发展研究中心专家组对早教教师的界定：① 一定的早教职业素质；② 早教教师的知识结构既要“博”，又要“专”，还要“杂”；③ 较强的社交能力与沟通能力；④ 较强的语言表达能力；⑤ 获取信息，综合分析与判断的能力；⑥ 早教专业技能与实操能力；⑦ 指导训练能力与创新能力。[①]

在早期教养机构运营过程中，教师才是早教机构的核心，不仅需要专职人员，而且需要专业人员。0~3岁儿童的教养对师资的要求有特别之处：对低幼年龄阶段儿童特点的把握、对更多保育知识的掌握、与家长互动的方式更加多样且频率更高……因此，教师除了应有幼儿教师资格，最好还要具有育婴师资质。[②] 总结以上对早教教师的具体描述，我们认为合格的早教人才应具有的基本素质主要体现在教养理念、教养知识、教养能力三个方面。

一、教养理念

叶澜指出，教育理念是指教师在对教育工作本质理解基础上形成的关于教育的观念和理性信念。[③] 而早教师资的教养理念很大程度上体现了其对0~3岁儿童教育阶段的一种教育理念。科学的教养理念是早期教育的教师指导和完成对儿童的教养和对家长的教养指导两项任务的保证和核心。

保障0~3岁儿童的幸福是国家最高一级的行动计划。从2000年以来，国家和各级政府陆续颁布了一些不同类型、不同层次的政策文件，只要涉及学前教育，几乎都有“发展0~3岁儿童早期教育”的相关表述。这些文件也对早教师资应该具备的教养理念以及科学开展0~3岁儿童教育工作的基本原则提出了相关要求。现以《上海市0~3岁婴幼儿教养方案》（以下简称《教养方案》）和《福建省0~3岁儿童早期教育指南》（以下简称《指南》）中的相关内容予以阐述和归纳。

（一）《教养方案》中关于0~3岁儿童教养理念的阐述[④]

1. 亲爱儿童，满足需求

重视婴幼儿的情感关怀，强调以亲为先，以情为主、关爱儿童、赋予亲情，满足婴幼儿成长的需求。创设良好环境，在宽松的氛围中，让婴幼儿开心、开口、开窍。尊重婴幼儿的意愿，使他们积极主动、健康愉快地发展。

2. 以养为主，教养融合

强调婴幼儿的身心健康是发展的基础。在开展保教工作时，应把儿童的健康、安全及养育工作放在首位。坚持保育与教育紧密结合的原则，保中有教，教中重保，自然渗透，教养合一。促进婴幼儿生理与心理的和谐发展。

3. 关注发育，顺应发展

强调全面关心、关注、关怀婴幼儿的成长过程。在教养实践中，要把握成熟阶段和发展过程；关注多元

---

① 郭玉琴．学前教育专业早教方向人才培养规格初探［J］．中国校外教育，2012（12）．
② 陈磊、吴玲玲、陈文英．早教中心的多边干预［J］．学前教育幼教版，2007（4）．
③ 叶澜．新世纪教师专业素养初探，教育研究与实验，1998（1）．
④ 上海市0~3岁婴幼儿教养方案，上海市教育委员会，2008（4）．

智能和发展差异；关注经验获得的机会和发展潜能。学会尊重婴幼儿身心发展规律，顺应儿童的天性，让他们能在丰富、适宜的环境中自然发展，和谐发展，充实发展。

4. 因人而异，开启潜能

重视婴幼儿在发育与健康、感知与运动、认知与语言、情感与社会性等方面的发展差异，提倡更多地实施个别化的教育，使保教工作以自然差异为基础。同时，要充分认识到人生许多良好的品质和智慧的获得均在生命的早期，必须密切关注，把握机会。要提供适宜刺激，诱发多种经验，充分利用日常生活与游戏中的学习情景，开启潜能，推进发展。

（二）《指南》中关于0~3岁儿童教育工作基本原则的规定①

1. 顺应原则

尊重0~3岁儿童的身心发展规律，顺应儿童的天性，把握每个阶段的发展特点和水平，关注儿童经验获得的机会和发展潜能，创设适宜的环境，促进每个儿童在原有基础上全面和谐地发展。

2. 关爱原则

重视儿童的情感关怀，强调以亲为先，以情为主，赋予亲情和关爱，尊重儿童的意愿，创设宽松、温馨的家庭式氛围，满足儿童成长的需求。

3. 生活原则

在教育实践中，要从日常生活中选择儿童感兴趣的、富有价值的教育内容，将教育贯穿在一日生活之中，丰富儿童的认识和经验。

4. 活动原则

提供安全、可操作、能满足儿童发展需要的活动材料，开展丰富多样的、符合儿童发展阶段特点的游戏活动，让儿童在快乐的游戏中，开启潜能，推进发展。

5. 融合原则

0~3岁儿童的身心健康是发展的基础，应把儿童的健康、安全和养育工作放在首位。保育与教育工作应紧密结合，做到以保为主，保中有教，保教合一；教育内容要有机联系，相互渗透，注重综合性。

6. 差异原则

重视0~3岁儿童在生长与发育、动作发展、语言发展、认知发展、情感与社会性等方面的发展差异，关注多元智能，提倡更多地实施个别化的教育，促进每个儿童富有个性地发展。

（三）0~3早教教师的科学教养理念

教育发展，理念先行。综合上海市“0~3岁婴幼儿的教养理念”以及福建省“开展0~3岁儿童教育工作的基本原则和精神”，我们更加明晰，一名合格的早教教师应该具备的科学教养理念。

1. 热爱早教，关爱儿童

作为一名职业人，早教教师必须热爱自己的工作。爱儿童是早教教师的一种专业态度。早教教师要重视儿童的心理需要，了解儿童心理发展的规律及特点，理解儿童、尊重儿童、关爱儿童，满足儿童成长的需求。创设良好的环境，帮助儿童在生活过程中保持快乐，使其自然而然地受到教育获得提高。关注儿童的发展特点和需求，有针对性地采取相应的教育方式，达到最优化的教育目的。尊重儿童的意愿，使他们能够积极主动、健康愉快地发展。

2. 赏识儿童，激发兴趣

赏识就是要发现儿童的优点和长处，相信每一个儿童都有自己的优点，能够做好每一件事情，在儿童发展的过程中切忌急躁，要适应儿童的特点，及时发现好的行为，加以适当的激励。当在教育活动中出现错误时，教育者在态度上要宽容，允许儿童犯错误，允许学习过程缓慢而效果不明显。对儿童表现出来的任何一点进步，适用积极的强化对策，给予恰当的鼓励与表扬。

---

① 福建省0~3岁儿童早期教育指南（试行），福建省教育厅，2008（10）.

3. 尊重天性，发展个性

教育应尊重并适应儿童的自然特点，教育者不能把所有的想法和期望都加在儿童身上，忽视了儿童自身客观条件。在教养实践中，要了解儿童生长发育的客观规律，了解儿童身体发育和心理发育的特点；要尊重不同儿童的个性特点，有针对性地进行教育；教育内容的选择必须是儿童稍作努力就能够达到的；立足让儿童健康快乐地成长。

4. 加强沟通，服务家长

早教教师要有强烈的责任感和角色意识，要明确自己在儿童教育中承担的任务；要有主动积极地与家长交流的意识，不仅需要主动地向家长传递有关儿童发展的信息，还要用心了解不同家长的性格，懂得去等待、沉默、多倾听家长的声音；对于家长关心的问题、遇到的困难、面临的困惑等要给予积极的回应。树立为家长服务的意识，能不断改进服务质量，争取家长的理解，做好早教工作，以服务求发展。

5. 平等互动，指导家长

强化平等互动的服务理念，尊重家长的社会背景、生活经验和文化水平，接受家长不同的教养方式。争取家长的理解和主动参与，树立“指导者”和“支持者”的意识，与家长建立平等交流、积极互动的关系，以自身专业优势对家长的科学育儿提出建设性意见，帮助家长树立科学育儿的理念，掌握正确的教养方法，提供育儿支持。

二、教养知识

“教师同科学家、科普工作者、创作者一样，他们社会角色的实现是和知识紧密联系的。”[①] 早教教师面对的对象不仅仅包括一群身心发育刚刚起步的不同月龄段儿童，也包括不同职业背景、生活背景的教养者。工作对象的特殊性与复杂性，要求早教人才的知识结构既要“博”，又要“专”，还要“杂”，什么都需要懂一点，成为相对的通用型人才。

（一）广博的文化基础知识

在知识结构“博”的方面，要求早教教师可以通过学校学习和进入工作岗位后的继续教育、自学等多种形式拓宽知识面。能够具有有关当代科学和人文方面的基本知识，政治、经济、文化、社会、伦理等各方面知识也都要了解一些；此外还需要了解国内外早期教育发展的基本趋势，具有一定的现代信息技术知识等。奠定广博的文化知识基础，以满足不同新生儿、婴幼儿和家长在这方面的需求。

（二）扎实的早教专业知识

关于儿童早教方面的专业知识，主要包括：儿童生理卫生与保健方面的知识，如儿童生长发育的特点和规律、婴儿营养、婴儿日常保育、婴儿常见疾病护理、优生优育；儿童心理学方面的知识，如儿童心理发展基本理论、心理发展的基本规律和特点；儿童教育学方面的知识，如儿童教育的概念、婴儿教育与社会、幼儿发展的关系、婴儿教育的目标和内容方法、社区早教儿童教育学；儿童游戏与玩具方面的知识，如儿童游戏的产生和发展，儿童游戏的材料（玩具）、类型、指导和评价、婴儿游戏组织和指导；儿童教育课程方面的知识，如早期教育课程的概念、种类和制定课程的基本原理、国内外典型的早期教育课程模式等。以上这些专业知识的学习能够帮助早教教师全面理解儿童早期教育的基本原则，掌握儿童早期身心发展的基本规律，有利于早教活动的科学设计与开展。

（三）系统的实际操作知识

我国现阶段还没有颁布一份全国统一的0~3岁儿童早期教养指导性文件，关于早期教育的实际操作知识可以参考《幼儿园教育指导纲要（试行）》涉及的各个领域的基本知识、基本理论，如健康、社会、科学、语言、艺术五大领域的基本内容、目标、要求和原则。同时更为重要的是要掌握0~3岁儿童早期智能发育特征、运动、认知、语言、生活与交往等早期教育内容和方法，如掌握儿童潜能开发的重要意义、儿童发展测评的基

① ［法］让·卡泽纳弗著．社会学十大概念［M］．杨捷译．上海：上海人民出版社，2003.

本方法、组织儿童与家长互动的亲子活动、组织婴幼儿早期教育课程设计与组织的方法等。此外，还需要了解早期教育管理方面的实际操作知识，如早教机构的园务管理，教研和科研管理、早教机构与家庭和社区及自身工作评价的内容等。

三、教养能力

随着社会的发展，0~3岁儿童教育服务向从业者提出了越来越高的要求。教养能力是在实践活动中逐步培养和发展起来，并通过一定的教育教学活动表现出来，直接影响教育教学活动的成效和质量。当今社会的发展对早教教师的要求和期望越来越高，特别强调以下六个方面的能力。

（一）观察与指导能力

早期教育的教师首先应该具有敏锐的观察能力。观察是早教教师为儿童及其家长提供适宜性教育的前提，也是早教教师专业发展的重要途径。教师只有在充分观察儿童及其家长，了解儿童的发展水平、行为特点、兴趣倾向、学习风格以及家长需求的基础上，才能制定出符合儿童和家长需要的活动方案，进行有针对性的教育，从而保证教育的有效性。教师在观察的基础上与儿童和家长互动，提供有效的指导，能充分发挥自己在活动中的引导作用和指导作用。

（二）分析与评估能力

早教教师要随时了解儿童与家长的情况，对儿童的身心发展特点和家长对儿童的心理要有深刻的理解，进而有针对性地进行分析与评估。首先，早教教师应该能够对儿童所表现出的行为进行恰当的分析进而判断儿童的发展状况；其次，能够对家长教养儿童时表现出的行为加以分析以判断家长的育儿理念以及育儿水平；最后，教师还需要对家长与儿童之间的互动情况进行有效分析，以判断亲子关系的状况与亲子教育中所存在的问题。

（三）组织与实施课程能力

国内早教课程呈多元化趋势，但最主要的课程模式都是学习国外蒙台梭利、瑞吉欧和多元智能课程模式。不论是哪种课程模式，都要根据儿童的年龄特点来制定相应的课程目标和实施计划。早教教师须具备根据儿童发展的需要来设计和组织课程的能力，能根据儿童的发展阶段需要，有步骤地计划、组织和实施早教课程。

（四）沟通与咨询能力

早教教师应该学会沟通，掌握与儿童、教养者沟通的方法与技巧，特别是早教教师与教养者的沟通。教师与教养者的沟通合作是一种特殊的人与人的交流，其特殊性在于双方关注的交叉点：儿童的发展和成长。早教教师在与家长沟通时要注意态度真诚，察言观色，对于家长关心的问题、遇到的困难、面临的困惑等要给予积极的回应，对于家长提出的建议甚至是指责应持开放的心态，好的建议欣然接纳，不好的指责则委婉地纠正。早教教师在与家长沟通的过程中难免会遇到家长的询问，所以早教教师还需具备一定的咨询能力，除掌握丰富的关于儿童营养、护理、保健、教育的知识外，还需要具备很高的咨询技能，包括掌握倾听技巧、提问技巧、反应技巧、表达技巧等。

（五）语言表达能力

语言是教师进行教育教学的基本工具，教师语言的表达直接关乎教育效果的好坏。语言也是一门艺术，教师巧妙使用语言会起到事半功倍的效果。特别是承担早期教育的教师要不断地调整语言表达方式，既要适应儿童的需要，也要满足家长的需求。面对儿童，教师要放慢语速，在运用口头语言表达的同时注意结合运用适当亲切的体态语言；面对教养者，则可用成人的语言与其进行交流。不管面对哪个教育对象，教师语言表达都要尽可能地做到简明流畅、通俗易懂、生动形象且富有幽默感与感染力。

（六）教养环境创设能力

早教教师应注重创设能够满足儿童交往需要和被爱需求的精神环境，为儿童提供宽松、愉悦、平等、自主的活动空间。在适宜的精神环境中，儿童可以轻松、自由、自主地参与各项活动。此外，儿童还需要能够满足吃、喝、拉、撒、睡等生理需求的生活环境，需要能够满足好奇和探究需求的游戏环境。因此，早教教师还需要为儿童创设熟悉、舒适、有序的生活环境，创设生活环境时应注意与儿童的养育相结合，顺应儿童的发展规律，这样有助于儿童习得生活自理的技能，养成良好的生活习惯。同时教师也应为儿童创设刺激丰富、支持其发展的游戏环境，能根据儿童的需求而设计、投放玩具材料。

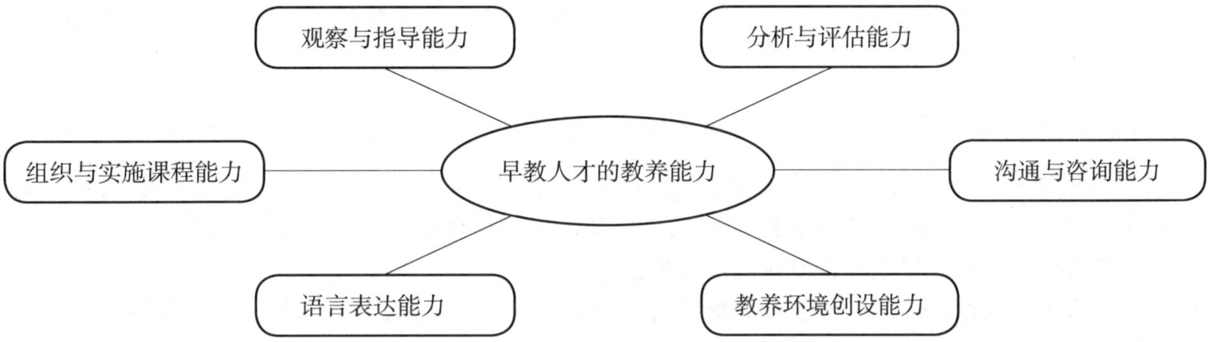

7-1　早教人才6大主要教养能力示意图

【反思实践】

1. 结合实际，谈谈早期教师应该具备的专业素质。
2. 谈谈0~3岁早教教师如何把握科学的教养理念？
3. 试述早教人才应该具备的教养知识与教养能力。

第二节　早教师资的培养途径

案例导入

《新京报》2011年新闻报道，北京七成早教教师不够“专”。报道指出，早教专业人才培训项目负责人在做市场调查时发现，目前早教教师普遍存在“一师兼多科”的情况，师资素质参差不齐。“北京市近七成早教教师均未经过正规的专业培训，其中只有一成是从事幼儿教育兼做早教，有一定儿童教养经验。目前早教机构招聘的教师，从业前所学专业极少与婴幼儿教育相关，大多是从业后通过公司内部培训恶补。”此外，金宝贝中国区教务经理也提出，现在学校和社会上很多培训都是针对3岁以上儿童，0~3岁的相关培训很少，这方面的培训有待整个行业工作人员的重视。可以看出，0~3岁早期教养专业人才缺口巨大。早教师资培养显得尤为重要，应放在重要的议事日程上。

目前，我国早教实践中有很多不规范行为和不科学做法，无论是附设在幼儿园中的“小小班”或“亲子班”，还是依托社会力量办学的各种类型的早教机构，其教养目标、内容、方法和手段等的科学依据都不够。尤其是依托社会力量办学的不少早教机构具有较浓的商业化气息，相关政府和教育部门对此缺乏科学规范的管理，导致早期教养实践比较混乱。社会办学兴起的培训机构培养体制不够规范，学时太短，培养的师资根本不能从事正常的教学，从而导致了巨大的早教人才缺口有增无减。我们应该通过各种有效途径加强早期教育专业人才的培养，以保证我国早期教育的科学、健康发展。

一、高校设置培养早期教育专业教师

从长远考虑，要建设一支观念领先、业务精湛、道德高尚的早期教育的师资队伍，就必须采取学历教育形式。一是学历教育具有明确的培养目标、系统地教育内容和课程体系；二是培养周期相对较长，专业理论系统扎实深入。形式多样的教学方法和专业技能训练，能提升受教育者专业素养；三是学历教育更有助于受教育者形成稳固的职业理想、专业倾向。① 应该把在各个高校开设早期教育专业，作为早期教育师资培养的主要途径。

（一）高校开设早期教育专业的必要性与可行性

在高校开设婴幼儿早期教育与服务专业，不仅有利于满足社会对婴幼儿早教与服务的需求，同时对于高校面向社会办学谋求更大发展提供了良好契机。高校开设早期教育专业具有必要性与可行性。

1.社会需求是高校开设早期教育专业的市场依据

0~3岁婴幼儿早期教养成为终身教育的奠基阶段。近年来我国学前教育的研究范围不断扩大，逐渐向低龄儿童延伸，实现托幼一体化，将0~3岁儿童纳入教育范畴，成为我国各大中城市学前教育发展的重要发展趋势。据最新的《中国人口统计年鉴》显示，中国0~3岁儿童共计7000万人，其中城市0~3岁的儿童数量为1090万人。“人才培养的制高点在最初阶段”“教育从0岁开始”等观念日益深入人心，0~3岁儿童的智能开发，是目前幼教发展和市场需求的新增长点。2007年，一家北京调查机构的研究显示，目前北京参加早教的儿童（0~6岁，幼儿园除外）约占总人数的1/5，其中婴幼儿（0~3岁）参加早教班的比例为14%。以早教机构通行的师幼比例1∶5可以预测，所需早教人员的数额庞大，早期教育专业正在成为前景广阔的朝阳行业。

2.人才匮乏是高校开设早期教育专业的历史机遇

目前幼教师资只能适应3~6岁的幼儿教育，对0~3岁低幼儿童的早期教育尚有许多不适之处。长期以来，在我国原有的教师培训体系中，幼儿师范院校均以培养3~6岁幼儿园师资为主，学历教育机构很少开设专门针对0~3岁儿童早教与服务的专业，导致0~3岁早教师资严重匮乏。如福建省2010年统计结果显示，全省现有幼儿园6179所，在园幼儿116.63万人，学前三年入园率90.3%，由此推断2010年全省0~3岁婴幼儿在129万左右，如果50%的0~3岁儿童接受早期教育，按照1∶5的比例测算，将需要约12.9万专业早教人才。目前的师资培养远跟不上早教发展的需求，因此，大多数城市中早教服务机构只能招聘学前教育师资，然后进行短暂的内部岗前再培训。由于市场需求很大，一些民营、私立的培训机构看准商机开展相关培训，但培训机构缺乏规范性，没有系统的课程，而且大都是短期培训，培训后的从业人员并不能很好地适应儿童早教与服务工作。这为高校开办相应专业，实行专业培养目标、课程设置、教育内容的拓展和改革提供了重要契机。

3.办学实践特色是高校开设早期教育专业的质量保障

高校应根据市场需求的变化灵活调整和设置婴幼儿早教与服务专业，这不仅对提高早期教养质量具有重要意义，也是高校面向社会办学谋求更大发展的良好契机。首先，它有助于拓展早期教育研究领域。高职院校适应科学和社会发展的趋势，将视角向下延伸，开设儿童早教与服务专业，必将丰富和发展整个学前教育学科的研究和建设；其次，它有助于促进儿童早教服务队伍建设。0~3岁儿童早教服务人员因其灵活性、社会性、指导性形成了不同于幼儿教师的职业特点。目前，国内对0~3岁儿童早教与服务人才的培养标准、课程设置、培养方式等研究非常薄弱。高职院校通过开设早教与服务专业，建构我国0~3岁儿童教育体系，制定儿童早教与服务人才培养方案，有助于为社会培养一批数量充足、道德高尚、业务精湛的儿童早教老师。②

---

① 张振平.幼儿园低幼儿童教育师资队伍建设研究，河北师范大学硕士论文，2007.

② 吴伟俊.高职院校开设婴幼儿早教与服务专业的必要性与可行性分析［J］，新课程研究，2012（3）.

4.政府重视是高校开设早期教育专业的政策环境

在时代发展的背景下，我国各级政府逐渐在大力推进早期教育的发展工作。在“十五”和“十一五”期间，我国早期教育政策明确表明了对0~3 岁婴幼儿教育的关注。在不同类型、不同层级的政策文件中，只要涉及学前教育，几乎都有“发展 0~3 岁婴幼儿早期教育”的表述。这些文件将0~3 岁早期教育纳入政府教育政策的决策主流，基本指明了3 岁前儿童教育的方向，即开展婴幼儿早期教育，提高家长及看护人的科学育儿能力。[①] 2010年，国务院审议并通过了《国家中长期教育改革和发展规划纲要（2010~2020 年）》，在学前教育发展任务中明确要求：“重视0~3 岁婴幼儿教育。”这就意味着，国家已经正式将0~3 岁儿童教育列入了中长期教育改革和发展规划之中。

（二）高校开设早期教育专业的培养目标

培养目标指导着人们的具体教育行为，它是设置课程的直接依据。我们强调观念与技能并重、理论与实践并重、学历与能力并重，强调多层次、多形式、多元、开放、立体交叉的培养目标。为适应新时期社会发展的需要，各个高校的早期教育专业建设，需要更新以往的教育观念，应向重实践、重技能、重能力，层次准确、订单培养、专业性强的应用型专门人才培养目标转换。[②] 应从培养研究型的人才向培养应用型人才转变。立足于培养应用型高素质早教教师的具体目标，要求早教教师具有：

职业理想——热爱早期教育事业、热爱儿童、愿意为早期教育事业贡献自己的身心。

教养观念——树立正确的儿童观、教育观，了解新的教育思想和教育理念并能转化为教育行为。

教养知识——掌握0~3岁儿童发展与教育的基本理论，了解0~3岁儿童发展的规律和方法，掌握0~3岁儿童的心理、生理、营养保健等知识，具有较为宽泛的人文和科学方面的基础知识，掌握音乐、美术方面的基础知识，具有初步的英语听说能力。

教养能力——具有较强保育能力、活动设计与组织能力、实践反思与自我发展能力，初步的科研能力，善于沟通与合作等。

身心素质——具有健康的心理和人格，热情、活泼、开朗、豁达、积极向上。

培养目标的确立充分体现了宽口径、厚基础、应用型的培养方向，其目的是培养德、智、体、美全面发展的，具有早期教育专业知识的高等应用型早期教育工作者以及能够从事儿童社会教育与社会服务的专业人才[③]。

（三）高校开设早期教育专业的课程设置

课程设置是一个有关课程目标、内容、方法和评价的系统，是将教育思想、教育理论转化为教育实践的桥梁。[④] 课程设置直接影响人才培养的规格和质量，也是人才培养目标实现的具体载体。“课程设置”概念的引入是为了强调0~3岁儿童的教养是一种有目的、有准备、有意识的行为，不同于以往人们对待3岁前教养的随意性和随机性，也不同于其他教育阶段的高控制性和高强度性。

1. 高校早期教育专业课程设置的指导思想

课程是教育实施的载体。培养早期教育专业人才的高校，如何使学生具有从事早教工作的素质，课程设置是关键，为此，各个承担早期教育专业人才培养的高校应构建起科学的早期教育专业课程体系。

首先，从教育对象的特点看，儿童思维是直观形象的，需要运用多种生动活泼的教学形式和手段进行教学，这就要求早教教师应具有突出的教育技能和艺术技能。

其次，从早期教育教学内容来看，主要包括0~3岁儿童早期智能发育特征、运动、认知、语言、生活与交往等早期教养内容。这就要求早教教师要全面学习相关知识，掌握相应技能，而不能有所偏废。

再次，从教学方式上看，早期教育教师没有学科的分工，其劳动是一种综合性的劳动，在教育教学过程中，早教老师要涉及多门学科知识，这就要求早教教师应具有整合多门学科知识的综合能力。

---

① 吴伟俊 . 高职院校开设婴幼儿早教与服务专业的必要性与可行性分析［J］，新课程研究，2012（3）.

② 陈学文，重庆市中职学前教育艺术人才技能培养模式探索［D］，重庆师范大学硕士学位论文，2012（4）.

③ 但菲 . 高素质幼儿教师的培养与教师的专业化发展［J］. 教师发展与教师教育，2006（4）.

④ 朱家雄 . 幼儿园课程［M］. 上海：华东师范大学出版社，2000.

基于上述分析，以综合素质培养与专业实践能力培养为核心，构建早期教育专业课程体系的指导思想①。

（1）注重师范性

早教教师的独特性在于不仅要具备扎实的专业知识和能力，解决"教什么"的问题，更要具备向幼儿及家长传授知识的能力，解决"如何教"的问题。因此，在设置课程时应要注重师范性，突出教育学科课程的特殊性，加强婴幼儿教育学、婴幼儿心理学、婴幼儿卫生与保育等课程的教学。同时也要重视专业课程的教学，训练专业技术并能用来解决早期教育机构中的实际问题。

（2）注重综合性

课程设置力求根据现代科技发展和学前教育课程改革综合化的趋势，强化综合素质教育，注重科学素养，体现人文精神，加强学科间的融合以及信息技术与各学科的整合；根据早期教育发展的需要，综合性教育与单科性教育相结合，使学生文理兼通，学有专长，一专多能；打通师范与非师范专业的通道，使学生形成不同知识结构和能力结构；强调教育技能应用的综合。

（3）注重实践性

课程设置力求根据早期教育教师职前教育的要求，既要科学地安排文化知识课和教育理论课，又要加强实践环节，注重教育实践和科学实验，重视教师职业技能训练和职业能力的培养。

（4）注重时代性

课程设置力求面向现代化、面向世界、面向未来，反映当代社会经济、文化和科技发展的趋势，贴近国际教育改革和我国早期教育课程改革的前沿，体现先进的早期教育理念。

2. 高校早期教育专业课程教学内容的拟订

传统的学前教育专业课程从课程内容的系统性和针对性方面已经不能满足早期教育师资培训的需要，早期教育不能简单照搬已有的（学前）教育模式和方法。0~3岁早期教育专业课程在整合学前教育的课程基础上必须系统地开设0~3岁早期教育基础理论、早期教养与护理、早期教育课程与教法、早期教育家庭指导等模块的课程，并不断完善各门课程的教学体系和内容，以满足早期教育人才培养的需要。

表7-2　0~3岁早期教育核心专业课程教学内容②

课程名称	内 容 概 述
婴儿卫生与保育	本课程主要讲授婴儿生长发育与保健、婴儿疾病及其预防、婴儿日常照料和护理等卫生保健内容。帮助学生形成正确的保育观和健康观，使学生能运用所学理论知识解决实际问题。
婴儿营养与喂养	本课程主要讲授营养的基础知识；婴儿喂养的特点；婴儿食物（包括辅食）的选择和制作、食谱设计；婴儿饮食习惯的培养及饮食卫生要求；婴儿营养状况评价等。帮助学生比较全面系统地掌握婴儿营养与喂养方面的基本知识和基本方法。
0~3岁婴幼儿护理及疾病预防	本课程主要讲授0~3岁婴幼儿日常护理（一睡眠、二便、三浴、四卫生）；0~3岁婴幼儿健康护理，主要包括常见疾病护理和预防、正确喂药和简易护理（测体温、脉搏、呼吸）、预防铅中毒、预防接种、意外伤害的预防与处理。
婴儿心理学	本课程主要讲授婴儿心理学研究的内容和方法、婴儿认知、情感、社会性、个性的发展等内容。帮助学生比较全面系统地掌握婴儿心理学基本理论、基本知识和基本方法。
0~3岁亲子教育与家庭指导	本课程主要讲授0~3岁亲子关系与发展促进、玩具的选择和游戏案例。帮助学生掌握婴儿家庭教育的基本理论和教育组织指导技能。
0~3岁婴幼儿动作的发展与教养	本课程主要讲授包括0~3岁婴幼儿大动作和精细动作的规律、发展特点与培养方法、案例。
0~3岁婴幼儿认知的发展与教养	本课程主要讲授包括0~3岁婴幼儿感知觉能力、注意特性、记忆能力、思维能力、想象能力等的发展特点与教养方法、案例。

① 龙明慧．师范院校0~3早期教育专业人才培养的探究［D］，湖南师范大学硕士论文，2011.
② 同上．

续表

课程名称	内 容 概 述
0~3岁婴幼儿语言的发展与教养	本课程主要讲授包括0~3岁婴幼儿语言的发展规律、特点和培养方法、案例。
0~3岁婴幼儿情绪、情感的发展与教养	本课程主要讲授包括0~3岁婴幼儿情绪、情感的发展规律、特点和培养方法、案例。
0~3岁婴幼儿社会性的发展与教养	本课程主要讲授包括0~3岁婴幼儿社会性的发展规律、特点和培养方法、案例。
0~3岁婴幼儿教育管理大全	包括国际、国内有关人权和儿童权利的法律、法规；举办早教机构的相关法律、规定；早教机构的设置、管理和评价等。
婴幼儿游戏与玩具	本课程主要讲授婴幼儿游戏的目标和内容、途径和方法、活动设计和指导原则、活动环境的创设与管理、游戏的案例分析与评价等内容。帮助学生掌握婴儿游戏的基本理论和组织指导技能。

3. 高校早期教育专业课程设置的具体要求

（1）专业基础课和专业技能课并重

高校在培养早期教育专业人才方面不仅要重视学生专业基础课程的掌握，同时还要使学生掌握应有的早期教育技能，运用相应的教育技能熟练地进行施教。把专业基础课程和专业技能课程进行整合，针对早期教育机构的实际需要可以增设“感觉统和训练”“优生优育”“早教机构管理”“蒙台梭利”等课程。

（2）实践课程要贯穿课程始终

一个优秀的早期教育教师，其表现不在于记住了多少早期教育理论，而在于早期教养实践中对实际问题的洞察和解决，实践是理论转化为应用能力的桥梁，它对早期教育教师的综合职业能力起到重要作用。因此，要对早期教育教师实行“全实践理念”教育，即时间上贯穿、空间上拓展、课程中渗透。教学计划中，实践课程（包括早教机构见习、保育实习、早期教育调查、亲子课程训练等）比例需达30%以上。

① 实践教学时间要充足

从学生进校开始一直到毕业，实践教学应贯穿整个学程。实践课的安排与专业理论课教学在教育目标上要紧密结合起来。如某3年制专科学校实践教学内容与时间的安排：第一学年教育见习时间为2周，主要是参观早期教育机构，观察、了解早期教育机构的保教活动。第二学年实践教学时间为6周，第一学期进行早教助教工作1周；指导幼儿游戏实习2周。第二学期安排3周的早教亲子实习活动。第三学年，实践教学时间为18周，撰写毕业论文5周，毕业实习13周。第一至第三学年结合专业理论教学的日常亲子机构见习、课堂训练和模拟教学也贯穿于学程始终。

② 实践教学形式要多样

早期教育教师的教学实践形式概括起来主要有以下四种。

第一种，随堂训练。在课堂教学中教师理论课程的教学要按实践教学大纲，同时要注重对学生进行全学程的教育技能训练，如教师口语、儿歌即兴伴奏、舞蹈、美术、教育活动方案的设计与组织等。所有教学法课程则以实践教学为主。教师在课堂教学中应强调与学生之间的双边活动，着力提高学生的专业实际应用能力。

第二种，模拟教学。根据各课程实践教学大纲，提出模拟教学的任务，组织学生在校内实训中心和教室进行模拟，创设早教机构环境、组织早教活动的实际训练，使学生在仿真模拟操作中进一步理解儿童教育的理论，掌握当今早期教育的最前沿动态，特别是掌握早教机构课程与教学的最新理念和方法，提高学生的教育实践能力。

第三种，基地实习。专科层次三年制学生从第一年起，五年制学生从第二年起，本科层次四年制学生从第二年起到实习基地进行早期教育见习与实习，组织或者协助组织早教机构活动，这是实践教学活动的重要形式。

第四种，科研实践。科研能力是早期教育专业学生技能素质的重要组成部分。把学生写作课程论文（设计、创作）、学年论文（设计、创作）、毕业论文等作为培养和考查学生能力的重要手段，考查学生动手能力，使学生开展科研实践训练。

（3）增设选修课程

选修课是各高校根据专业需要，使学生根据自身的兴趣有选择地学习的课程。在早期教育专业的选修课上，应注意扩大开设范围和种类，给学生提供较为宽泛的选课余地，进一步培养学生自身的兴趣爱好，发展特长。如某些高校早期教育专业开设了蒙台梭利教学法、育婴师培训、奥尔夫教学法、感觉统合训练等与早教接轨的专业特色课程。

二、幼儿教师转岗早教教师的师资培训

当前，早教师资人才难觅。如何在短时间内培训出熟练的从业人员，保证教养质量，是0~3岁亲子园面临的一大问题。目前来看，0~3岁亲子园的早教师资除了来自各个高校早期教育专业的毕业生以外，另外一个主要来源是从事3~6岁教育的幼儿园老师，这就需要帮助幼儿园教师向0~3岁亲子园教师转岗。

转岗幼儿园教师都经过专业培训，各方面素质都较好，也具备必备的身体素质和心理素质，了解幼儿生理和心理发展特点及教育规律，具备科学的儿童观、教育观，能够组织和引导幼儿的游戏。但0~3岁儿童与3~6岁儿童相比，无论是生长发育特点，还是心理发展水平都存在较大的差异。0~3岁儿童主要是满足其生理上需要，如果儿童得到很好的物质照料就能在大脑、身高、体重等生理指标上发展正常。这个阶段儿童行走动作和动手技能的发展很重要，个性以先天气质的方式表现为爱哭闹或表现平静。这一时期需要完成的心理发展任务是发展他们的信任感，克服不信任感。处于学前期的3~6儿童，主要以进行各种各样丰富多彩的游戏活动来发展儿童各种动作技能及心理功能，与同伴的交往过程中确定自己的性别角色，学会与他人合作，在成人的指导下社会性得到积极发展，道德观念形成最初的萌芽。[①] 可以看出，两个年龄阶段的儿童身心发展规律不同，在教育内容、教育形式、教育方法方面等都存在较大的差别，这就决定了两个阶段的师资应该具有不同的要求和标准。

现实来看，转岗幼儿教师丰富的教学经验并不符合0~3岁儿童的心理、生理特征，这样的经验也不能直接运用于0~3岁儿童的教育活动中去。因此，需要对转岗幼儿教师进行系统的再培训，才能提高0~3岁亲子园教养和教养指导质量、提高亲子互动效果。具体的培训内容概括起来主要包括以下五个方面。

（一）教师教态、教学语言风格

教师教态方面，应该突出0~3岁亲子园教师的亲切友善，为儿童创设温馨、安全的人际交往氛围；教学的表情、动作、语言尽量形象、夸张，以符合低龄幼儿的年龄特征，同时能够有意识地用表情、语言、动作等手段调动家长对活动的参与和配合。

（二）专业理论知识

幼儿园教师极少涉及0~3岁儿童的知识，对于0~3岁儿童的心理、生理、营养保健等知识还有很多空白。因此，专业理论知识是转岗幼儿教师应重点掌握的一个方面。转岗幼儿教师应该具备的专业理论知识主要有：0~3岁儿童解剖及生理发育特点、0~3岁儿童心理发生、发展特点（涉及感知能力、记忆能力、想象能力、注意力、思维能力、自我意识、情绪情感、意志力、气质特征、言语能力以及人际交往能力等特点）、0~3岁儿童营养、0~3岁儿童教育（涉及儿童教育的特点、内容、原则及方法）等。

（三）教玩具选择

适宜的教玩具材料是亲子园教育活动得以有效开展的重要保障。不同年龄阶段儿童的发展水平、能力不同，对教玩具的需求也是有区别的。不同年龄需要不同的刺激，在适当的阶段选择适当的教玩具，可以帮助儿童发展重要技能和认识周围环境。因此，转岗幼儿教师应考虑0~3岁儿童发展的需要，结合0~3岁儿童发展现状有针对性地选择适宜的教玩具材料。教玩具材料在美观、目标化、生活化、全面性等方面，要求能够贯彻0~3岁儿童发展的教育目标。

---

① 张振平．幼儿园低幼儿童教育师资队伍建设研究，河北师范大学硕士论文，2007.

（四）教育活动设计与组织

转岗幼儿教师需要掌握0~3岁儿童大肌肉动作和精细动作的训练方法，能够根据儿童不同年龄阶段的儿童发展水平选择和设计各种游戏活动；掌握0~3岁儿童认知能力和语言的训练方法，并能对其进行有效的认知能力和语言的训练。在社会行为训练和人格培养方面，懂得与培养0~3岁儿童生活自理能力、社会交往能力和良好情绪行为等有关的知识与方法，并能根据其发展水平选择和设计相应的游戏活动。此外，能够根据不同年龄阶段儿童的发展水平，制定个别化的教学计划和方案，也能按照家长及儿童需要，为其设计并实施个别化教学活动。

（五）教养指导

亲子园教师的教育对象不仅包括儿童还有儿童的家长，这种双主体性决定了教师不仅要把儿童作为教育对象而更要把正确的教养理念和教养方法教给家长。这就要求转岗幼儿教师应具备较强的教养指导能力，做家长工作，与家长建立支持性关系，并能有意识地向家长传授正确的早期教育知识和方法，积极与家长交流，了解家长需求，洞察家长的教育观念和行为，发挥自身的专业优势，解答家长的育儿困惑，对家长的科学育儿提出建设性意见等。

三、育婴员的培养

高校早期教育专业培养目标的定位是面向0~3岁亲子园或亲子班、托儿所、早教机构或早教指导中心，这一举措可以有助于培养合格专业的早教师资队伍。但每年培养的早期教育专业的毕业生的数量远远满足不了庞大的早教社会需求。顺应形势发展，国家已逐步重视早教服务从业人员的社会培训问题。2003年，劳动和社会保障部根据社会发展需求和育婴职业特点，组织专家颁布了《育婴员国家职业标准》，编写了《育婴员国家职业资格培训教程》，将育婴师定位为面向家庭培养从事个别化早期生活照料与教育的专业人员。

（一）育婴员的产生

根据调查，我国有90%以上的0~3岁儿童在家中由父母、祖父母和保姆照料，他们在科学喂养及教育儿童等方面都需要科学的指导。年轻的父母迫切希望能够得到一种切实有效的帮助，指导他们如何最科学、最高效地养育好自己的子女。[①] 现在各地方涌现出很多早期教育机构如"亲子园"等，从事0~3岁儿童照料和教育的人员已经形成一定规模。其从业人员大部分为幼师专业毕业生，他们对于0~3岁婴儿教育缺乏完整的认知，采用的教学方法很多只是幼儿园教育的简单低龄化。这些都严重干扰和混淆了婴儿教育的概念。

在这样的背景下，为了尽快提高从业人员素质，理顺我国早期教育市场，帮助教养者真正了解早期教育的重要意义，劳动和社会保障部于2002年7月开始组织国内儿童卫生保健、营养、教育心理专家，制定了《育婴员国家职业标准》，编写了《育婴员国家职业资格培训教程》，并于2003年2月颁布。这意味着今后从事0~3岁婴儿生活照料、护理和教育的人员必须经过系统化、规范化培训、掌握相应的职业技能，经考试合格后，才能取得国家职业资格"育婴员"证书，做到"持证上岗"。

全国各地早期教育培训机构的教师和与儿童保教有关的从业人员都应该进行专业知识和操作技能的培训，参加统一考试后，成绩合格者由劳动和社会保障部颁发"育婴职业培训师资合格证书"或"育婴职业从业人员合格证书"，作为早期教育从业人员持证上岗的依据。在取得育婴员资格后，根据工作情况，参加高一级培训，符合条件的可以晋升高一级的职业资格[②]。《育婴员国家职业标准》给育婴员下的定义是：主要从事0~3岁婴儿照料、护理和教育的人员。该职业共设三个等级，分别为：育婴员（国家职业资格五级）、育婴师（国家职业资格四级）、高级育婴师（国家职业资格三级）。

① 杭梅．南京市育婴员队伍建设之研究［D］，南京师范大学硕士学位论文，2004.
② 同上．

(二)育婴员的培养现状

近几年,在各地工会、妇联组织的"妇女下岗再就业工程"中对下岗妇女进行育婴师的培训并提供就业岗位,但都是进入家庭从事家政服务的工作,实际上她们大多数只能算是"月嫂"。因为她们几乎没有经过系统的育婴培训,不具备这种职业资格,与儿童早教与服务的岗位要求相差甚远。短短几天的课程培训无法达到系统掌握0~3岁儿童生理、心理、营养、卫生保健、疾病预防、社会行为培养、人格发展的科学知识,以及亲子活动设计、组织、实施开展、与家长的交流沟通和进行社区咨询服务的技能要求。

可以说,现有的培养规格、模式完全不能满足市场上0~3岁婴幼儿早教与服务的需求。这也反映出培养合格的育婴师队伍对指导家长和规范婴幼儿教育有多么重要。

(三)育婴员的培养措施

1. 建立制度,强化管理

(1)建立育婴员职业技能鉴定机构

各地区教育部门和劳动社会保障部门应联合成立育婴员职业技能鉴定机构,为育婴员获得国家职业资格证书提供鉴定、发证服务。一是对在职从事婴儿教育工作的人员进行鉴定;二是对即将从事婴儿教育的人员进行鉴定。经考试合格者统一核发国家职业资格证书,该证书即为国家规定的从事0~3岁儿童教育所必须持有的《育婴员职业资格证书》。

(2)建立育婴员持证上岗制度

各地区应建立育婴员持证上岗制度。凡是没有取得育婴员资格证书的人员一律不得从事亲子园、托班的教育工作,也不得在其他0~3岁教育机构中从事教育工作。也就是说从事0~3岁儿童教育的在职人员都必须持证上岗。

2. 重视培训,提高素质

各地区的教育行政部门应建立多层次、多形式的育婴员教育与培训制度,提高育婴员队伍的素质。对育婴员培训的内容应该包括系统的理论知识以及具体的操作方法。教育和培训的内容要体现针对性和实用性,有利于指导和帮助育婴员解决工作中遇到的各种实际问题。

3. 多种方式,激励成长

育婴员取得相应级别的资格证书后,教育行政部门仍然要采用多种方式激励育婴员成长,以不断提高0~3岁儿童教育的质量。

(1)专题讲座和研讨

可以针对育婴工作中存在的普遍问题和实际需要,聘请专家学者或者有实际经验的育婴员开展专题讲座和研讨活动。

(2)观摩活动

育婴员之间互相观摩,是相互学习、提高业务水平的一种好形式。通过观摩具体的活动,育婴员可以学习优秀育婴员的具体操作方法,更好地促进自身的发展。也可以通过组织活动更正确地认识自己、评价自己,从而调整自己的行为。

(3)教研活动

教研活动的目的主要是要更新育婴员的教育观念和态度,增强他们的研究意识,提高分析问题、解决问题的能力,进而提高育婴质量,促进育婴员职业能力的发展。在此基础上逐步建立鼓励育婴员积极参与教科研的制度。

(4)开展竞赛

定期举行育婴员基本技能竞赛,发现和培养一批有一定理论素养和教育实践经验的名育婴员、骨干育婴员。教育行政部门对取得显著成绩的育婴员进行表彰、奖励。

四、在职早教教师的继续教育培训

教师队伍的建设,既依靠职前师范教育培养新师资,也有赖于职后继续教育培训在职教师。早教教师承担着培养人而且是0~3岁儿童的重任，他们思想观念的转变、知识的更新对于育婴质量的提高起着至关重要的作用。因此，除开展岗前培训外，还要重点加强早教师资的岗中培训，利用多种途径与方法继续进行教育和培训，建立一支专业的早教师资队伍，提高早期教养的质量。

（一）创设良好的培训条件，提升在职教师的教养能力

1. 园本教研

园本教研活动是早教教师专业化程度提高的保障。通过自我反思、同伴互助的方式，转变早教教师的教养观念和态度，帮助早教教师提高教学水平、专业素质，提高分析问题、解决问题的能力。园本教研的形式有多种，集体备课与课例研讨是比较常用的两种形式。

集体备课：注重发挥早教教师同伴互助的作用，集中大家的智慧，着重解决早教教师对教学内容的理解、把握与处理。一般操作程序：个人分析教材、备课→主备课人说课→相互讨论→集体教学设计→ 教学实施→ 反思→完善教案①。集体备课可以分层次进行，全园性的集体备课一般由业务管理者组织，年段集体备课由年段组长或教师轮流组织。

课例研讨：主要是以一个具体的教育活动为研究对象而展开探讨，重点解决活动中存在的问题，研究活动的成功之处以及不足的原因与改进措施，将备课、说课、授课、观课、评课融为一体。课例研讨又分一课多研、同课异构、异课同构等多种形式。一课多研是对同一个教育活动，组织多次研讨、层层递进；同课异构是同一个教育内容，由不同教师设计与组织，比较不同教师对同一内容的处理及产生的教学效果；异课同构是采取相同的教学设计和流程来组织不同内容的课，以探讨教学设计与流程的普适性。

2. 园本培训

园本培训是由亲子园组织发起，以亲子园为培训基地，以本园教师为培训对象，整合各种培训资源的一种继续教育方式。主要的培训形式有以下几种：

专题培训：以大家关注的、最需要迫切解决的问题为培训主题，从点上入手，面上突破，形成专题。组织者根据主题层层引导，帮助教师逐步理清思路、获得解决问题的思路或方法。

分层培训：由于工作时间、经验水平的不同，整齐划一的培训则不能满足每位早教教师的需求，因此，分层培训必不可少。亲子园可以根据本园教师的具体情况采取分层培训的形式，如可以开展新教师、教坛新秀、骨干教师等不同层次的培训。

分类培训：不同岗位其职责是不同的，亲子园可以根据岗位开展分类培训，可按管理者、班主任、普通教师等分别培训。

3. 专家引领

定期聘请有关早教专家、早教界知名人士、早教方面的骨干教师到亲子园对早教教师进行专业指导，并帮助早教教师解决在教学实践中遇到的各种困惑。还可以听取专家学者关于教科研的专业讲座，掌握开展早期教育、家长指导方面的科研活动的理论与具体方法。借助专家资源，组织亲子园内教师形成学习小组，在亲子园内开展早教模式、家庭育儿困惑解答及指导家长策略等相关专题研究。通过专家引领与自身实践相结合，促进早教教师实现教育理论与实践的融合。当早教教师通过参与亲子园内的教研活动从而解决自己工作中遇到的问题时，才能切身感受到教研给自身工作、专业发展带来的促进作用，也才能增强参与亲子园教研活动的积极性。

（二）完善培训制度，保障在职教师的继续教育

目前亟待形成有利于早教教师专业成长的政策、法规和相关制度，如明确界定早教教师专业水平标准的文件、早教教师专业培养制度和奖励制度等。早教教师的专业能力与专业培训资历应被确立为专业内晋升和奖励的重要依据。鼓励早教教师接受继续教育，建立早教教师培训制度。将早教教师接受继续教育的情况与加薪、职称晋升、职务提升及各种奖励挂钩，逐步建立和完善支持早教教师带薪进修、休假进修以及长期进修、中期进修和短期进修的制度，从时间上、经费上为教师接受继续教育提供保障。

---

① 张思雁．幼儿教师继续教育方式的研究［J］．高等函授学报，2008（11）．

育儿宝典

亲子园教师应该给家长提供哪些帮助？[①]

1. 帮助父母具有良好的心理素质
（1）放松心态，不可焦虑
（2）具有敏锐的洞察能力，学会观察儿童
（3）建立健康的人格
2. 帮助父母学到科学有效的育儿理念
（1）提供具有前瞻性的教育理念
（2）与教师共同制定教育策略
（3）要有生活处处有教育的眼光
（4）尊重儿童心理和生理的发展规律
3. 帮助父母优化家庭教育的环境
（1）改变家庭教育的不良因素，父母必须以身作则
（2）家庭的教育态度必须保持一致，形成民主式教育
（3）帮助父母用发展的眼光来看待儿童
（4）给儿童提供温馨和谐的家庭环境
4. 帮助父母掌握科学育儿的方法
（1）每一个儿童都有一个教育方法
（2）在表扬儿童的同时注意鼓励行为背后的价值
（3）在培养儿童自主性发展的同时注意规则意识的培养
（4）正确掌握儿童的年龄特点，注意保护儿童的兴趣和探索的能力

家长沙龙

家长如何处理儿童之间的冲突

一次亲子课堂的结束环节，老师安排孩子们收拾玩具。老师说："请小朋友们把我们刚刚玩过的玩具送回'家'，轱辘的家在这边，球球的家在那边。"孩子们听到教师的要求后都开始收拾玩具。一名小男孩显然对老师用两个一次性碗底相互粘到一起后形成的轱辘很感兴趣，他不想交给老师，还想继续玩。一个勤快的小女孩顺手就捡起来准备交给老师。男孩急了，两人就争执起来了。女孩的妈妈怕男孩打女孩，就帮着女孩把玩具交给了老师，并对男孩说你再找老师拿一个啊。男孩只好再去找老师拿了一个继续玩。

早教教师评一评：

家长在面对儿童之间的冲突时，想尽快解决儿童的冲突行为，缺乏对儿童如何解决冲突的指导。家长往往不会引导儿童站在他人的立场去看待问题，体验对方的感受。上述案例中，女孩妈妈应该告诉那个男孩，能够收拾玩具是好孩子，但他还想玩，让他自己玩完了交给老师。这样既肯定了儿童的做法，同时又教育儿童要尊重他人的想法，不能把自己的意愿强加给别人。这个问题对我

① 杨多奇．三岁看未来：十年亲子园教育案例集萃［M］．北京：机械工业出版社，2010．

们成人来说是个很简单的道理，但对2岁的儿童来说就是他们学习人际交往的开始，是了解他人、尊重他人的第一步。女孩妈妈以保护自己的儿童、损害男孩的利益来解决冲突，这样儿童永远也学不会站在他人的立场去看问题。

家长往往在儿童发生冲突时想到的第一个问题就是安全，其实在一般情况下儿童之间的冲突不会造成太大的伤害，家长也不可能完全介入儿童之间的每个冲突中去，所以要放手让儿童学会解决在交往中发生的冲突，将协商调解的主动权交给冲突情景中的儿童。

正确的做法是：父母做旁观者和引导者，帮助儿童分析冲突中的是非，让儿童对冲突有个明确的认识。对于吃亏的儿童不责怪他胆小、没用，鼓励他勇敢地表达自己的想法。对占便宜的儿童，不鼓励他诉诸武力来解决问题，让他明白武力只会激化矛盾，使自己更受到排斥，同时交给他心平气和解决问题的技能。这样才能给儿童创设一个独立自主的环境和解决问题的机会，使儿童体验到发生冲突的后果是什么，进而学会与同伴进行协商讨论，最终体验交往成功的经验。

【反思与实践】

1. 结合实践，谈谈早教师资的培养途径有哪些？
2. 如何实现由幼儿教师转岗亲子教师的师资培训？
3. 谈谈在职早教教师的继续教育培训途径有哪些？

附录

《福建省0~3岁儿童早期教育指南（试行）》

《福建省0~3岁儿童早期教育指南（试行）》

第一部分　总　　则

一、为了让每个孩子拥有良好的人生开端，为指导家长、抚养者和学前教育工作者科学地开展0~3岁儿童早期教育工作，提高学前教育机构对0~3岁儿童教育工作水平和家庭教育指导水平，为0~3岁儿童提供早期保育和教育服务，根据福建省经济发展水平、0~3岁儿童教育现状和发展需要，特制订《福建省0~3岁儿童早期教育指南（试行）》（以下简称《指南》）。

二、《指南》是建立在国内外对0~3岁儿童身心发展特点和教育研究的基础上，从0~3岁儿童的发展特点和规律出发制定的。

三、《指南》为福建省学前教育机构实施0~3岁教育工作提供指导，也可为家庭教育提供参考。

四、0~3岁儿童教育工作的基本原则

（一）顺应原则

尊重0~3岁儿童的身心发展规律，顺应儿童的天性，把握每个阶段的发展特点和水平，关注儿童经验获得的机会和发展潜能，创设适宜的环境，促进每个儿童在原有基础上全面和谐发展。

（二）关爱原则

重视儿童的情感关怀，强调以亲为先，以情为主，赋予亲情和关爱，尊重儿童的意愿，创设宽松、温馨的家庭式氛围，满足儿童成长的需求。

（三）生活原则

在教育实践中，要从日常生活中选择儿童感兴趣的、富有价值的教育内容，将教育贯穿在一日生活之中，丰富儿童的认识和经验。

（四）活动原则

提供安全、可操作、能满足儿童发展需要的活动材料，开展丰富多样的、符合儿童发展阶段特点的游戏活动，让儿童在快乐的游戏中，开启潜能，推进发展。

（五）融合原则

0~3岁儿童的身心健康是发展的基础，应把儿童的健康、安全和养育工作放在首位。保育与教育工作应紧密结合，做到以保为主，保中有教，保教合一；教育内容要有机联系，相互渗透，注重综合性。

（六）差异原则

重视0~3岁儿童在生长与发育、动作发展、语言发展、认知发展、情感与社会性等方面的发展差异，关注多元智能，提倡更多地实施个别化的教育，促进每个儿童富有个性地发展。

第二部分 发展水平、内容要求

年龄	发展水平				
	生长与发育	动作发展	语言发展	认知发展	情感与社会性
0~1个月	·满月约增高2.5~4厘米 ·体重约增加0.8~1千克 ·头围约33~38厘米 ·胸围比头围约小1~2厘米 ·皮肤饱满、红润 ·体温随温度变化而升降 ·视力模糊，但能看清眼前约20~30厘米左右的物体 ·母乳喂养者大便为金黄色、糊状，牛奶喂养者大便淡黄色、软膏状，母乳喂养者大便次数比牛奶喂养者多 ·每天约睡16~22个小时 ·生理性黄疸出生后2~3天出现，第5~7天达到高峰，10~14天内自然消失	·俯卧时会试着抬头，仰卧时向两侧摆头 ·觅食、吮吸、吞咽、握拳等无条件反射较完善 ·四肢能笨拙地活动，上肢活动多于下肢	·能发出细小的喉音 ·对说话声尤其是高音敏感	·对甜、咸、苦有不同的反应 ·对熟悉或新颖的听觉刺激有反应 ·能转向声源处 ·能注视红球	·喜欢被爱抚、拥抱 ·看到人的面部表情、听到人的声音有反应，哭吵时母亲的呼唤声有安抚作用 ·喜欢看人脸，尤其是母亲的笑脸
	内容与要求				
	1. 让孩子在空气清新、温度适宜、洁净温馨、安静的房间里自然睡眠。 2. 母乳喂养，按需哺乳，给孩子哺乳时要面带微笑。 3. 保持孩子皮肤的清洁和干燥，勤洗澡，及时换尿布、衣裤。 4. 测查孩子的视听能力，经常观察其大小便，护理脐带，防止感染。 5. 为孩子提供适量的视觉刺激，如距离15~30厘米远的、颜色鲜艳、会动的玩具或人脸图片，每隔4~5天轮流更换。 6. 让孩子经常听轻柔的讲话声、音乐声或玩具声。 7. 经常抚摸和搂抱婴儿，关注、理解孩子的哭声等表达需求的信息，满足孩子的需求，让孩子充分享受母爱。 8. 出生时给孩子接种卡介苗、乙肝疫苗。 9. 积极配合医院或社区的随访交流。 10. 孩子满月体检，并注射第二针乙肝疫苗。				

年龄	发展水平				
	生长与发育	动作发展	语言发展	认知发展	情感与社会性
2~3个月	·体重约为出生时2倍 ·平均身高：女孩约61.88厘米，男孩约63.51厘米 ·平均头围：女孩约40.30厘米，男孩约41.32厘米 ·平均胸围：女孩约40.74厘米，男孩约42.07厘米 ·视力标准约为0.02左右，眼能追随活动的物体180，具有聚焦的能力 ·大便次数明显减少	·抱时头能竖直向四周张望，头能随着看到的物品或听到的声音转动180度 ·俯卧时抬头45度 ·逐渐能从仰卧位变为侧卧位 ·手指能放开，能伸手摸东西 ·上肢能够伸展，两手能在胸前接触、互握	·开始能辨别不同人的说话声音的语调 ·哭声逐渐减少，并开始分化 ·对成人的逗引有反应，会发出“咕咕声”和类似a、o、e音	·能感知色彩 ·对对比强烈的图样有反应 ·眼睛能立刻注意到面前大玩具，并追随着人的走动 ·开始将声音和形象联系起来，试图找出声音的来源 ·能注视自己的手	·能忍受短暂的喂奶间断 ·见到经常接触的人会微笑、发声或挥手蹬脚，表现出快乐的神情 ·对成人的逗引表现出动嘴巴、伸舌头、微笑或摆动身体等情绪反应 ·表现出对母亲的偏爱

续表

<table>
<tr><td rowspan="3">2
~
3
个
月</td><td>· 奶量差异开始明显，平均700毫升/天左右
· 每天约睡16~18小时，白天觉醒时间约4~5小时，夜晚睡眠时间变长</td><td></td><td></td><td></td><td></td></tr>
<tr><td colspan="5">内容与要求</td></tr>
<tr><td colspan="5">1. 喂奶后竖抱靠在成人肩上轻拍背至打嗝，以免溢奶，做轻柔活动，不马上入睡。睡前不过分逗引孩子，自然形成有规律的哺乳、睡眠。
2. 及时给孩子添加生长所需的营养补充食品。
3. 逐渐培养孩子开窗睡眠的习惯，床不要离窗太近，避免穿堂风，冬季最低室温不低于14℃。睡前及起床前应关窗，避免穿脱衣时着凉，孩子生病或大风大雨时不宜开大窗睡眠。
4. 在熟睡时剪指甲，以免孩子抓伤自己。一周一次，勿剪得太短太深。
5. 天气良好时，带孩子进行适量的户外活动，进行“三浴”（空气浴、日光浴、水浴）锻炼，经常做被动健身操。
6. 提供便于抓握、带声响、颜色鲜艳、无毒、卫生、安全的玩具，引导孩子练习俯卧抬头、目光追踪、抓握、蹬腿等动作。
7. 用亲切温柔的声音逗引孩子自然发出单个韵母a、o、u、e等，或其他应答发音。
8. 与孩子交流亲切、柔和，经常抚摸、搂抱婴儿，培育母婴“安全型”依恋亲情。
9. 以张口、吐舌各种表情和不同语调声音逗引孩子，使之逐渐学会模仿面部表情和微笑。
10. 逗引孩子对亲近的人和声音产生反应，从微笑发展到笑出声，体验愉快情绪。
11. 孩子第3个月时，要接种骨髓灰质三价混合疫苗和白百破疫苗DPT（预防百日咳、白喉、破伤风），接种完多喝点水。</td></tr>
<tr><td rowspan="2">年龄</td><td colspan="5">发展水平</td></tr>
<tr><td>生长与发育</td><td>动作发展</td><td>语言发展</td><td>认知发展</td><td>情感与社会性</td></tr>
<tr><td rowspan="3">4
~
6
个
月</td><td>· 平均身高：女孩约68.17厘米，男孩约69.66厘米
· 女孩平均体重：约8.27千克，男孩约8.77千克
· 女孩平均头围：约43.31厘米，男孩约44.44厘米
· 女孩平均胸围：约43.57厘米，男孩约44.35厘米
· 视力标准约为0.04，能固定视物，看远约75厘米的物体
· 开始长出乳前牙
· 血色素≥11克
· 流相当多的唾液
· 多数下半夜无需喂奶，能一觉睡到天亮</td><td>· 逐渐能从仰卧翻身到俯卧
· 独坐时身体稍微前倾，并能用手撑住
· 扶腋下能站直，双腿跳跃
· 能换手接物，稍显笨拙
· 能双手拿起眼前玩具，喜欢把东西放入口中
· 会撕纸
· 会玩手、扒脚</td><td>· 有明显的发音愿望，可以和成人进行相互模仿的发音游戏
· 咿呀学语，开始发辅音d、n、m、b
· 无意中会发出“爸”或“妈”的音
· 能和成人一起“啊啊”“呜呜”地聊天
· 会听成人的语言信号</td><td>· 能注视约75厘米远的物体
· 会用较长的时间来审视物体和图形
· 喜欢颜色鲜艳的玩具或图卡
· 听到歌谣和摇篮曲会手舞足蹈
· 听到熟悉物品的名称，会用眼注视
· 会寻找手中丢失的东西
· 听到自己的名字会转头看
· 能根据不同的声音找不同的家人</td><td>· 开始辨认生人、熟人，对生人会注视或躲避等，对熟人反应愉悦
· 开始怕羞
· 对亲切的语言表示愉快，对严厉的语言表现出不安或哭泣等反应
· 会对着镜中的影像微笑、发音或伸手拍
· 独处或别人拿走他的小玩具时会表示反对
· 对熟悉的人或物有观察意识
· 对教养者有明显依恋
· 会用哭声、面部表情和姿势与人沟通</td></tr>
<tr><td colspan="5">内容与要求</td></tr>
<tr><td colspan="5">1. 保证孩子睡眠时间的充足，培养其自然入睡、有规律睡眠的习惯。
2. 按月龄给孩子添加辅食，每次添加一种，添加的量由少到多，由稀到稠，由细到粗，适应后再添加新的辅食。逐渐习惯用小勺喂食。
3. 引导孩子乐意接受洗脸、洗手、洗屁股、洗澡等。
4. 引导孩子练习主动伸手抓取颜色鲜艳、有趣的物品，鼓励孩子双手自玩、双手换物等动作。
5. 经常呼唤孩子的名字，让孩子对成人的呼唤有转头、注视等反应。
6. 经常用讲话声、玩具声逗引孩子转头寻找声源，鼓励孩子用“咿呀”声与人交流。
7. 让孩子常听儿歌和音乐，使之对熟悉的音乐有愉快的情绪反应。
8. 经常和孩子玩“躲猫猫”的游戏，观察、寻找物体，并体验亲子游戏的快乐。
9. 经常搂抱、抚摸孩子，抱孩子走走看看听听，拓展其视野和活动范围。</td></tr>
</table>

续表

<table>
<tr><td>4
～
6
个
月</td><td colspan="5">10. 引导孩子观察成人不同的面部表情，学习分辨具有明显情绪的表情、语调，对亲切的语言表示愉快，对严厉的语言表现出不安。
11. 孩子出生满4个月时接种骨髓灰质三价混合疫苗和白百破混合制剂。
12. 孩子出生满6个月时注射百白破混合制剂第三针、乙肝疫苗第三针和A群流脑疫苗。
13. 给孩子做结核菌素实验，复查卡介苗接种是否有效。</td></tr>
<tr><td rowspan="2">年龄</td><td colspan="5">发展水平</td></tr>
<tr><td>生长与发育</td><td>动作发展</td><td>语言发展</td><td>认知发展</td><td>情感与社会性7~</td></tr>
<tr><td rowspan="3">7
～
9
个
月</td><td>· 平均身高：女孩约为71.20厘米，男孩约为72.85厘米
· 平均体重：女孩约为8.90千克，男孩约为9.52千克
· 平均头围：女孩约为44.38厘米，男孩约为45.43厘米
· 平均胸围：女孩约为44.56厘米，男孩约为45.52厘米
· 视力标准约为0.1
· 上颌、下颌长出乳旁切牙
· 需大小便时会有表情或反应
· 每天睡15小时左右
· 会吃稀粥，能自己拿着饼干咀嚼吞咽</td><td>· 独坐自如，自己坐起躺下
· 扶双腕能站，站立时腰、髋、膝关节能伸直
· 开始会爬
· 用拇指、食指配合取物
· 能拨弄桌上的小东西，摇有声响的小件物品
· 能换手接物，双手拿两物对敲</td><td>· 听懂成人对自己的召唤
· 开始发Ma-Ma、Ba-Ba”等音节，能重复发出某些元音和辅音
· 试着模仿成人声音，发音越来越像真正的语言
· 会用自己的语音来表达不同的情绪
· 懂得一些常用词语的意思，会用简单的动作表示</td><td>· 会关注有吸引力的物体，并反复观察其特点和变化
· 注意观察大人行动，模仿大人动作
· 会寻找隐藏起来的东西
· 能分辨地点，喜欢熟悉的环境
· 能挑选自己喜欢的玩具</td><td>· 对成人表示肯定或否定的面部表情有不同的反应
· 对教养者表示出依恋和喜爱，对陌生人会有害怕、拒绝等情绪反应
· 喜欢玩躲猫猫一类的交际游戏
· 喜欢镜子中自己的影像
· 会挥手再见、招手欢迎，玩拍手游戏
· 听到表扬会高兴地重复刚才的动作</td></tr>
<tr><td colspan="5">内容与要求</td></tr>
<tr><td colspan="5">1. 继续培养孩子定时睡眠、自然入睡的习惯。
2. 按月龄添加辅食，使孩子逐步适应多种辅食，适应咀嚼、吞咽较软的固体食品。
3. 指导孩子尝试用杯喝水。
4. 引导孩子配合成人为其穿衣、剪指甲、理发和盥洗等活动，学着坐盆排便，对引导大小便的语音信号做出反应。
5. 帮助孩子学习坐、躺、爬等动作。
6. 让孩子练习抓拿小物件，双手玩弄玩具，伴随着成人语言，学做简单的模仿动作。
7. 引导孩子模仿学习用动作等方式与人交流，如用招手表示“再见”、用拍手表示“欢迎”。
8. 逗引孩子模仿成人的发音，学习叫“爸爸”“妈妈”，学习用表情、动作、语音等回应他人。
9. 常带孩子到户外感知周围环境和物体，学习指认、寻找周围物品。
10. 让孩子多听优美音乐，学习跟着节奏感较明显的音乐节律随意摆手、挥臂等。
11. 引导孩子感知和体验他人高兴、喜欢、生气、痛苦等各种情绪情感。
12. 孩子出生满8个月时注射一剂麻疹疫苗。</td></tr>
<tr><td rowspan="2">年龄</td><td colspan="5">发展水平</td></tr>
<tr><td>生长与发育</td><td>动作发展</td><td>语言发展</td><td>认知发展</td><td>情感与社会性</td></tr>
<tr><td>10
～
12
个
月</td><td>· 平均身高：女孩约为76.36厘米，男孩约为78.02厘米
· 平均体重：女孩约为9.64千克，男孩约为10.42千克
· 平均头围：女孩约为45.64厘米，男孩约为46.93厘米
· 平均胸围：女孩约为45.43厘米，男孩约为46.80厘米
· 视力标准约为0.2~0.25
· 有规律地在固定时间大便，1~2次/天
· 上、下颌开始长出第一乳磨牙
· 每天睡14小时左右</td><td>· 会用四肢爬行，且腹部不贴地面
· 自己能扶栏杆站立，坐下及蹲下取物
· 独自能站稳片刻，扶物会走，能独走几步
· 会从大罐子中取物、放物
· 喜欢扔东西
· 会将大圆圈套在木棍上</td><td>· 听懂与自己有关的日常生活指示语言
· 能说出几个词，会模仿叫“爸爸”“妈妈”等
· 会用动作表示意愿
· 会自创一些词语来指称事物</td><td>· 会分辨甜、苦、咸等味道和香、臭等气味
· 喜欢看图画
· 能指认耳朵眼睛、鼻子和经常接触的物品
· 关注比较细小的物品，喜欢摆弄、观察玩具及实物
· 能学习用工具帮助够物</td><td>· 对理解成人的肯定或否定态度· 喜爱家庭成员和熟悉的人，会伸出手臂要求抱
· 对陌生人表现出忧虑、退缩、拒绝等行为
· 喜欢各种交际游戏，喜欢重复玩· 会注视、伸手去触摸同伴
· 会用动作等方式向成人索取感兴趣的东西，初步具有保护自己物品的意识</td></tr>
</table>

续表

10~12个月					· 言行得到认可会高兴地重复表现 · 爱尝试、喜欢自己探索 · 喜欢情感交流活动，还能采取不同的方式 · 会表达愤怒、害怕、焦急等不同情绪
	内容与要求				
	1. 养成孩子定时睡眠的良好习惯。 2. 提供种类多样的适宜食物，学习咀嚼、吞咽较软的固体食品，指导孩子初步学习用杯喝水、尝试用勺进食。 3. 逐步培养孩子爱清洁的意识，学习配合成人为其穿衣、剪指甲、理发和盥洗等活动。逐渐养成有一定的排便规律，逐步学会有便意就向成人表示，在固定的地方排便。 4. 经常让孩子练习爬行、扶着行走，学做简单的模仿动作。 5. 提供各种安全的玩具，鼓励孩子自由捏拿、摆弄、敲打等，满足其探索欲望。 6. 鼓励孩子模仿成人的发音，听懂简单的词，并作出相应的反应（如指认五官、听词做动作等）。 7. 引导孩子感知室内外各种物体，多与周围的人接触，学习用表情、动作、语音或简单的词等交流。 8. 和孩子玩照镜子游戏，引导孩子感知身体的主要部位。 9. 经常让孩子多听优美、活泼的音乐，在成人的引导下，跟着音乐节律随意摆动身体。 10. 经常爱抚孩子，及时肯定鼓励孩子适宜的态度和行为。 11. 引导孩子感知分辨高兴、生气、痛苦、严肃等表情和不同情绪情感的语调。				
年龄	**发展水平**				
	生长与发育	**动作发展**	**语言发展**	**认知发展**	**情感与社会性13~**
18个月	· 平均身高：女孩约为82.51厘米，男孩约为83.52厘米 · 平均体重：女孩约为11.01千克，男孩约为11.55千克 · 平均头围：女孩约为46.76厘米，男孩约为48.00厘米 · 平均胸围：女孩约为47.22厘米，男孩约为48.38厘米 · 上下第一乳磨牙大多长出，乳尖牙开始萌出 · 会将食物嚼碎并能协调地搅拌后咽下 · 前囟门闭合 · 能控制大便，白天逐渐能控制小便	· 会独立行走，喜欢走路时推、拉、拿着玩具 · 不用扶物能蹲下、复位 · 在成人帮助下会上楼梯 · 会跑、但不稳 · 会做简单的手势 · 会滚球、扔球，但无方向 · 会用两三块积木垒高 · 能抓住蜡笔涂鸦 · 会用水杯喝水	· 能听懂教养者发出的简单指令 · 开始说出自己的名字、熟悉的人名和物品的名字 · 会使用日常生活常见的动词 · 会模仿常见动物的叫声 · 有时用表情、手势代替语言进行交流 · 对语言的理解能力超过语言的表达能力 · 开始知道书的概念，喜欢模仿翻书页	· 喜欢用嘴、手试探各种东西 · 会长时间观察自己感兴趣的事物，并用手势和声音表示不同的反应 · 能根据感知方面的突出特征对熟悉的物品进行简单的分类 · 会指认某个身体部位 · 会模仿一些简单的动作或声音，开始自发地玩模仿性游戏，如，用玩具电话玩打电话游戏 · 理解简单的因果关系	· 对陌生人表示新奇 · 在很短的时间内表现出丰富的情绪变化 · 能感觉到常规的改变或环境的变迁 · 认出镜子里的自己 · 自我意识开始萌芽 · 喜欢单独玩或观看别人游戏活动 · 开始对别的小孩感兴趣，能共同玩一会儿 · 会依附安全的东西 · 开始理解并遵从成人简单的行为准则和规范
	内容与要求				
	1. 继续培养孩子按时入睡与起床、醒后不哭闹、保持情绪愉快的习惯。 2. 引导并帮助孩子学习左手扶碗，右手拿勺自己进食，形成定时、定位、专心进餐以及饭前洗手、洗脸，饭后擦嘴、漱口的良好习惯。 3. 鼓励孩子学习用动作或语言表示大小便要求，养成在卫生间坐盆便溺的良好习惯。 4. 引导孩子练习独立行走、转弯、下蹲，学习扶栏杆上下楼梯，通过游戏活动练习滚球、扔球的动作。 5. 引导孩子模仿成人的词语或短句，学习称呼，学习用词语或简单句表达自己的需求。 6. 尝试亲子阅读，多为孩子讲简短的故事。 7. 引导孩子尝试涂涂画画和多听音乐做简单的肢体动作，感受涂鸦和音乐节奏带来的快乐。 8. 引导孩子选择自己喜欢的玩具自由摆弄和玩耍，尝试与其他小孩一起玩耍。 9. 引导孩子感知周围环境中的人和物，尝试用动作、表情、语言表达自己的情感和认知。 10. 孩子出生满15个月注射麻疹腮腺炎疫苗。 11. 孩子出生满15个月注射脑炎疫苗第一剂，并在隔两周后注射第二剂。 12. 孩子出生满18个月注射白喉百日咳破伤风疫苗（追加）和骨髓灰质三价混合疫苗（追加）。				

续表

年龄	发展水平				
	生长与发育	动作发展	语言发展	认知发展	情感与社会性
19～24个月	· 平均身高：女孩约为88.81厘米，男孩约为89.91厘米 · 平均体重：女孩约为12.33千克，男孩约为12.89千克 · 平均头围：女孩约为47.42厘米，男孩约为48.57厘米 · 平均胸围：女孩约为48.84厘米，男孩约为49.89厘米 · 视力标准约为0.5 · 第二乳磨牙开始长出，牙齿大概16颗 · 会主动表示大小便，白天基本能控制小便 · 每天睡12~13小时左右	· 会自如地向前、向后走 · 自己扶栏杆能走几步楼梯 · 能连续跑3~4米，但不稳 · 能蹲着玩 · 能举手过肩扔球 · 能踢大球 · 能够弯腰捡玩具 · 会用五六块积木垒高 · 能够根据音乐的节奏做动作 · 绘画开始进入圆形涂鸦期 · 会随意折纸 · 会穿串珠 · 自己能够用汤匙吃东西	· 开始用名字称呼自己，开始会用“我” · 会说出常用东西的名称和用途 · 词汇增加，能说3~5个字的简单短句，表达一定的意思和个人需要 · 喜欢跟着大人学说话、念儿歌，并且爱重复结尾的句子 · 会回答生活上的简单问题 · 喜欢看图书、指认、说出熟悉的事物	· 喜欢探索周围的世界 · 知道家庭成员以及经常一起玩的伙伴名字 · 能集中注意看图片、看电视、玩玩具、听故事等，但注意力集中时间较短 · 能记住一些简单的事，熟悉的生活内容 · 开始理解事件发生的前后顺序 · 对声音的反应越来越强烈，并且喜欢声音的重复 · 能感知、区分方形、三角形和圆形 · 认识红色	· 当教养者离开时会感到沮丧 · 能较长地延续某种情绪状态 · 需要时间适应新环境 · 自我意识逐步增强，喜欢自己独立完成某一动作，出现独立行为倾向 · 开始意识到自己是女孩还是男孩 · 会保护属于自己的东西 · 有了害怕的东西 · 交际性增强，开始与其他小孩共同参与游戏活动 · 喜欢帮忙做事，会学着收拾玩具 · 能按指示完成简单的任务 · 游戏时喜欢模仿成人动作
	内容与要求				
	1. 培养孩子自动入睡的良好习惯。 2. 继续指导孩子一手扶碗、一手拿勺自己进餐，养成嚼碎了再咽下的良好习惯。 3. 盥洗时逐渐引导孩子学习使用肥皂和毛巾，知道用自己的毛巾擦干手脸。 4. 帮助孩子学习穿脱衣裤、鞋袜等。 5. 引导孩子练习走、跑、双脚原地并跳、上下台阶、举手过肩扔球等基本动作。 6. 引导孩子练习串大珠子、垒高小积木、玩三片以内的拼图等，学习收拾玩具。 7. 引导孩子学习用简单句表达自己的需求，说出自己的名字，学念儿歌，经常进行亲子阅读，多讲故事。 8. 引导孩子感知、辨认周围生活中常见的人和物，感知物体的形状、冷热、大小、颜色、软硬等明显特征。 9. 引导孩子练习涂涂画画，随意撕纸、折纸、跟唱简单的歌曲，学习跟着音乐作简单的模仿动作，尝试用各种方式表达自己的情感和体验。 10. 提醒孩子与人打招呼，引导孩子逐渐学习与同伴玩耍、游戏，学习遵守简单的规则。				

年龄	发展水平				
	生长与发育	动作发展	语言发展	认知发展	情感与社会性
25～30个月	· 30个月时，平均身高：女孩约为92.93厘米，男孩约为94.44厘米 · 平均体重：女孩约为13.41千克，男孩约为13.87千克 · 平均头围：女孩约为48.25厘米，男孩约为49.31厘米 · 平均胸围：女孩约为49.67厘米，男孩约为50.80厘米 · 20颗乳牙已全部出齐	· 能双脚交替走楼梯 · 能后退、侧着走和奔跑 · 能轻松地立定蹲下 · 会迈过低矮的障碍物 · 能手脚基本协调地进行攀爬 · 能双脚离地跳 · 能滚球、扔球，会举起手臂有方向地投掷 · 会骑三轮车和其他大轮的玩具车	· 咿呀学语声基本消失 · 会用日常生活中一些常用形容词 · 开始用“你”等代名词 · 会念简单的儿歌 · 会说完整的短句和简单的复合句 · 能区分书中的图画和文字 · 愿意独自看简单的图画书	· 对周围事物或现象感兴趣，爱提问题。 · 能基于形状、大小、颜色等做简单的分类 · 感知并能重复一些简单的韵律和歌曲 · 能感知物体软、硬、冷、热等属性 · 感知比较差异明显的“大、小”“多、少”“长、短”“上、下”	· 萌发初步的同情感 · 有简单的是非观念 · 喜欢参与同伴的活动，能和同伴一起玩简单的角色游戏，会相互模仿，有模糊的角色装扮意识 · 开始能表达自己的情感 · 开始意识到他人的情感 · 受到挫折会发脾气

续表

<table>
<tr><td rowspan="3">25
~
30
个
月</td><td></td><td>· 能用积木搭桥、火车等简单的物体
· 会转动把手开门，旋开瓶盖取物
· 会一页一页五指抓翻书页
· 会自己洗手、擦脸</td><td></td><td>· 能跟着唱数
· 游戏时能用物体或自己的身体部位代表其他物体</td><td></td></tr>
<tr><td colspan="5">内容与要求</td></tr>
<tr><td colspan="5">1. 培养孩子正确的睡眠姿势，巩固按时、自动入睡的习惯。
2. 引导孩子学习自己进餐，饭后自己用毛巾擦嘴。
3. 引导孩子学习自己用水、肥皂洗手，知道用自己的毛巾擦干手和脸，培养主动要求大小便的习惯。
4. 引导孩子模仿成人做事，尝试学习自己穿脱简单衣服。
5. 引导孩子继续练习走、跑、跳等动作，玩简单的运动器械，体验运动的乐趣，培养初步的环境适应能力。
6. 引导孩子用积木搭火车、房子等简单物体，利用多种玩具材料发展孩子的精细动作。
7. 引导孩子学习执行成人简单的语言指令，学习用语言、动作等方式表达需求和感受。
8. 经常开展亲子阅读、听故事、学念儿歌等活动。
9. 引导孩子感知身边的动植物，探索事物之间的简单关系，学习区分基本颜色、形状。
10. 引导、提醒孩子与人打招呼，创设条件多让孩子与同伴玩耍、游戏。
11. 和孩子谈论日常生活中孩子感兴趣的事或行为，引导孩子表达自己的情感。
12. 孩子出生满27个月注射脑炎疫苗第三剂。</td></tr>
<tr><td rowspan="2">年龄</td><td colspan="5">发展水平</td></tr>
<tr><td>生长与发育</td><td>动作发展</td><td>语言发展</td><td>认知发展</td><td>情感与社会性</td></tr>
<tr><td rowspan="3">31
~
36
个
月</td><td>· 36个月时，平均身高：女孩约为96.28厘米，男孩约为97.26厘米
· 平均体重：女孩约为14.22千克，男孩约为14.73千克，
· 平均头围：女孩约为48.65厘米，男孩约为49.63厘米
· 平均胸围：女孩约为49.91厘米，男孩约为50.80厘米
· 视力标准约为0.6
· 夜里逐渐能控制小便</td><td>· 能走直线
· 能双脚交替灵活走楼梯
· 能双脚离地连续跳跃2~3次
· 能跨越一条短的平衡木
· 单脚站（约5~10秒）
· 能手脚基本协调地攀登
· 能将球扔出2~3米
· 能随口令做简单的操
· 会用积木（积塑）搭（或插）成较形象的物体
· 会穿鞋袜和简单的外衣外裤</td><td>· 能回答简单问题，会问“这（那）是什么？”等问句
· 能说出物体及其图片的名称
· 词汇量增多，能说出有5个字以上的复杂句子
· 知道一些礼貌用语，并知道何时使用这些礼貌用语
· 理解简单故事的主要情节
· 会“念”熟悉的图画书给自己或家人听</td><td>· 能区别红、黄、蓝、绿等常见的颜色
· 尝试画代表一定意思的涂鸦画
· 能记忆和唱简单的歌
· 能口数1~10
· 知道数字代表数量
· 会区分大小、多少、长短、上下、里外，能给物体归类
· 知道家里主要成员的简单情况</td><td>· 能较好地调节情绪，发脾气时间减少
· 会用“快乐、生气”等词来谈论自己和他人的情感·有时会隐瞒自己的感情
· 对成功表现出积极的情感，对失败表现出消极的情感
· 会表现出“骄傲、羞愧、嫉妒”等复杂的自我意识
· 知道自己的性别及性的差异，能正确使用性别短语，倾向于玩属于自己性别的玩具和参加属于自己性别群体的活动
· 能和同龄小朋友分享玩具等
· 知道等待、轮流，有时不耐心
· 会整理玩具
· 能自己上床睡觉。</td></tr>
<tr><td colspan="5">内容与要求</td></tr>
<tr><td colspan="5">1. 引导孩子自己上床睡觉，醒后不影响别人，养成良好的睡眠习惯。
2. 引导孩子不挑食，吃各种食物，主动喝水，养成进餐的卫生习惯。
3. 引导孩子学习自己用肥皂洗手、毛巾擦脸，学会主动上厕所。
4. 继续指导帮助孩子学习穿脱衣服、鞋袜。</td></tr>
</table>

续表

	5. 引导孩子继续练习钻爬、上下楼梯，学走小斜坡、平衡道，促进走、跑、跳跃、投掷等基本动作的发展。 6. 引导孩子操作摆弄积木、珠子、纸、橡皮泥等玩具，提高手指的灵活性和手眼协调能力。 7. 引导孩子学习用语言和大人交流，表达自己的要求，乐意执行成人简单的语言指令。 8. 经常开展阅读活动，引导孩子学习讲述简单的事情和故事、唱儿歌，听音乐、跟随音乐做模仿动作。 9. 引导孩子在生活中感知常见的动植物和简单的数量，区分大小、多少、长短、上下、里外等，给物体归类。 10. 引导孩子用声音、动作、涂画、粘贴等多种方式表达自己的感受和对事物的理解。 11. 引导孩子多与同伴玩耍、游戏，学习礼让、同情、关心和安慰别人，对人有礼貌

第三部分　组织与实施

一、明确施教的主体

(一)家庭、学前教育机构是实施0~3岁儿童教育的主要场所。0~3岁儿童教育活动的组织与实施，主要是在家庭和学前教育机构中进行。

(二)家长和教师负有首要的教育责任。家长、抚养人和学前教育工作者，应成为儿童生活的照顾者、情感的关爱者、行为的榜样者和活动的引导者。要观察儿童的活动过程，灵活调整成人的教育行为，因人而异地为儿童的发展制定个别化的教育方案并建立成长档案。

(三)学前教育机构发挥主导作用。学前教育机构可以补充家庭育儿中运动和社会交往的不足，促进儿童更好地发展。学前教育机构要指导家长开展亲子游戏、亲子阅读等活动，为家长提供有针对性的、优质的早期教育指导服务，帮助家长转变教育观念，提高教育水平。

(四)家庭、学校和社区要密切配合。家长、抚养人和学前教育工作者之间要经常沟通，相互协调，保持教育要求的一致性。社区要为适龄儿童提供形式多样、内容丰富的早期教育服务。

二、环境创设是基础

环境既是儿童生活、游戏和学习的场所，也是重要的教育资源。良好的心理环境，可以培养儿童对他人的信任感，促进儿童社会性和情感的健康发展。因此，不仅要重视创设安全、卫生的物质环境，更要营造宽松的、充满亲情的心理环境。

(一)创设安全、卫生的物质环境

1. 创设安全的物质环境。儿童生活的环境首先必须是安全的，要注意家具摆放的位置，使儿童远离刀、热水瓶、电器、药物等危险物品，保证阳台、门窗、栏杆等设施的牢固，以确保儿童的安全。

2. 创设卫生的物质环境。创设温度适宜、空气流通、光线柔和的睡眠环境。提供方便、卫生、易消毒的生活设施和玩具，为儿童选购透气性强、宽松舒适的棉织衣物。

3. 满足儿童的活动需要。充分考虑给儿童留有足够的活动空间，提供数量充足的、满足多种感知需要的玩具和材料，以满足儿童的活动需要。

(二)营造宽松的、充满亲情的心理环境

1. 满足儿童受尊重的需要。以关爱、接纳、尊重的态度与儿童积极主动地交往，耐心倾听，努力理解儿童的想法与感受，支持、鼓励儿童大胆探索与表达。欣赏儿童，做到及时赞许，坚持正面教育。

2. 满足儿童的情感需要。家长、抚养人和学前教育工作者应关爱和尊重儿童，态度亲切、动作轻柔，并通过与儿童适当的身体接触，满足儿童爱抚、亲近、搂抱等情感需求，培育依恋亲情。

3. 满足儿童的交往需要。提供儿童与成人、同伴积极交往的机会，保证每日与儿童交流、共同游戏的时间。消除其怕生、退缩等心理，克服分离焦虑。

三、生活护理是前提

(一)创设良好的生活条件

1. 提供新鲜优质的食物和卫生的餐具，确保儿童饮食的安全。

2. 提供适宜儿童生长发育的卧具，保证充足的睡眠时间，逐渐帮助儿童形成有规律的睡眠。

3. 提供干净卫生的便器，细心观察护理，教会儿童主动表示大小便，逐步养成定时排便的习惯。

4. 设置“儿童保健药箱”，及时处理突发的小事件，确保儿童健康安全成长。

5. 预防儿童容易跌落、烫伤、误服、把小物品放入口、鼻、耳等体内器官等意外事故的发生。

（二）提供合理的营养膳食

1. 科学配膳。保证食物的多样化，注意营养的全面。按月龄添加辅食及生长发育所需的营养补充剂，引导儿童吃各种适宜的食物，注意个别差异。

2. 合理喂养。根据儿童消化系统的特点，合理安排儿童喂养时间，提供充足的奶量和水分，引导儿童逐步适应各种食物，满足儿童生长发育的需要。

（三）制定科学的生活制度

1. 制订合理的一日生活作息制度，合理安排饮食、睡眠、运动、游戏等各项活动的时间，培养儿童良好的生活卫生习惯。

2. 生活制度的执行既要有稳定性又要有灵活性。一项内容的活动时间不宜过长，注意动静交替、室内活动和户外活动相结合。

（四）培养良好的卫生习惯

1. 培养儿童漱口、洗手、剪指甲、洗头、洗澡、排便等良好的个人卫生习惯，注意仪表整洁。

2. 教育儿童维护环境的卫生，不随地大小便，不随便吐痰，不乱扔废弃物等。

（五）按时体检和预防接种

1. 定期为儿童进行体格检查，了解儿童的生长发育状况和身体基本机能状况。

2. 适时为儿童进行预防接种，帮助儿童提高对传染病的抵抗能力，预防各种传染病。

四、科学教养是关键

0~3岁儿童是人一生中大脑迅速发育的重要时期，也是可塑性最强的时期。科学的早期教育，不仅直接影响儿童的身心发展，而且影响儿童一生的生活质量。

（一）动作的训练

1. 发展大动作。保证儿童每天有一定的户外活动时间，循序渐进地发展儿童的坐、爬、站、走、跑、跳、平衡等大动作。

2. 发展精细动作。提供机会，让儿童操作适宜的材料，发展儿童的精细动作。

3. 重视体格锻炼。利用阳光、空气、水等自然因素，选择空气新鲜的绿化场所，开展适合不同发展阶段儿童身心特点的户外游戏和体格锻炼，提高其对自然环境的适应能力。

（二）语言的培养

1. 创设良好的语言环境，在生活活动中随时随地与孩子多讲话，让儿童感知和理解语言。

2. 注意成人正确的语言示范，坚持用普通话与儿童交流，注意发音正确、语速适中、语词简洁。

3. 选择适合0~3岁儿童的图书和有声读物，多给儿童讲故事、念儿歌，经常一起阅读与交谈，发展儿童的语言能力。

4. 丰富儿童的生活内容，扩大儿童的眼界，丰富儿童的词汇，提高儿童语言表达能力。

（三）认知能力的培养

1. 布置适宜的视听环境，促进儿童与环境的良好互动，发展儿童的感知能力。

2. 提供丰富的可操作的材料和符合0~3岁儿童年龄特点的玩具，经常和儿童一起游戏，让儿童运用多种感官、多种方式摆弄、操作物品，获得各种感性经验。

3. 鼓励儿童观察周围事物，提供应答性的环境，正确对待儿童的问题，满足儿童的好奇心，支持其探索活动。

4. 提供自由表现的机会，鼓励儿童用自己的方式大胆地表达自己的想法，培养儿童的创造力。

（四）情感和社会性的培养

1. 引导儿童倾听、感受轻柔、欢快的音乐，开展肢体律动等音乐游戏，经常与儿童一起唱童谣、歌曲；鼓励儿童大胆涂鸦，表达自己的情感。

2. 引导儿童主动与人打招呼，鼓励儿童多与同伴共同游戏、积极交往，引导儿童理解基本的社会行为规则，让儿童感受交往的愉悦，发展儿童的社会交往能力。

3. 鼓励儿童自己动手，学习吃饭、穿脱简单的衣裤和鞋袜、整理玩具，培养儿童力所能及的生活自理能力，为适应幼儿园的集体生活打下良好的基础。

4. 引导儿童参加各种活动，适应集体环境，让儿童体验与他人共同生活的乐趣。

第四部分　教育评价

一、教育评价的目的

（一）了解0~3岁儿童真实的发展历程和潜能，为引导并促进每一个0~3岁儿童身心健康和谐发展提供依据。

（二）了解0~3岁儿童教育工作的适宜性、有效性，调整和改进工作，提高教育质量。

（三）增进教育工作者与0~3岁儿童家长及其他抚养人之间的相互了解、支持合作与相互促进，形成教育合力。

二、教育评价的参与者

（一）学前教育机构的教育工作者和儿童保健医生是0~3岁儿童教育的专业人员，在0~3岁儿童教育评价工作中起主导作用，是0~3岁儿童教育评价的主要参与者。

（二）家长及其他抚养者是0~3岁儿童最亲密、最直接的养育者，可及时了解掌握0~3岁儿童发展信息，应科学掌握教育评价的要求、内容和方式方法，成为0~3岁儿童教育评价的重要参与者。

（三）教育行政部门与专业评价机构对教育评价工作的实施起着监督和指导作用。

三、教育评价的要求

（一）教育评价应自然伴随0~3儿童的日常生活与教育活动过程，综合0~3岁儿童在家庭、社区及早教机构日常行为表现，收集各种与儿童发展相关的信息资料，本着实事求是的原则分析数据，客观地评价结果。

（二）教育评价应从儿童生长发育、动作发展、语言发展、认知发展及情感社会性发展等多方面入手，全面地对0~3岁儿童整体发展水平进行评价，避免只重视身体健康而忽略心理健康，只重视认知发展，忽略动作、情感和社会性发展的倾向，避免以偏概全。

（三）注意评价主体的多元化，应建立家长、教师、儿童保健医生、有关专家等共同参与、交互作用的评价制度。

（四）教育评价是动态持续的过程，以发展的眼光看待儿童，关注儿童的发展变化与成长历程，既要了解现有水平，更要关注其发展的速度、特点和倾向等。要承认和关注0~3岁儿童各个方面发展的个体差异，弱化将所有评价对象的评价结果进行横向比较的倾向，重视在评价结果基础上提出个性化的、建设性的改进意见与方案，促进每一个评价对象在原有的基础上得到发展。

四、教育评价的内容

（一）儿童发展评价

主要从生长与发育、动作、语言、认知、情感与社会性等方面对0~3 岁儿童展开科学的、全方位的、综合性的评价，不仅评价儿童目前的发展情况，也分析过去、预测未来，了解儿童发展中的需要，发现和发展儿童多方面的潜能。

（二）教育工作适宜性评价

主要从学前教育机构教师和家庭教养者关于早期教育的观念、态度、环境创设、课程设置等方面来评价教育的适宜性。

1. 教师和家长是否具有能促进婴幼儿健康和谐发展的教育理念；

2. 教师和家长对待儿童的态度是否做到尊重、关爱，是否建立良好的亲子关系，是否建立稳定的、健康的、富有教育意义的家庭式的教育环境与文化；

3. 是否制定科学合理的生活作息制度，合理安排饮食、睡眠、运动、游戏等各项活动的时间，满足儿童生长发育的需要。

4. 教育目标的设置以及相应的教育活动是否适合0~3岁儿童发展的规律和已有经验，可以促进儿童在生长发育、动作、语言、认知、情感和社会性等方面健康和谐的发展。

5. 教育方式方法是否建立在深入了解0~3儿童家庭的文化、背景、结构及教育理念的基础上，是否满足不同条件的家长和孩子的需求。

6. 是否建立各项保障0~3岁儿童安全与健康的制度，生活用品、教具玩具等是否安全、卫生、足量，符合儿童教育活动的需要。

7. 是否依托社区或周边环境，为婴幼儿提供安全的、健康的户外活动环境。

（三）教育指导适宜性评价

主要从对学前教育机构、家庭以及社区的教育指导方面展开评价。

1. 是否建立早期教育研究中心或教研室，有专人负责，有早教研究计划，有定期的、形式多样的教研活动，在不断研讨中解决儿童教育实践工作中的重点、难点问题，不断提高教育工作质量。

2. 学前教育机构是否与家庭、社区建立起良好的合作关系，并建立有效的、可实施的家、园、社区合作体系；

3. 学前教育机构及其教师是否对区域内的0~3儿童及其家庭进行科学的早教指导，形式多样，方法灵活，针对性强，富有成效。

4. 学前教育机构以及社区开展的教育指导活动是否有计划、记录、反思以及家长反馈信息。

五、教育评价的方法

1. 对儿童发展评价主要在0~3岁儿童一日生活中进行，即通过教师、家长与主要教养人、儿童保健医生的配合，共同观察出0~3岁儿童日常自然生活状态下的行为表现；

2. 儿童发展评价应综合运用观察法、访谈法、测查法、问卷调查法、档案评估法等方式获取评价信息，并注意定量与定性评价相结合、自评与他评相结合。

3. 对教育工作适宜性和教育指导适宜性的评价，宜采用在教育活动过程中进行观察和观摩，对教师、家长进行访谈和问卷调查，并查阅教学计划、规章制度等相关文件资料的方式来进行。

4. 在教育工作和教育指导的适宜性评价中，要发挥教师的积极主动性，通过自我评价，促进其对教育工作的反思；同时结合教师群体的合作研讨以及儿童父母的意见反馈，全面、深入地进行评价。

参考文献

一、书　　籍

1. 北京市教育委员会. 0~3岁儿童早期教育指南[M].北京：北京师范大学出版社，2010.
2. 鲍秀兰. 新生儿行为和0~3岁教育[M].北京：中国少年儿童出版社，1996.
3. 查芙静. 宝宝行为[M].长春：吉林科学技术出版社，2012.
4. 丁昀. 育婴师职业资格培训教材[M].北京：中国劳动社会保障出社，2006.
5. 冯德全. 三岁缔造一生[M].北京：海潮出版社，2005.
6. 方富熹、方格. 儿童发展心理学[M].北京：人民教育出版社，2005.
7. 华爱华. 学前教育改革启示录[M].上海：上海社会科学院出版社，2009.
8. 国务院妇女儿童工作委员会. 中国儿童发展纲要（2001—2010年）[M].北京. 中国妇女出版社，2002.
9. 孟昭兰. 婴儿心理学[M].北京：北京大学出版社，1997.
10. 庞丽娟、李辉. 婴儿心理学[M].杭州：浙江教育出版社，2003.
11. 裴钰. 0~6岁育儿家教与智力开发全方案[M].北京：海潮出版社，2006.
12. 上海市宝山区早教指导中心. 0~3岁亲子活动方案[M].上海：华东师范大学出版社，2010.
13. 孙瑞雪. 捕捉儿童敏感期[M].北京：中国妇女出版社，2004.
14. 孙瑞雪. 爱和自由[M].北京：中国妇女出版社，2013.
15. 王振宇. 学前儿童发展心理学[M].北京：人民教育出版社，2004.
16. 文颐. 婴儿心理与教育[M].北京：北京师范大学出版社，2011.
17. 夏莹. 婴儿教育学[M].上海：复旦大学出版社，2011.
18. 徐小妮. 0~3岁婴幼儿教养教程[M].上海：复旦大学出版社，2011.
19. 袁爱玲、张三花. 0~3岁敏感期家庭教育方案[M].广州：广东音像教材出版社，2012.
20. 岳然. 宝宝智能开发专家方案[M].北京：中国人口出版社，2012.
21. 尹文刚. 大脑潜能——脑开发的原理与操作[M].北京：世界图书出版公司. 2005.
22. 杨多奇. 三岁看未来：十年亲子园教育案例集萃[M].北京：机械工业出版社，2010.
23. 朱家雄，幼儿园课程[M]，上海：华东师范大学出版社，2000.
24. 朱志贤、林崇德. 思维发展心理学[M].北京：北京师范大学出版社，1986.
25. 张民生. 0~3岁婴幼儿早期关心与发展的研究[M].上海：上海科技教育出版社，2007.

26. 张云晓. 0~3岁，妈妈如何缔造孩子一生——婴幼儿能力发展与潜能开发［M］.北京：朝华出版社，2009.
27. 中国关心下一代工作委员会儿童发展研究中心专家组、中国国际人才开发中心. 儿童早期教育专业教程［M］.北京：新星出版社，2011.
28. ［美］芭芭拉·安·尼尔森. 一周又一周——儿童发展记录（第三版）［M］. 叶平枝、孟亭含等译. 北京：人民教育出版社，2011.
29. ［美］戴安娜·帕帕拉、萨利·奥尔兹、费尔德曼. 孩子的世界：0~3岁［M］. 陈福美等译. 北京：人民邮电出版社，2011.
30. ［德］Debby Cryer，Thelma Harms，Beth Bourland. 2~3岁幼儿学习活动指导手册［M］. 管倚、王荣译. 上海：少年儿童出版社，2006.
31. ［德］斐迪南·滕尼斯. 共同体与社会：纯粹社会学的基本概念［M］. 林荣远译. 北京：北京大学出版社，2010.
32. ［美］美玲著. 怪诞育儿学——好父母原来这样当［M］. 钟煜译. 北京：中信出版社，2012.
33. ［日］七田真. 学龄前儿童智力开发的秘密［M］. 张慧译. 北京：科学技术文献出版社，2006.
34. ［法］让·卡泽纳弗著. 社会学十大概念［M］. 杨捷译. 上海：上海人民出版社，2003.
35. ［美］温迪·玛斯. 美国金宝贝早教幼儿游戏（1~3岁）［M］. 史凯译. 北京：北京科学技术出版社，2012.
36. ［新西兰］斯托曼. 情绪心理学［M］. 张燕云译. 沈阳：辽宁人民出版社，1986.
37. ［法］让·卡泽纳弗著. 社会学十大概念［M］. 杨捷译. 上海：上海人民出版社，2003.
38. ［英］朱莉娅·曼尼—莫顿、玛吉·托尔曼，游戏的关键期——0~3岁［M］. 刘峰峰、常娟、赵志敏译. 北京：北京师范大学出版社，2010.

二、期 刊 文 章

1. 陈磊、吴玲玲、陈文英. 早教中心的多边干预［J］.学前教育幼教版，2007(4).
2. 陈红梅. 0~3岁婴幼儿早期教育共同体的建构与保障［J］.学前教育研究，2011（8）.
3. 杜燕红. 学前教育机构性质和功能衍变的价值取向及其意义［J］.幼儿教育(教育科学版)，2006(5).
4. 但菲. 高素质幼儿教师的培养与教师的专业化发展［J］,教师发展与教师教育，2006(4).
5. 郭玉琴. 学前教育专业早教方向人才培养规格初探［J］.中国校外教育，2012(12).
6. 高向东、牟宇峰. 大城市社区0~3岁婴幼儿教养现状及对策思考［J］.上海教育科研,2009(7).
7. 华爱华. “早期关心与发展” 的内涵与0~3岁婴幼儿教养理念［J］.学前教育研究，2004(11).
8. 刘闯. 父母教养方式对3~6岁儿童责任心发展的影响［J］.学前教育研究，2007(1).
9. 李洪曾. 幼儿家庭教育及其指导的意义［J］.山东教育,2001(12).
10. 缪小春. 儿童早期经验早发展中的作用［J］.心理科学，2001(3).
11. 吴伟俊. 职院校开设婴幼儿早教与服务专业的必要性与可行性分析［J］，新课程研究，2012（3）.
12. 叶澜. 新世纪教师专业素养初探［J］.教育研究与实验，1998(1).
13. 郑健成. 0~3岁早教社区服务现状与示范性幼儿园作用的发挥［J］.学前教育研究，2008(1).
14. 周玉娥、刘智成. 追求卓越的早期教育质量——OECD早期保教质量调查报告 “staring strong III”［J］.外国教育研究，2013（6）.
15. 张思雁，幼儿教师继续教育方式的研究［J］,高等函授学报，2008. 11.

三、硕博论文及其他

1. 陈学文. 重庆市中职学前教育艺术人才技能培养模式探索［D］，重庆师范大学硕士学位论文，2012(4).
2. 杭梅. 南京市育婴员队伍建设之研究［D］. 南京师范大学硕士论文，2004.
3. 龙明慧. 师范院校0~3岁早期教育专业人才培养的探究［D］，湖南师范大学硕士论文，2011.

4. 徐小妮. 0~3岁婴幼儿早期教养指导模式初探——上海市某早期教育指导与服务中心的个案研究[D]. 华东师范大学硕士学位论文，2006.
5. 张振平. 幼儿园低幼儿童教育师资队伍建设研究[D]，河北师范大学硕士论文，2007.
6. 福建省0~3岁儿童早期教育指南(试行)[R].福建省教育厅，2008(10).
7. 关于推进0~3岁散居儿童早期教养工作的意见[R].上海市教委基础教育[2004]9号文件，2004.
8. 上海市0~3岁婴儿童教养方案(试行)[R].上海市教育委员会，2003(8).
9. 上海市民办早期教育服务机构管理规定[R].上海市教育委员会、上海市卫生局、上海市民政局，2006.
10. 杨雄里等. 脑科学与儿童智力发展[R].咨询报告，1999年.

图书在版编目(CIP)数据

0~3岁儿童教养/陈雅芳总主编;刘丽云主编. —上海: 复旦大学出版社, 2014.9(2023.7重印)
普通高等学校早期教育专业系列教材
ISBN 978-7-309-10909-2

Ⅰ.0… Ⅱ.①陈…②刘… Ⅲ.儿童教育-幼儿师范学校-教材 Ⅳ.G61

中国版本图书馆CIP数据核字(2014)第173594号

0~3岁儿童教养
刘丽云 主编
责任编辑/张 炼

复旦大学出版社有限公司出版发行
上海市国权路579号 邮编: 200433
网址: fupnet@fudanpress.com http://www.fudanpress.com
门市零售: 86-21-65102580 团体订购: 86-21-65104505
出版部电话: 86-21-65642845
上海华业装潢印刷厂有限公司

开本890×1240 1/16 印张10 字数321千
2014年9月第1版
2023年7月第1版第6次印刷

ISBN 978-7-309-10909-2/G·1407
定价: 35.00元